INHALT

APERITIF

Zwei Staatschefs an einem Tisch mit weißer Decke, darauf sieben Weinflaschen und diverse Gläser, ein Kellner, im Hintergrund ein seltsames Wellengemälde – das zeigte am 5. Oktober 2007 das erste farbige Titelbild der *Frankfurter Allgemeinen Zeitung*. Entstanden war das Foto tags zuvor in Pjöngjang bei einem Treffen des nordkoreanischen Diktators Kim Jong Il mit dem südkoreanischen Präsidenten Roh Moo Hyun. Dass es um die Welt ging, lag aber weniger an der seltenen innerkoreanischen Begegnung, es war erst der zweite Nord-Süd-Gipfel seit dem Ende des Korea-Krieges, vielmehr bildet es einen absurden Akt staatlicher Repräsentation ab. Der Herrscher eines abgeschotteten Landes, dessen Bevölkerung darbt, präsentiert sich mit teuer anmutenden Weinen aus dem verhassten Westen – es handelte sich bei den meisten davon um Côte de Nuits-Villages des burgundischen Weinhauses Michel Picard, das in der Folge mit Anfragen überschüttet wurde.

Was der mächtigste Weinliebhaber Nordkoreas mit dieser Inszenierung bezweckte, muss ungeklärt bleiben; sie lässt sich als Detail der bizarren Machtdemonstration des Regimes verbuchen. Werbung für sich und sein Land konnte der für seinen erlesenen Geschmack bekannte Kim damit jedenfalls nicht machen – zu groß war die Dissonanz zwischen den durch den Wein versinnbildlichten Privilegien einer winzigen Elite und der katastrophalen Versorgungslage der nordkoreanischen Bevölkerung.

Nur selten wird Wein im Zusammenhang mit staatlicher Repräsentation öffentlich so stark beachtet wie im genannten Fall. Manchmal lässt sich die Menüfolge eines Staatsbanketts samt den

1 Roh Moo Hyun, Weinflaschen und -kellner, Kim Jong Il

servierten Gewächsen nachlesen, Letztere taugen aber selten zum Politikum. Dabei kann Wein durchaus ein – obwohl bloß kleiner und mancherstaats unterschätzter – Teil der Identitätskonstruktion einer Nation sein. Dass er meist eine nachrangige Rolle spielt, liegt in vielen Ländern daran, dass sie kaum Wein produzieren oder lediglich Gewächse minderer Qualität.

Anderes gilt für die große Weinbaunation Frankreich, in der staatlicher Repräsentation generell ein sehr hoher Wert beigemessen wird und man stolz ist auf die Cuisine Française, die seit 2010 zum Weltkulturerbe zählt. Fünf Jahre später wurden zudem die Climats im Burgund, die dortigen Weinbergsparzellen, in diese Liste aufgenommen. Dass »die Gastronomie zur Identität Frankreichs gehört wie das Schloss von Versailles«, stand für den französischen Außenminister Laurent Fabius 2015 außer Frage. »Die französische Nation empfindet den Wein als ihr ureigenstes Gut«, eröffnet Roland Barthes in seinen *Mythen des Alltags* den berühmten Essay über »Wein und Milch«. In dem 1957 veröffentlichten Text zählt

8

der französische Philosoph den Wein gar zur Staatsräson. Ein ausländisches Gewächs auf einem Staatsbankett der Grande Nation wäre demnach unvorstellbar.[1] Aber auch in Deutschland spiegeln die im repräsentativen Kontext ausgeschenkten Weine einen Teil unserer Kulturgeschichte. Zudem weist der Glasinhalt im Gegensatz zu den Tellergerichten den Vorteil auf, dass sich noch Jahrzehnte später Aussagen treffen lassen, wie repräsentativ, wie angemessen und welcher Qualität die jeweiligen Gewächse zu dem Zeitpunkt waren, als sie ausgeschenkt wurden. Bei Speisen kann im Nachhinein weder die Qualität der Ausgangsware und der Zubereitung noch der Zustand, in dem die Gerichte schließlich serviert wurden, wirklich valide beurteilt werden.

Über das bundespräsidiale Ausschankverhalten existieren diverse Anekdoten, manche Kritik und allerlei Vorurteile bis hin zur üblen Nachrede. Das ist – dies sei als These vorangestellt – allerdings weniger den tatsächlich ausgeschenkten Gewächsen geschuldet als dem Image des jeweiligen Bundespräsidenten wie dem des deutschen Weins in der jeweiligen Zeit. Für den Rotwein gilt das teilweise sogar noch heute.

GRUNDLEGENDES

Das historische Tafelzeremoniell

Seit Jahrtausenden sagt der zeremonielle Gebrauch des Weins etwas über die Selbstdarstellung der Herrschenden aus. Bereits in der Antike, aus der literarisch vielfältige Trinkgelage der Mächtigen überliefert sind, diente der Wein als Statussymbol. Sein Genuss blieb beispielsweise im alten Ägypten und im Nahen Osten dem Herrscher, dessen Hof und seinen Gästen vorbehalten. Öffentliche Bankette boten orientalischen und griechischen Regenten die Gelegenheit, Wohlstand zu demonstrieren und »waren ein wichtiges Mittel der Repräsentation«, wie es in einem Artikel über die antiken Quellen zum Alkoholgenuss der Herrscher heißt. Das biblische Gastmahl des Belsazar wird in der einschlägigen Literatur sogar als ein »typisches Staatsbankett« bezeichnet: »König Belsazar machte ein herrliches Mahl für seine tausend Mächtigen und soff sich voll mit ihnen«, lautet die entsprechende Textstelle im Buch Daniel. Was genau ausgeschenkt wurde, bleibt ebenso unbekannt wie der Wein beim letzten Abendmahl Jesu, dem seitdem wohl weltweit – zumindest symbolisch – meistpraktizierten Tafelzeremoniell. Wegen der Analogie zu Blut müsste er rot gewesen sein, was dem Symbolgehalt wegen für die meisten in der Bibel vorkommenden Gewächse gilt. In der inzwischen aufgehobenen, auf das Jahr 1976 datierenden Messweinverordnung der deutschen Bischöfe fand sich nichts zu dessen Farbe, wohl aber zur Qualität, natürlich musste er sein. Vom früher bevorzugten Rotwein rückte die Kirche schon vor einigen Jahrhunderten aus Praktikabilitätsgründen ab; die Kelche sind einfacher zu reinigen und die Altartücher bekommen keine Flecken.

Generell korrelieren Glaube und Alkohol konsumptiv in vielerlei Hinsicht, vom in einigen Religionen verlangten vollkommenen Abstinenzgebot bis zum angenommenen Vollrausch im Vatikan, der statistisch zu den Staaten mit dem höchsten Pro-Kopf-Weinverbrauch zählt. In manchen Jahren soll einer Erhebung des California Wine Institut zufolge jeder Einwohner um die 100 Flaschen geleert haben, ohne den nicht erfassten Messwein übrigens. Da die Population überwiegend aus Männern mit hohem Bildungsgrad besteht – eine Gruppe, die eine hohe Affinität zum Weinkonsum aufweist –, zudem unverheiratet und häufig in Gemeinschaft speisend, scheint der Spitzenplatz plausibel. Allerdings dürfte das Zahlenwerk verzerrt sein, denn nicht allein die weniger als 1000 Personen zählende Einwohnerschaft kauft hinter den Mauern der Vatikanstadt ein, sondern ebenfalls viele der 2800 Angestellten – und das günstiger als im umliegenden Rom, weil steuerprivilegiert. Genauso werden dort weit überdurchschnittlich viel Zigaretten, Medikamente und Benzin verkauft. Am anderen Ende der Statistik finden sich islamische Länder wie Pakistan, Afghanistan und Jemen mit Mengen geringer als ein Fingerhut voll.

Im Lauf der Geschichte dienten Speisungen als Mittel zur Machtdemonstration. Wein fungierte dabei als Statussymbol, beispielsweise als Julius Caesar der *Naturalis historia* von Plinius dem Älteren zufolge nach seinem Sieg über Spanien 45 vor Christus die Römer mit den teuersten Weinen bewirtete. Schon für diese Bankette galt die Grundthese der modernen politischen Kommunikation, die der amerikanische Politikwissenschaftler Murray Edelman Anfang der 1960er Jahre in seinem Klassiker *Politik als Ritual* postulierte: »Politik auf höchster Ebene ist nicht so sehr Entscheidungshandeln als vielmehr Dramaturgie und Inszenierungskunst.«[2]

Bei vielen antiken Banketten, soweit überliefert, treten die Merkmale hervor, die noch heute bei solchen Anlässen handlungsleitend sind: die Definition von Status, die beispielsweise in der räumlichen Nähe zum Herrscher zum Ausdruck kam, also das Placement, an dem der Status der Geladenen abzulesen war und ist.

Historisch kamen andere Merkmale hinzu, etwa die Kleidung – je prunkvoller, desto höher der Rang – oder die Anzahl der Diener, aber auch die Quantität und Qualität der Speisen und Getränke. Den Herrscher würdig erscheinen zu lassen, Ehrfurcht hervorzurufen und seine Regentschaft symbolisch zu legitimieren, war der Sinn eines jeden Zeremoniells – gleich ob es sich um das byzantinische, das römische beziehungsweise das des päpstlichen Hofes, das spanische Hofzeremoniell oder die burgundische Hofordnung handelte, die stilbildend in ganz Europa wurde. Im Mittelpunkt stand jeweils das Tafelzeremoniell. Ein grundlegendes Werk zu diesem Thema ist Norbert Elias' *Die höfische Gesellschaft*, demzufolge sich die Tafelgebräuche der Oberschicht bis zum Ende des 18. Jahrhunderts in der gesamten zivilisierten Gesellschaft etablierten. In Zeiten, in denen die Bevölkerung gerade einmal über das Nötigste verfügte, konnte eine opulente Tafel als Zeichen von Macht überzeugen. Demgegenüber dient das Essen heutzutage angesichts der differenzierten Lebensstile eher als Ausdruck von Individualismus, wobei der Veganismus glücklicherweise in der Staatsküche noch nicht um sich gegriffen hat.

Ein zentraler Bestandteil des Tafelzeremoniells stellt seit jeher das Servieren des Weines dar – der bis heute geläufige Begriff »Mundschenk« kündet davon. Verlangte der Fürst nach Wein, geschah Folgendes: Der von ihm instruierte Oberhofmarschall beauftragte den Mundschenk, der sich seinerseits am Kredenztisch Wein und Wasser zur Verkostung reichen ließ. Befand er beides für gut, goss er eine Mischung in den fürstlichen Pokal, bedeckte ihn und trug ihn zur Tafel, wo er das Getränk nochmals vor den Augen des Fürsten probierte, um es ihm dann, garantiert nicht vergiftet, zu servieren. Dass der Fürst den ersten Schluck genommen hatte, erfuhren die Gäste außerhalb des Saales durch Salutschüsse. Im 18. Jahrhundert erfuhr dieses über Jahrhunderte unveränderte Zeremoniell einige protokollarische Verfeinerungen. Nunmehr wurde den ranghöchsten Gästen ihr Pokal auf einer Kredenz mit Fuß gereicht, während Rangniedere ihr Getränk auf einem Tablett erhielten. Das mit Wein gefüllte Trinkgefäß wurde jeweils auf Verlangen ausgehändigt und dann in einem Zug geleert, es blieb lange verpönt, mit Wein gefüllte Pokale und Gläser auf der Tafel stehen zu lassen.

Genussorientierung als politisches Problem

Zweifelsfrei lassen sich Getränke im Allgemeinen und Wein im Speziellen als repräsentatives Mittel nutzen. Trotzdem überrascht nicht, dass das Thema Essen und Trinken kaum eine Rolle in Biographien und Erinnerungen deutscher Staatsmänner spielt. Das Image, ein Feinschmecker zu sein und über gustatorische Expertise zu verfügen, ist hierzulande einer politischen Karriere eher abträglich, weil als Luxus verschrien. Masse à la Helmut Kohl und Franz Josef Strauß lässt die Öffentlichkeit noch durchgehen, bei der Klasse ist das viel schwieriger – Ausnahmen wie Wirtschaftsminister Peter Altmaier bestätigen die Regel, bei Saarländern gelten da andere Gesetze. Gustatorische Kennerschaft wird nur dann verziehen, wenn die regionale Herkunft des Politikers dabei im Mittelpunkt steht und nicht die Genussorientierung. Die bedarf einer heimatbezogenen Legitimierung. Insofern war es passend, dass Helmut Schmidt, der aus dem gastronomisch noch am ehesten für Labskaus bekannten Hamburg stammte, keinerlei kulinarische Ambitionen hatte, sein aus der Pfalz stammender Nachfolger hingegen schon.

Kostspielige Kennerschaft findet hierzulande öffentliche Anerkennung maximal bei Kunst und Architektur; lukullische Genussfreude wird gemeinhin nicht als kulturell wertvoll goutiert. Der bankettererfahrene ehemalige Außenminister Joschka Fischer formulierte es mit Blick auf die seiner Meinung nach einzig in Frankreich exquisite Staatsküche folgendermaßen: »Wenn in Deutsch-

2 Helmut Kohl und Franz Josef Strauß bei einer Brotzeit im Juli 1984

land jemand solche Küchenbrigaden beschäftigen würde, wäre es ein Skandal. Die Bild-Zeitung würde auf der Zinne tanzen.« Der französische Präsident François Mitterrand musste nicht einmal aus seiner Vorliebe für den unter Artenschutz stehenden Ortolan, gemästet als Fettammer eine unvergleichliche und verbotene Delikatesse, einen Hehl machen – in Deutschland undenkbar. Wiederholt bekamen Politiker negative Presse, sobald ruchbar wurde, dass sie luxuriös tafelten, vor allem wenn es um Mitglieder links der Mitte stehender Parteien ging. Allem Wohlstand zum Trotz reagiert die Öffentlichkeit auf vermeintliche Unbescheidenheit pikiert. Der dem Wein durchaus zugeneigte SPD-Kanzlerkandidat Peer Steinbrück wurde harsch kritisiert, nachdem er im Dezember 2012 bemerkt hatte, dass er eine Flasche Pinot Grigio, die nur fünf Euro kostet, nicht kaufen würde. Die Missbilligung galt dabei der vermeintlichen Extravaganz, nicht dem Umstand, dass ein italienischer Wein in Rede stand.

14

Steinbrücks Nachfolger als Kanzlerkandidat, der nach Umwegen alkoholabstinente Martin Schulz, bekam wegen einer Foie gras, gemeinsam mit Journalisten genossen, Ärger mit der Parteibasis – entsprechendes Medienecho inklusive. Die eigentlich gebotene Debatte, was es für die deutsch-französische Erbfreundschaft bedeutet, wenn ein potentieller Bundeskanzler zur Gänsestopfleber keinen Sauternes trinkt, war lediglich der *Frankfurter Allgemeinen Zeitung* ein paar glossierende Zeilen wert. Einige Jahre zuvor hatte Sahra Wagenknecht dafür gesorgt, dass, nachdem sie beim Hummeressen fotografiert worden war, diese Bilder verschwanden. Was von beidem stärker rechtfertigungsbedürftig erschien – der Verdacht sozial unausgewogener Schlemmerei oder der, Zensur zu üben –, ließ sie in einem Interview mit der *Süddeutschen Zeitung* aus der Serie »Reden wir über Geld« offen. François Mitterrand war übrigens Sozialist.[3]

Literatur

Dass der Wein in der spärlichen Literatur über Zeremoniell im engeren und Staatsbesuche im weiteren Sinne ein Desiderat bleibt, verwundert daher kaum. Aus dieser raren Gattung ragt heraus die Dissertation von Simone Derix (*Bebilderte Politik. Staatsbesuche in der Bundesrepublik* 1949-1990). Daneben existieren einige nicht so umfangreiche Studien wie die von Frieder Günther über die Staatsbesuche des ersten Bundespräsidenten, wobei ihr Titel *Heuss auf Reisen* in die Irre führt, da zusätzlich die eingehenden Besuche abgehandelt werden, sowie die Werke von Michael Meyer und Frank Uwe Mäuer über die Staatsbesuche in der Weimarer Republik bzw. im Dritten Reich. Die beiden letzteren Werke sorgten für den Hintergrund und manche Details. Weiter zurück geht der Klassiker von Johannes Paulmann *Pomp und Politik* über die Monarchenbegegnungen vor dem Ersten Weltkrieg. Mehr noch lieferten die beiden lesenswerten Bücher von Simone Derix und Frieder Günther einiges an Kontext und teilweise originelle Einzelheiten. Das gilt ebenfalls für das anekdotische Buch des langjährigen *FAZ*-Korrespondenten Walter Henkels über Staatsempfänge. Überschaubar ist die Literatur zum Staatszeremoniell; das gleichnamige, mehrfach aufgelegte Standardwerk verfasste Jürgen Hartmann. Beachtenswert sind überdies zwei ältere Sammelbände.[4]

Dass in den genannten Werken Getränke ausgespart bleiben, überrascht nicht weiter, doch muss ebenfalls für die zeitgeschichtliche Literatur insgesamt weintechnisch weitgehend Fehlanzeige vermeldet werden. Selbst die in jüngerer Zeit erschienenen Bücher zu politischer Kulinarik lassen den Wein fast vollständig aus.[5] Selbiges zu vermelden gilt es andersherum für den politisch-repräsentativen Wert des Beschreibungsgegenstandes in Weinbüchern wie die kulturhistorische Literatur zu Essen und Trinken. An einer Hand abzuzählen sind die substantielleren Artikel in Fachzeitschriften, wobei sich einige der Randnotizen zum Keller des Staatstheaters schlichtweg als falsch erweisen. Leider eher eine Rarität sind überdies zeitgenössische Verkostungsnotizen, die Aufschluss darüber geben, wie die Gewächse zum Zeitpunkt ihres Ausschanks auf den Staatsbanketten geschmeckt haben. Anhaltspunkte vermitteln insbesondere die Notizen von Michael Broadbent, dem Doyen der Weinkritik. Wenn Gewächse im Folgenden beschrieben werden, datieren diese Einschätzungen jeweils auf den Zeitraum ihres staatsrepräsentativen Einsatzes.[6]

Überaus selten sind Dokumente zum Thema Wein in den Akten des Bundespräsidialamtes und des Auswärtigen Amtes, was genauso für die internen Protokoll-Leitfäden des Außenamtes gilt. Allein dass die Menükarten überliefert sind, ist in den Beständen des Bundespräsidialamtes aus der Bonner Republik eher die Ausnahme als die Regel. Eine Erklärung dafür liefert der interne Leitfaden für das Protokollreferat im Auswärtigen Amt, der seinem Verfasser Manfred Günther und einem die Erstauflage ummantelnden blauen DIN A5-Ordner seinen Namen »Der Blaue Günther« verdankt: »Aus alter Erfahrung im Ref. 700 lässt sich sagen, dass die Tisch- und Menükarten begehrte Souvenirs [...] sind.«[7]

Demgegenüber ergiebig erweisen sich nicht zuletzt in Sachen Kuriositäten die Protokoll-Akten des Auswärtigen Amtes, die in dessen Politischem Archiv in Berlin einzusehen sind.* Die besagten Fehlstellen erscheinen für die Amtszeit von Theodor Heuss hingegen nachgerade sachlogisch, denn der Bundespräsident höchstselbst beschwerte sich 1954 beim Leiter der Politischen Abteilung des Auswärtigen Amtes, Herbert Blankenhorn, darüber, dass von der Botschaft in Schweden »Menükarten von Diners und Soupers mitgeteilt wurden, was ich eines Diplomaten unwürdig empfand«.[8]

---

* Aus diesem Bestand – übergeordnete Archivsignatur: PA AA, B 8 – stammen die meisten der im Folgenden nicht weiter nachgewiesenen und nicht einer Person zugeordneten Zitate, die entsprechenden Dokumente lassen sich in den Bänden der jeweiligen Staatsbesuche auffinden. Als Fundgrube erwies sich insbesondere der diesem Bestand zugehörige Nachlass von Erica Pappritz, der Grande Dame des frühen Bonner Protokolls. Sind Aussagen von Personen nicht näher belegt, stammen sie in aller Regel aus persönlichen Gesprächen.

NÄHRWERT

Repräsentation mittels Zeremoniell

Unter dem Begriff Zeremoniell sind die geregelten Abläufe des öffentlichen Geschehens, das der staatlichen Repräsentation dient, zu verstehen; es »gleicht einem Spiegel, in den eine Gesellschaft gelegentlich blicken möchte, um ihre eigene Ordnung zu erfahren und um sich selbst bekräftigt zu finden«.[9] Schon die Monarchenbegegnungen in Europa zwischen Ancien Régime und Erstem Weltkrieg waren mit ihren Ritualen nicht allein auf äußere Repräsentanz, sondern ebenfalls nach innen ausgerichtet. Gemäß der fünfzig Jahre alten, oft zitierten Formel des amerikanischen Philosophen Michael Walzer ist der Staat unsichtbar und muss daher personifiziert werden, bevor er gesehen werden kann, muss symbolisiert werden, bevor er geliebt werden kann, und muss vorstellbar sein, bevor er begriffen werden kann. Auch die repräsentative Demokratie bedarf, um politisch oder sozial zu wirken, der Vermittlung durch Symbole oder Zeremoniell, wobei gilt: »Repräsentieren heißt Gegenständlichmachen.«[10]

Für die Bundesrepublik existieren historisch-staatsrechtliche Argumente, um ein besonderes Augenmerk auf den Wein im zeremoniellen Einsatz zu richten. Für die Einbeziehung aller repräsentativen Möglichkeiten – des Weins, und weiter gefasst: aller gastrosophischer Mittel – sprechen zuvorderst die spärlichen Kompetenzen des Bundespräsidenten.[11] Als personifiziertem Mittelpunkt staatlicher Selbstdarstellung wird seinem Amt allerdings fast das gesamte diesbezügliche offizielle Handeln zugeschrieben. Wegen der im Gegensatz etwa zur britischen Monarchie viel geringer ausgeprägten Objektivationselemente, die es dem Betrachter ermöglichen, seine Vorstellung vom Staat und dessen Oberhaupt zu verdinglichen, »hängt der Repräsentationserfolg am seidenen Faden subjektiver Momente, der rhetorischen Fähigkeit, der Amtscourage, des Feingefühls, der persönlichen Ausstrahlung«, fasste der Bonner Staatsrechtler Josef Isensee zusammen.

Anders als die meisten anderen Medien staatlicher Repräsentation ist der Wein überdies historisch kaum vorbelastet. Hierbei stehen der Bundesrepublik verglichen mit den früheren Formen von der preußischen Schlichtheit über den wilhelminischen Prunk bis hin zum nationalsozialistischen Protz lediglich kärgliche Mittel zur Verfügung. »Ausschluss durch Äußeres – wozu auch […] das Protokoll [… und] das Ritual […] gehören – ist im Zeitalter des qualitätsvollen Konfektionsanzugs und popularisierter Statussymbole keine Möglichkeit mehr, Amtsexklusivität darzustellen; das Gegenteil ist der Fall«, wie Jörg-Dieter Gauger treffend in seinen Sammelband zur Staatsrepräsentation einführt.

So ist das eben in der »Nivellierten Mittelstandsgesellschaft«, die der Soziologe Helmut Schelsky bereits 1953 der Bundesrepublik attestierte, selbst wenn diese damals noch nicht wirklich existent gewesen sein dürfte. Ein Jahrzehnt danach, als das Wirtschaftswunder seinem Höhepunkt zustrebte, ging der Staatsrechtler Herbert Krüger bei der Herleitung des Staatszeremoniells sogar so weit, dass der Staat nicht bloß sachlich und würdig sein solle, »sondern bei alledem auch schön erscheinen, und zwar nicht allein um der Schönheit willen, sondern auch der Lebenslust halber, deren der Staat als ein Gesamtleben von Menschen nicht minder bedarf als der einzelne Mensch zu einem echten seelischen Wohlbefinden«. Zweifelsohne siedelt das Kriterium der Lebenslust nah beim Wein, zumal die Schönheit staatlicher Symbole nicht nur unterschiedlichen und sich wandelnden Geschmäckern unterworfen sein kann, sondern sich generell schwierig darstellen lässt. Demgegenüber kann die Güte eines Weines sehr viel besser bestimmt werden.[12]

Weil generell die Ansprüche an Zeremonien steigen, da immer mehr Eindrücke auf die Menschen einprasseln, Ereignisse flüchtiger wirken und mehr Vergleichsmöglichkeiten bestehen, lohnt es, sich in allen Details anzustrengen – wobei wahre Qualität durchaus in der Tugend der Bescheidenheit bestehen kann. Zu guter Letzt legt die – vor allem in Bezug auf hochwertige Weißweine – lange Weinbautradition Deutschlands nahe, Wein repräsentativ zu verzwecken, zumal er ein Abbild regionaler und kultureller Vielfalt liefern kann.

Das Ereignis, das als Mittel der staatlichen Repräsentation schlechthin gilt, ist das Staatsbankett. Es stellt neben dem Empfangszeremoniell laut Hartmann den »Höhepunkt im Ablauf eines Staatsbesuchs« dar. Üblicherweise findet es am Abend des ersten Tages eines Staatsbesuchs statt. Es dient wie der gesamte Aufenthalt dazu, das gastgebende Land vorzustellen. Getreu dem Aphorismus »Sage mir, was du isst, und ich sage dir, wer du bist« (Jean Anthelme Brillat-Savarin) soll die Menüfolge dazu beitragen, die Identität des Gastgebers auszudrücken – eine Frage, zu der international reichlich Literatur existiert, teilweise sogar unmittelbar bezogen auf den Wein. Das gilt leider jedoch nicht so sehr für Deutschland, wo sich die »culinary diplomacy« als ein weitgehendes Forschungsdesiderat erweist. Traditionell gilt das gemeinsame Essen als »Zeichen von Frieden und Versöhnung und es ist daher seit jeher mit einem besonders dichten Zeremoniell umgeben«.[13] Das Zeremoniell regelt den staatlich-repräsentativen Anlass an sich, während im Unterschied dazu die Etikette ein Muster für die Regelung zwischenmenschlicher Beziehungen liefert; sie bedeutet eher Benehmen, Zeremoniell mehr formales Protokoll.

Wirkung

Über die Erkenntnis, dass das Teilen von Mahlzeiten Frieden stiften kann, sind schon ganze empirische Studien verfasst worden. Hinzu kommen Experimente, denen zufolge Essen die Motivation

und die Entscheidungen von Menschen beeinflusst.[14] Das Gemein-
schaftsschaffende erklärt Georg Simmel in seinem berühmten Aufsatz »Soziologie der Mahlzeit« 1910 wie folgt: »Von allem nun, was
den Menschen gemeinsam ist, ist das Gemeinsamste: dass sie essen und trinken müssen.« Fast jeder wird die befriedende Wirkung des gemeinsamen Essens in schwierigen sozialen Situationen
mit anstrengenden Menschen verschiedentlich erfahren haben. In
den Worten Simmels heißt dies: »Personen, die keinerlei speziel-
les Interesse teilen, können sich bei dem gemeinsamen Mahle finden – in dieser Möglichkeit […] liegt die unermessliche soziolo-
gische Bedeutung der Mahlzeit.« Immanuel Kant erblickte gar in
der freundschaftlichen Mahlzeit »wahre Humanität«, während der
langjährige Hamburger Erste Bürgermeister Ole von Beust praxis-
erfahren von einem »krampflösenden Effekt« spricht.

In der frühen Menschheitsgeschichte konnte es überlebenswich-
tig sein, mit anderen zu teilen, denn nur so würden diese einem bei
anderer Gelegenheit über einen ausbleibenden Jagderfolg hinweg-
helfen. Das gemeinsame Essen stand gewissermaßen am Beginn
der gesellschaftlichen und kulturellen Entwicklung des Menschen,
denn anders als im Tierreich wurde die Beute nicht nur mit den an
der Jagd Beteiligten, sondern über den eigenen Nachwuchs hinaus
auch mit anderen geteilt. Etwas zeitgenössischer, nur wenige Jahr-
tausende später, benannte Friedrich Nietzsche als den »Sinn in den
Gebräuchen der Gastfreundschaft: Das Feindliche im Fremden zu
lähmen«.[15]

Dem Wein kommt für das Verbindungstiftende eine besondere Rolle zu; seine kultur- und epochenübergreifende Verwendung
im religiösen Kontext ist ein Beleg dafür. Insgesamt gilt Wein, und
insbesondere hochklassiger Schaumwein, als besonders festliches
Getränk. Charles Baudelaire, einer der Wegbereiter der literarischen Moderne in Europa, beschäftigte sich in seinem 1851 publi-
zierten Text »Wein und Haschisch verglichen als Mittel zur Ver-
vielfältigung der Individualität« mit der Wirkung dieser beiden
Genuss- oder Rauschmittel. Sein Urteil über den Wein fällt posi-

tiv aus, denn er »macht wohlwollend und gesellig. Das Haschisch vereinzelt. […] Der Wein ist nützlich, er bringt Erkenntnisse hervor, die ihre Früchte tragen. Das Haschisch ist unnütz und gefährlich.«[16] Damit fasst der französische Schriftsteller zusammen, worauf es bei einem gelungenen Abend mit anderen Menschen oder eben bei einem Staatsbankett ankommt: Wohlwollen, Geselligkeit, Offenheit, Erkenntnisgewinn – in Summe eine Grundlage, auf der man aufbauen kann.

Weniger gemeinschaftsstiftend liest sich die folgende Szene, in der Franz Blankart, Chefunterhändler der Schweiz bei den Verhandlungen um den Europäischen Wirtschaftsraum, schildert, wie seine Vorgesetzten unter Einsatz bester Weine regelrecht über den Tisch gezogen wurden: »Zunächst langer Aperitif, während dem sich die EG-Kommission und Island in einer Ecke über das Fischproblem unvermerkt einigten, so dass nur noch der ›Problemfall Schweiz‹ übrigblieb. Dann zu Tisch, der erste Gang, ein Fisch mit bestem französischem Weisswein, dann ein Filet de bœuf, wie es nur belgische Köche zustandebringen, serviert mit einem exzellenten Bordeaux, dann Verteilung eines 17seitigen Dokuments in englischer Sprache […]. Dann 15 Fragen vom Typus: ›Mr. Federal Counsellor, why are you opposed that cosmetics be put from category 1 to category 2?‹ Perplexes Schweigen. ›Well, I see no objection, it is so decided. Next question: etc. etc.‹.«[17]

Dieser zwei Jahrzehnte alte Artikel ist in seiner Freimütigkeit eine absolute Rarität, normalerweise wird über derlei Geschehen der Mantel des Schweigens gebreitet oder der wahre Hergang verklärt. In diesem Fall waren die beiden Bundesräte mit den Einzelheiten nicht hinreichend vertraut und dank der Teilnehmerformel »Ministers only« ohne Begleiter, die mit Detailwissen hätten aushelfen können – und in Kombination mit ihren mangelnden Englischkenntnissen nicht mehr zum Widerstand gegen Änderungsvorschläge in der Lage. Ob für die protestdämpfende Wirkung eher die mittels dem hervorragenden Dinner ausgedrückte Wertschätzung ursächlich war oder die der Güte der Weine geschuldete Alkoholisierung, spielt für das Ergebnis keine Rolle. Für beide Varianten bedurfte es bester Gewächse, und das Ergebnis der Unterredung galt.

Die andere Seite des Suffs legt der Bericht des Schweizer Diplomaten Carl Burckhardt offen, nachdem er sich als Gesandter seines Landes in Frankreich im Juli 1946 mit Winston Churchill zum Essen getroffen hatte. In dem Gespräch in Paris sollte es um die Planung einer Reise des damaligen britischen Oppositionsführers, einem der größten bekennenden weltpolitischen Trinker aller Zeiten, in die Schweiz gehen. »Dabei griff er in ziemlich kühner Weise zum vorhandenen Alkohol, mit dem Ergebnis, dass ich die zweite Hälfte unseres Gesprächs als null und nichtig betrachten muss. Er sprach Worte, aber es war schwierig, deren präzise Bedeutung zu erkennen«, schrieb Burckhardt anschließend an den Außenminister in Bern. Im Vergleich der beiden eidgenössisch-englischsprachigen Episoden werden in Sachen Verbindlichkeit Unterschiede augenfällig. Letztlich entscheidet das Ziel des Gesprächs, ob die Trunkenheit des Gegenübers diesem zuträglich sein kann oder nicht. Als vollkommen klar erwiesen sich Churchills Worte jedenfalls gegen Ende des besagten Aufenthalts, als er am 19. September 1946 in seiner »Zürcher Rede« forderte, eine »Art Vereinigte Staaten von Europa« zu schaffen.[18]

Beide Szenen sind Extreme; den Normalfall markierte Hans-Dietrich Genscher in seiner Zeit als Bundesaußenminister mit der Aussage »Diplomatisch esse ich sehr gezielt. Zugeschlagen wird zu Hause.« Völlerei gibt nie ein gutes Bild ab. Mit der Sentenz »Bedenke stets: Was getrunken wird – bestimmt der Gastgeber, wieviel getrunken wird – der Gast!« meinte 1955 der damals im konsularischen Dienst stehende spätere Vizeadmiral Herbert Trebesch in einem eher privat anmutenden Niederschrieb Nachwuchsdiplomaten auf diesen Umstand hinweisen zu müssen.[19] Manchmal braucht es noch höhere Grade der Beherrschung. Als sich 1994 ein Berater von François Mitterrand in seinem Büro erschoss, saß der französische Präsident mehr oder weniger nebenan bei einem offiziellen Essen.« »Als er von dem Suizid erfuhr, ging er kurz nachgucken, danach aß er weiter. Da war ich doch überrascht von seinem Verhalten«, berichtete der Koch des Élysée-Palastes, Bernard Vaussion.[20] Ob sich Mitterrand anschließend erst einmal einen Schnaps hat bringen lassen, ist nicht überliefert.

Zweifelsohne hilft der gemeinschaftliche Konsum von Genussmitteln, schwierige Situationen zu überbrücken. Das reicht vom Besuch der anstrengenden Verwandtschaft, bei der die Kaffeetafel einen Kommunikationsanlass schafft, bis zur hohen Politik. Mit dem Satz »Eine Tasse Kaffee half den beiden Deutschen aus einer peinlichen Protokoll-Verlegenheit«, beginnt *Der Spiegel* seinen Artikel über das heikle erste Zusammentreffen von Bundeskanzler Helmut Schmidt und SED-Generalsekretär Erich Honecker. Bis wenige Minuten vor ihrer Begegnung auf der KSZE-Abschlusskonferenz 1975 in Helsinki blieb nämlich offen, wer wen empfangen würde beziehungsweise wem eine Audienz gewährt werden würde.[21]

Eine damit nicht absolut vergleichbare Rangordnungsfrage hatte im Zeitalter vor der Aufklärung im Falle des »Londoner Kutschenstreits« 1661 noch zu Toten geführt. Dabei eskalierte anhand der – wie es heute heißen würde – Wagenfolge bei der Einführung des neuen schwedischen Botschafters in London der schwelende Konflikt zwischen Frankreich und Spanien um die Vormachtstellung in Europa.* Drei Jahrhunderte später sollte in Helsinki der Zufall aus der Patsche helfen, da Schmidt wie Honecker rasch noch einen Kaffee trinken wollten, sich deshalb in die Cafeteria begaben

---

* Nach Scharmützeln um die Reihenfolge der Kutschen des französischen beziehungsweise des spanischen Botschafters auf dem Weg konnte zwar der Spanier als Erster vor dem Whitehall-Palast vorfahren, sein Land allerdings musste in der Folge des blutigen Vorfalls den Vorrang der Franzosen in Europa anerkennen. Die in eine Kriegsdrohung mündende Zuspitzung hatte der französische König Ludwig XIV. bewusst provoziert. Der Sonnenkönig betrat damit erstmals die große außenpolitische Bühne, erwies sich als geschickter Stratege und lieferte bis heute zitiertes Anschauungsmaterial in Sachen Staatsräson.

3 Helmut Schmidt und Erich Honecker bei der KSZE-Konferenz in Helsinki am 30. 7. 1975

und schließlich an benachbarten Tischen zu sitzen kamen. So begannen die zwei Regierungschefs einer Nation unverfänglich ein Gespräch und betraten anschließend nebeneinander den Konferenzsaal. Beim zweiten Gespräch in Helsinki stellte sich laut dem Bundeskanzler dann gleich eine »unverkrampfte« Atmosphäre ein. Um die Protokolldividende einzufahren, bedarf es also nicht immer kostspieliger Getränke.

Roland Barthes verweist wie Baudelaire auf die geselligkeitserzeugende Wirkung des Weins, führt aber dazu noch die soziale Anerkennung auf, die er genießt. Wein begründe zudem »ein Dekor« und schmücke »die kleinsten Zeremonien […] bis zur Tischrede auf einem Bankett. Er verbessert das Klima, welcher Art es auch sei«.[22] Der gemeinschaftsstiftende Ertrag scheint dabei umso stärker auszufallen, je weniger notwendig das Trinken – oder das Getränk – ist. Mit Wasser stößt kaum jemand an, es gilt nicht einmal als unhöflich, schon mal einen Schluck zu nehmen, bevor den anderen Gästen eingeschenkt wurde. Anders beim Wein, der des kollektiven Glaserhebens bedarf.

25

Eine gängige Theorie, wie der Brauch des gemeinsamen Anstoßens entstanden ist, besagt, dass es in mittelalterlichen Zeiten dafür sorgte, dass der Wein aus dem eigenen Glas in das des Gegenübers schwappte. Sollte derjenige einem mittels Gift nach dem Leben trachten, würde er sich zieren, den nun vermischten Wein zu trinken. Andere Erklärungen lauten, dass es sich beim Anstoßen um eine lautstarke Wohlstandsdemonstration handelte, nachdem es möglich geworden war, jedem Gast ein eigenes Glas anzubieten, oder dass mit dem Klirren der Gläser böse Geister oder Dämonen vertrieben werden sollten. So oder so sollte das Ritual einem friedlichen Gastmahl dienen.

Dechiffrierbarkeit

Um als Basis für ein Gespräch zu dienen, besitzt Wein den Vorteil, dass Expertise bei ihm eher geglaubt oder unterstellt wird als bei den Speisen. Der Kontext ist international derselbe, Wein ist universell verständlich und weit weniger voraussetzungsvoll als beispielsweise komplizierte regionaltypische Gerichte, die seltener – und damit dem Gegenüber eventuell unbekannter – Zutaten bedürfen.

Vorausgesetzt, dass jemand überhaupt Wein mag und über ein Minimum an Erfahrung verfügt, ist zudem einfach herauszufinden, ob der Wein sehr gut ist oder nur mittelmäßig. Das gilt, obwohl manches am gehobenen Weinkonsum soziales Konstrukt ist. Beispielsweise entsprechen manche Attribute seiner Beschreibung eher der Konvention innerhalb der ihn konsumierenden Gesellschaftsschicht, als dass sie tatsächlich im Wein angelegt sind.* Ex-

---

* Anschauungsmaterial lieferte schon 1923 der Roman *Der tolle Bomberg* von Josef Winckler, ein Bestseller der Weimarer Republik, in dem der Romanheld kurz vor seinem Tod die Weine in seinem Keller durchprobiert und seinem Diener Begriffe

perimenten zufolge liegen nicht einmal professionelle Verkoster stets richtig bei der Frage, ob es sich um Weiß- oder Rotwein handelt, wird er im Dunkeln serviert. Ähnlich wurde Weißwein, mittels geschmacksneutraler Lebensmittelfarbe rot gefärbt, mit rotweintypischen Attributen beschrieben. Trotzdem gilt, zwischen wahrhaft schlecht und richtig gut kann eigentlich jeder Konsument unterscheiden. Eher nachdenklich stimmt diesbezüglich die Tatsache, dass bisweilen bei Blindverkostungen günstige Weine um ein Mehrfaches teurere Spitzengewächse aus dem Feld schlagen.

Dennoch spricht für einen Griff nach der kostspieligen Weltklasse die uneingeschränkte Dechiffrierbarkeit von international bekannten Spitzenweinen. Sogar Laien wissen einen Lafite oder Mouton Rothschild halbwegs zuzuordnen; sie bekommen zumindest eine Ahnung davon, dass der Gastgeber es gut mit ihnen meint, auch wenn sie beim Wasser bleiben sollten. Bei den besten deutschen Weinen fällt dies schwerer, da es zu ihrer Entschlüsselung einer gewissen Expertise bedarf. Egon Müller ist zwar ein herausragender und zudem weltweit einer der bekanntesten deutschen Winzer, sein Name aber gehört nicht wie Rothschild zum Allgemeinwissen. Genauso muss man den Unterschied zwischen

wie »himmlisches Bukett, zu glaciert, schmeckt nach sizilianischem Gips, schleimig, gemeiner Fassgeschmack durch anbrüchige Dauben, herrlich firn, simpler Bleichert« zuruft.

Da es sich offenbar vorwiegend um fehlerhafte Weine handelte, folgt eine Verkostungsnotiz eines der besten Rotweine aller Zeiten, dem 1945er Mouton Rothschild: »Unter allen möglichen Jahrhundertweinen einer der allerbesten. Ein verrücktes, schwer greifbares Bouquet von süssem Terroir, explosivem, in seiner Güte absolut perfektionierten Cabernet-Duft, Rosmarin-, Oregano-, Eucalyptus- und Minzennoten. Im Gaumen noch streng, aber auch reif zugleich, die Aromen sind gaumenumfassend und erzeugen eine Speichel erzeugende Adstringenz, die den Mund derartig beherrscht, dass ein Schlucken sehr schwierig wird. Monumentale Finesse – im polarisierenden Sinne. Nur Vergleiche mögen eventuell zu deuten, was ein nach großen Weinen suchender Degustator hier erleben kann«, vermerkte René Gabriel, einer der bekanntesten deutschsprachigen Weinautoren, 1995 (Bordeaux Total, Zürich 2004, Seite 674). Dieser Wein wird im weiteren Verlauf noch einmal auf der Tafel des französischen Präsidenten auftauchen.

einem Riesling Kabinett und einer Auslese kennen, um diese Qualitätsmerkmale, die sich mit einem Blick auf Etikett oder Menükarte erfassen lassen, zu decodieren.[23]

Allerdings wird fast jeder Konsument bemerken, dass er einen herausragenden Wein trinkt, sofern er ein Spitzengewächs tatsächlich trinkt – gleich, ob der Wein seinen persönlichen Vorlieben nahekommt. Sogar Liebhaber leichter Weißweine werden einen herausragenden roten Bordeaux oder Burgunder mittels Verkostung klassifizieren und die davon ausgehenden Signale wie Status und Wertschätzung verstehen. Das gilt in eingeschränktem Maß ähnlich, wenn der Gast nur am Glas riecht; das komplexe Bouquet eines Spitzengewächses ist nun mal ansprechender als der Geruch von mittelmäßigem Flascheninhalt, selbst wenn manches davon nur unterbewusst wahrgenommen wird. Etwa vier Fünftel des Geschmackseindrucks entstehen nun einmal über die Nase.

Außerdem wird neurologischen Experimenten zufolge teurer ausgezeichneter Wein als geschmacklich überlegen eingestuft gegenüber dem identischen Gewächs, das mit einem günstigeren Preisschild versehen ist. Die für Belohnung und Motivation zuständige Hirnregion wird von einem höheren Preis stärker angeregt. Dass dieselbe Reaktion beim Anblick eines prominenten Etiketts im Sinne eines imaginären Preisschildes eintritt, scheint naheliegend. Obendrein gilt ex negativo, ziemlich simpel ohne Hirnscanner zusammentheoretisiert, dass der Gast sich bei erkennbar minderwertigen Gewächsen weder gut behandelt fühlen noch bessere Laune bekommen wird. Schon von daher wird es sich auszahlen, dem Wein Aufmerksamkeit zu schenken.

STATISTISCHES

Queen Elizabeth II., fünfter Besuch

Das Weinangebot scheint sogar bei herausgehobenen Staatsgästen manchmal zu misslingen. »Holzboot, Pferdebild, billiger Wein – oh my God!« war ein Artikel des Queen-Biographen Thomas Kielinger über den fünften Staatsbesuch, den die britische Königin Elizabeth II. der Bundesrepublik im Sommer 2015 abstattete und der im Folgenden noch häufiger auftauchen wird, überschrieben. Die Visiten der Monarchin, die erste fünfzig Jahre davor, waren Jürgen Hartmann zufolge stets »wichtige Daten für die Entwicklung eines deutschen Staatszeremoniells«.[24] Der Biograph Ihrer Majestät zeigte sich jedoch nicht zufrieden mit dem repräsentativ-bundesrepublikanischen Auftritt. Er bekrittelte es unter anderem als »kleinkariert, eine Monarchin in einer Touristenbarkasse mit abgenutzten Sitzplätzen auf der Spree zu hofieren und Otto Normalverbrauchers Weinauswahl beim Staatsdinner aufzutischen.« Neben dem Transportmittel für eine Spreefahrt und den Getränken missfiel ebenso das Geschenk des Bundespräsidenten; ein Gemälde, das Elizabeth II. im Alter von neun Jahren auf einem – blauen – Pony zeigt oder vielmehr: zeigen sollte. Die Porträtierte hatte jedenfalls gewisse Erkennungsschwierigkeiten. Sich also »für ein Bild starkzumachen, das ihm seine Berater bei geringstem Nachdenken hätten ausreden können/müssen, wirkt im höchsten Maße linkisch, wie die Barkasse und die Auswahl der Weine, die von einem kleinen, eher günstig zu nennenden Weingut aus der Pfalz stammten«, ätzte der Autor weiter.[25]

Kielinger irrt indes. Denn die Auswahl für das Staatsbankett am 24. Juni 2015 in Schloss Bellevue bestand aus guten Weinen von guten bis sehr guten, zugegeben nicht den bekanntesten Winzern.

4 Spreefahrt nahe Schloss Bellevue am 24. 6. 2015

Konkret handelte es sich um 2014er Saulheimer Chardonnay Réserve trocken vom Weingut Thörle in Rheinhessen, Spätburgunder Barrique trocken 2012 vom Pfälzer Weingut Rummel – an dem sich Kielinger offenbar besonders störte – und als Dessertwein um einen 2013er Freiburg Schlossberg Spätburgunder Weißherbst Beerenauslese des Weingutes Stigler in Baden. Dazu gab es, nicht auf der Menükarte angegeben, als Toastsekt Wegeler Geheimrat »J« Rheingau Riesling Brut 2009. Die beiden letzteren Gewächse sollten über jeden Zweifel erhaben sein, und der Chardonnay ist hochklassig – laut der 2016er Ausgabe des *Eichelmann* »konzentriert, besitzt herrlich viel Frucht und Stoff«, der *Falstaff* vergab 91 Punkte. Der Spätburgunder von Klaus und Susanne Rummel, nach eigener Aussage »Öko-Pioniere der zweiten Stunde«, erscheint, falls überhaupt, eher wegen der revolutionär-wachstumsgesellschaftskritischen Anwandlungen des Weinbauernpaares als wegen mangelnder Güte für die Staatstafel ungeeignet.

Da Otto Normalverbraucher im Schnitt keine drei Euro für eine

Flasche Wein im Lebensmitteleinzelhandel entrichtet, dem mit einem Marktanteil von fast 80 Prozent wichtigsten Absatzkanal, rangierte selbst der kritisierte Pfälzer Rotwein mit einem Preis von 15 Euro ab Hof deutlich oberhalb von billig. Die bei diesem Bankett servierten Weißweine lagen mit über 20 Euro für den Chardonnay und den Sekt sowie 30 Euro pro 0,375-Liter-Einheit beim Süßwein noch darüber und entsprachen ungefähr dem Weinausgaben-Median bei Staatsbanketten dieser Zeit.

Für »Wein aus Trauben«, wie es in der entsprechenden Statistik heißt, geben die Bundesbürger 0,59 Prozent ihres Einkommens aus, womit sie im unteren Drittel der EU-Länder rangieren. Im Durchschnitt der 28 EU-Länder werden etwas mehr als ein Prozent des Einkommens aufgewendet. Die klassischen Anbauländer liegen allesamt darunter, Spanien ist mit nur 0,34 Prozent Ausgabenschlusslicht. Die Erklärung dürfte in dem reichhaltigen Angebot nationaler Produkte zu suchen sein. Demgegenüber hängen die Top-Drei-Länder dieser Kategorie – Estland, Irland und Schweden – komplett am Import-Wein-Tropf.

Ein Jahrzehnt Staatsbankette

In dem auf den Amtsantritt von Bundespräsident Horst Köhler am 1. Juli 2004 folgenden Jahrzehnt gab es 34 eingehende Staatsbesuche. Insgesamt 98 Weine von 41 verschiedenen Erzeugern werden auf den Menükarten der Bankette, von denen einige als Mittagessen ausgerichtet wurden, erwähnt.* Im Schnitt ist der Rotwein

---

* Dass sich darunter kaum eine Winzerin befindet, obwohl seit einem Jahrzehnt vermehrt Frauen an die entsprechenden Ausbildungsstätten strömen und immer mehr Weingüter in weibliche Hände übergehen, ist zu bedauern. Eine Ausnahme stellt die mit ihren Gewächsen mehrfach vertretene Carolin Spanier-Gillot dar, die bereits 2002 das rheinhessische Spitzengut Kühling-Gillot von ihrem Vater übernahm. Da an der bundespräsidialen Tafel keine Newcomer ausgeschenkt werden,

etwas teurer als der weiße – bei einer erheblichen Schwankungsbreite. Das untere Ende der Preisspanne rangiert bei beiden Sorten um die zehn Euro Endverbraucherpreis, die vom Präsidialamt entrichteten Einkaufspreise für Kunden aus der Gastronomie dürften noch etwas darunter liegen.

In dem betrachteten Zehnjahreszeitraum hätte keiner der Weißweine mehr als 30 Euro im Laden gekostet, bei den Roten war die Standardabweichung mit maximal 40 Euro größer. Das Preisniveau der Süßweine reichte hingegen umgerechnet auf die ganze Flasche bis zu 80 Euro. Hierbei handelte es sich um Beerenauslesen vom eben schon erwähnten Andreas Stigler, der den Einsatz seines hell gekelterten Spätburgunders bei dem Bankett für die Queen mit »Was will man mehr?« kommentierte.

Etwa ein Drittel der ausgeschenkten Weine ist das Premiumprodukt des jeweiligen Weingutes wie beispielsweise die »Cuvée X« vom Weingut Knipser oder ein Silvaner Grosses Gewächs aus dem Würzburger Juliusspital. Aber selbst die günstigsten Weine, diverse Rieslinge weniger prestigeträchtiger Lagen und der Merlot »S« vom rheinhessischen Weingut Spiess als erschwinglichster Roter, erweisen sich als wirklich gute Gewächse. Bei weniger hochkarätigen Veranstaltungen als Staatsbanketten kosten die Weine zwischen sechs und 15 Euro.

Den einschlägigen deutschen Weinführern zufolge, dem *Eichelmann* und dem *Gault-Millau*, bewegen sich die Erzeuger im Bereich zwischen gut und hervorragend (zwei bis vier Sterne im Eichelmann) beziehungsweise zuverlässiger Qualität und deutscher Spitze (zwei bis vier Reben) mit einigen Ausreißern in die Kategorie »Weltklasse« beim *Gault-Millau*. Zum Zeitpunkt des Ausschanks waren 17 der Güter Mitglied im Verband Deutscher Prädikats- und Qualitätsweingüter (VDP), vertreten mit in Summe 43 Gewächsen – der Verband kann sich also glücklich schätzen,

---

kann die (noch) mangelnde Repräsentanz der jungen Winzerinnen-Generation nicht wirklich verwundern.

bei nur fünf Prozent der Rebflächen in Deutschland über 40 Prozent der Winzer und Weine beim national höchstrangingen Ausschank zu stellen.

Auf den »hohen Symbolwert« des präsidialen Ausschanks verweist die Geschäftsführerin des VDP, Hilke Nagel. Die in dem Verband organisierten Winzer jedenfalls »empfinden es als Ehre und als Auszeichnung, wenn ihre Weine für Staatsbankette ausgewählt werden«. Absoluter Spitzenreiter in der Zehnjahresbilanz war beim Stillwein das Würzburger Juliusspital, VDP-Mitglied seit 1955, dessen Erzeugnisse achtmal zum Einsatz kamen, sowie das Sekthaus Klaus Herres mit sogar zehn Staatsbanketten. Diese Zahl beeindruckt umso mehr, da lediglich bei der Hälfte der Bankette der Schaumwein, der von insgesamt vier Winzern stammte, auf den dieser Statistik zugrundeliegenden Menükarten aufgeführt war; er hat dort dem Dessertwein Platz gemacht. Natürlich wird aber zum Aperitif und zum Toast nach wie vor Sekt gereicht.

Die Amtszeit von Christian Wulff ist in diese Statistik schon inkludiert. Sie stand getränketechnisch in der Kontinuitätslinie des Vorgängers – und war damit nicht weiter bemerkenswert, zumal dem am kürzesten amtierenden Bundespräsidenten aller Zeiten ein Hang zu Kirsch-Bananen-Saft nachgesagt wird. Sonst ließ er wohl gerne Grünen Tee servieren, zumindest am Tag. Wer es überdies mit religiösen Verzichtsvorschriften genau nimmt, was staatsoffiziell unbedingt geboten ist, der wird den einzig bleibenden Satz des zehnten Bundespräsidenten, dass der Islam zu Deutschland gehört, vinophil nicht als zielführend ansehen. Joachim Gauck, von dessen Präsidentschaft etwas mehr als zwei Jahre in das Zahlenwerk eingingen, wurde wiederum nachgesagt, eher Rot- als Weißwein, aber keinen Spätburgunder zu mögen, was sich aber an den Staatsbanketten nicht wirklich ablesen lässt.

Die 34 Rotweine stammten 19 Mal aus Spätburgundertrauben, neunmal wurden Cuvées ausgeschenkt, dreimal Merlot, jeweils einmal Dornfelder, Frühburgunder und der früher oft eingesetzte Lemberger. Bei den weißen Rebsorten überwogen die klas-

sisch deutschen, wobei gerechnet auf 34 Weine Riesling mit nur
14 überraschenderweise eher selten war. Ansonsten kamen Cuvées
(6), Weißburgunder (5) und Silvaner (4) häufiger zum Einsatz, der
Rest verteilt sich auf Grauburgunder (2), Chardonnay, Rivaner
und Traminer (je 1). Unter den 13 Süßweinen findet sich bemer-
kenswerterweise nicht ein einziger Riesling. Dafür gab es dreimal
Erzeugnisse im Portweinstil, drei süß ausgebaute Spätburgunder
und je zweimal Traminer und Scheurebe. Solaris, Ruländer und
Silvaner kamen je einmal zum Zuge. Dass in den zurückliegenden
Jahren vermehrt Dessertwein eingesetzt wird, liegt nicht zuletzt
an den jeweiligen Bundespräsidenten, nach deren Vorlieben man
sich richtet.

Den Einkauf erledigt der für seine Sachkunde von Winzern
hochgelobte Küchenchef Jan-Göran Barth, der für fast alles Kon-
sumierbare, was auf die präsidiale Tafel kommt, verantwortlich
zeichnet. Er versucht einen Querschnitt durch alle 13 Weinanbau-
gebiete herzustellen, die Bundesrepublik ist ja schließlich föderal
verfasst. Ostdeutschland ist gemessen an der Winzigkeit seiner
Rebflächen überrepräsentiert.

Tatsächlich ergibt die Auswertung der zehn Jahre nach Köhlers
Amtsantritt, dass Baden mit insgesamt 24 Weinen klar vor Franken
mit 17, dem Rheingau mit zwölf, der Mosel mit elf (wovon zehn allein auf den schon erwähnten Schaumwein von Herres entfallen)
sowie Rheinhessen mit zehn Weinen liegt. Das letztgenannte Gebiet legt mit der Zeit zu, während die Repräsentanz des Rheingaus
abnimmt. Die neuen Bundesländer wurden seltener berücksichtigt,
Saale-Unstrut stellte immerhin fünf Weine – drei vom Weingut Pawis, zwei vom Winzerhof Gussek –, Sachsen dagegen nur einen
einzigen aus der Kooperation der Winzergenossenschaften Meißen
und Fellbach in Württemberg. Dieses Gebiet wiederum, zu Zeiten
von Richard von Weizsäcker mit Lembergern vom Weingut Graf
Neipperg oft vertreten, kommt nicht einmal mehr auf ein Viertel
der Anzahl der badischen Weine. Unterdessen ist der Lemberger
als Rebsorte zur Rarität auf der präsidialen Tafel mutiert, der eine

im Untersuchungszeitraum stammte aber wenigstens aus Württemberg. Mehr noch überraschen angesichts ihrer hohen Qualität lediglich fünf Weine aus der Pfalz. Der Rest verteilt sich auf Ahr (3), Nahe (3) und die Saar (2). Die winzigen Anbaugebiete Mittelrhein und Hessische Bergstraße bleiben außen vor. Gemessen an der Größe der jeweiligen Gebiete sind die Ahr, Baden, Franken, der Rheingau und Saale-Unstrut deutlich überrepräsentiert, während es bei der Pfalz, Rheinhessen und Württemberg umgekehrt ist.

Der deutsche Durchschnittstrinker

So weit die Statistik der Staatsbankette. Die Geladenen dürften, da eher zu etablierten Kreisen gehörend, tendenziell zu der relativ kleinen Gruppe mehr oder minder regelmäßig trinkender Weinkonsumenten zählen, deren durchschnittliche Aufwendungen über den oben genannten drei Euro pro Flasche liegen – und auf die ein Großteil des Gesamtverbrauchs entfällt und die öfter im Fachhandel kaufen. Dessen Kunden machen zwar nur 6 Prozent der Weinkäufer aus, sie stehen aber für immerhin 17 Prozent der Menge und vor allem 27 Prozent des Wertes, im Schnitt werden für den Liter im Fachhandel fast neun Euro entrichtet. Das knappe Viertel der Konsumenten, die einmal oder öfter pro Woche Wein trinken, hat einen Anteil von über 70 Prozent an der getrunkenen Menge und drei Viertel des Wertanteils.

Trotzdem markieren die Steinbrück'schen fünf Euro die magische Grenze beim Weinkauf, oberhalb davon nimmt die Kauflaune rapide ab, gerade 14 Prozent der Konsumenten sind bereit, mehr anzulegen, und nicht mal mehr jeder Zwanzigste zahlt mehr als sieben Euro. So nimmt es nicht wunder, dass jede zweite Flasche Wein beim Discounter verkauft wird, wobei wiederum die Hälfte davon allein auf Aldi entfällt, den damit seit vielen Jahren größten Weinhändler der Republik.

Wenigstens für Sozialforscher interessant ist der Zusammenhang zwischen Weinfarbe und Konsumintensität – die regelmäßigen und gelegentlichen Konsumenten trinken mehr Rot- als Weißwein, die seltenen Trinker dagegen mehr Weißwein. Überdies existiert der Studie nach eine Korrelation von Klassenzugehörigkeit und Präferenz für die Herkunft der Gewächse. Bei aller offenkundigen Grobkörnigkeit der Befragung trinken Menschen, die sich in die oberste von drei sozialen Gruppen einordnen, halb deutsche, halb ausländische Weine, während im mittleren wie unteren Segment die einheimischen Weine mit 65 beziehungsweise 60 Prozent dominieren.

Insgesamt kommt deutscher Wein, von dem immer noch fast ein Viertel »ab Hof« verkauft wird, auf einen Anteil von 45 Prozent am inländischen Konsum – etwaige Abweichungen zu der oben genannten Studie dürften Methodik und Grundgesamtmenge geschuldet sein. An zweiter Stelle liegen italienische Weine mit 16 Prozent, auf Platz drei folgen französische Gewächse mit 12 Prozent und auf Platz vier spanische Weine mit 8 Prozent. Pro Kopf trinken die Deutschen ohne Schaumwein knapp über 20 Liter pro Jahr, seit Mitte der 1990er Jahre mehr Rot- als Weißwein, wobei Ersterer überwiegend importiert wird. Trotz des hierzulande steigenden Anbaus roter Sorten, insbesondere Spätburgunder, sind die germanischen Gewächse nach wie vor von überwiegend weißer Farbe.

Der in Deutschland in den Handel gebrachte heimische Wein ist zur Hälfte weiß, etwa 37 Prozent sind rot, das restliche Achtel entfällt auf Rosé. Bei den Anbauflächen existieren große Unterschiede, im großen Württemberg und im kleinen Anbaugebiet Ahr werden überwiegend rote Reben angebaut, sonst überwiegen überall weiße Sorten, mit denen fast zwei Drittel der Flächen bestockt sind. Dabei führt Riesling mit einem Anteil von beinahe einem Viertel deutlich; Deutschland ist traditionell weltweit mit großem Abstand das Rieslingland Nr. 1 – was den staatsrepräsentativen Fokus auf diese Rebsorte erklärt. Der noch Anfang der 1960er Jahre vorn liegende Silvaner hat demgegenüber deutlich verloren und macht heute nicht einmal mehr fünf Prozent der Flächen aus, die erfolgreichste Neuzüchtung Müller-Thurgau, mit dem noch 1990 ein Viertel der deutschen Rebflächen bestockt war, wird mittlerweile um die Hälfte weniger angebaut.[26]

Bier

»Eindeutig Pils«, lautete die Antwort von Frank-Walter Steinmeier auf die Frage »Pils oder Pomerol?« im Bundestagswahlkampf 2009. Schon der letzte Sozialdemokrat im Bundespräsidentenamt, Johannes Rau, war bekennender Pilstrinker. Genauso war er einmal für seine Partei als Kanzlerkandidat angetreten, ebenfalls erfolglos. Das Faible für guten Wein ist – insbesondere bei der SPD – nicht kampagnentauglich. Der eingangs erwähnte Satz von Peer Steinbrück, keinen Wein für weniger als fünf Euro zu kaufen, fand sogar Eingang in Analysen der Bundestagswahl 2013, bei der er Angela Merkel unterlag.[27]

Seit März 2017 residiert Steinmeier als zwölfter Bundespräsident in Schloss Bellevue, und auch im neuen Amt blieb er seiner Präferenz treu. Anlässlich seiner Wahl hatte eine Zeitung getitelt »Bundespräsidentenwahl: Steinmeier und Gauck – Bier ersetzt Weißwein«. Ob das bei Gauck mit dem Hang zum Weißwein stimmt, sei einmal dahingestellt – er selbst antwortete in einem Interview auf die Frage, für welches Getränk er sich entscheide: »In aller Regel für Rotwein. Bier auch, aber seltener.«[28] Steinmeiers Vorliebe gilt aber zweifelsohne dem Bier, zu dem er sich etwa zum informellen Auftakt seines Antrittsbesuchs in Israel mit dessen Präsidenten Reuven Rivlin auf dem Jerusalemer Mahane Yehuda Markt traf.

5 Israels Präsident Reuven Rivlin und Bundespräsident Frank-Walter Steinmeier in der Bar »Beer Bazar« in Jerusalem am 6. 5. 2017

Nichtsdestotrotz war im Kontext präsidialer Biere der einzige Akt von wirklich politischer Bedeutung in jüngerer Zeit eine Rede des bekennenden Biertrinkers Norbert Lammert, die er am Tag hielt, nachdem Bundespräsident Joachim Gauck verkündet hatte, keine zweite Amtszeit mehr anzustreben. Der Bundestagspräsident, auf dem Kopf stilecht die ihm zehn Jahre zuvor verliehene Bierkutschermütze seiner Heimatbrauerei Moritz Fiege, gab in seiner höchst launigen Einstandsrede als »Botschafter des Bieres« zu erkennen, dass er nicht beabsichtige, Bundespräsident zu werden: Der Posten des Bierbotschafters »ist nicht das erste, aber das letzte bedeutende Amt meiner Laufbahn, das ich freiwillig annehme«. Der Satz wurde anderntags weithin zitiert und als Absage des als Favorit auf die Gauck-Nachfolge gehandelten Lammert verstanden – es sei die Prognose gewagt, dass die Verleihung dieses Titels, den der Deutsche Brauer-Bund alljährlich auslobt, nie wieder eine solche Aufmerksamkeit bekommen wird.[29]

Dass Bier im Unterschied zu Wein im repräsentativen Kontext

kaum eine Rolle spielt, könnte bei einer Bierbrauer- und Biertrinkernation wie Deutschland eigentlich überraschen, zählt es doch länger als Wein zu den teutonischen Tränken und damit zur Kulturgeschichte. Immer noch trinkt jeder Deutsche über 100 Liter davon im Jahr, was eine europäische Spitzenposition garantiert. Die Tendenz ist allerdings wie bei allen alkoholischen Getränken seit Jahrzehnten rückläufig, auf dem Höhepunkt bundesdeutschen Bierkonsums Anfang der 1980er Jahre betrug er über 145 Liter pro Kehle und Jahr.

Immanuel Kant analysierte in der *Anthropologie in pragmatischer Hinsicht* bereits Ende des 18. Jahrhunderts, zu einer Zeit, als Wein vielfach mangels verfügbaren sauberen Trinkwassers noch zur Deckung physiologischer Grundbedürfnisse diente, den Unterschied zwischen Wein und Bier: Beide Getränke »dienen zur geselligen Berauschung«, wobei der Wein »bloß reizend« sei, während das Bier »mehr nährend und gleich einer Speise sättigend ist«. Außerdem bestehe laut dem weitgehend unerkannten Gastrosophen Kant ein Unterschied darin, »dass die Trinkgelage mit dem letzteren mehr träumerisch verschlossen, oft auch ungeschliffen, die aber mit dem ersteren fröhlich, laut und mit Witz redselig sind.«[30] Und schließlich geht es bei einem Staatsbankett genau darum, um offenen Austausch, der es jedem ermöglicht, sich kommunikativ von seiner besten Seite zu zeigen.

Im deutschen Bierbrauerland unpatriotisch anmutend, aber höflich gemeint, wurden während der Präsidentschaft von Johannes Rau sogar beim Bier die Präferenzen des Gastes berücksichtigt. Für den französischen Präsidenten Jacques Chirac, wie Rau ein Biertrinker, hielt man in Schloss Bellevue dessen mexikanische Lieblingssorte bereit. Ob er es am Geschmack erkannt hätte, konnte nicht erprobt werden, denn Chirac bestand, Sieg der Diplomatie, auf einem deutschen Pils. Umgekehrt soll Rau bei seinem ersten Besuch als Bundespräsident im Élysée, wo er sich aus respektvoller Höflichkeit während des Essens mit Wein abmühte, angeblich »not amused« gewesen sein, als er der Tatsache gewahr wurde, dass es ob des Faibles seines Gastgebers kein Problem gewesen wäre, ein Bier zu bekommen.

Die Überlegung mag bei Bier befremdlich wirken, bei Wein spielt die Frage nach der Dechiffrierbarkeit eine große Rolle. Wie erkennt der Gast, der möglicherweise kein Kenner ist oder der den Wein vielleicht gar nicht probiert, dass man ihm Wertschätzung in Form guter Weine entgegenbringt? Bei einem Getränk wie Bier, dessen Qualitäts- und Preisamplitude – moderne Craft-Biere einmal ausgeklammert – kleiner ist als die von Wein, spielt es eher eine Rolle, ob der Gastgeber überhaupt weiß, dass der Gast lieber Bier als Wein trinkt.

Bier wird nur in der Amtszeit von Johannes Rau zeitweilig auf den Speisekarten von Staatsbanketten genannt, öfters König Pilsner, zudem Krombacher. Vorher unterblieb die Nennung, lediglich bei den Rheinfahrten in Bonner Zeiten, zu denen ein »rustikales Buffet« gereicht wurde, fand das dazu passende Bier wie der Wein Erwähnung auf der Speisekarte.

Manchmal passten Gestaltung und Getränke einer Veranstaltung aber nicht zusammen. Selbst Phantasieunbegabte werden an maßkrügeschleppende Dirndlträgerinnen gedacht haben, als sie im Dezember 1977 nach dem Staatsbankett für den ersten demokratisch gewählten Präsidenten von Portugal, António dos Santos Ramalho Eanes, in der Zeitung lesen konnten, dass dort »fesche Mädchen made in Bayern« Alkohol servierten.[31] Bier findet sich indes nicht auf der Menükarte dieser Veranstaltung in der Bad Godesberger Redoute, bei der die Gäste erstmals Zeugen eines Folkloreabends mit Trachtengruppen wurden. Bei den von den Bayerinnen ausgeschenkten Getränken handelte es sich nur um den Digestif, das Angebot an Weinen – Gutedel, Limberger und Deinhard Senior-Sekt – erwies sich jedoch als so bescheiden, dass es durch bayerisches Bier sicherlich aufgewertet worden wäre.

TRADIERTES

Kaiserreich

Ab Ende des 17. Jahrhunderts begann der 1435 erstmals erwähnte Rheinriesling zum Synonym für deutschen Qualitätswein zu werden. Um das Jahr 1900 fehlten er und seine Pendants von der Mosel auf keiner Tafel europäischer Königshäuser. Bis heute verdanken einige Weinberge ihren Namen gekrönten Häuptern. Die Hochheimer Lage Dechantenruhe im Rheingau wurde beispielsweise fünf Jahre nach einem Besuch der britischen Regentin im Jahre 1845 ihr zu Ehren in »Königin Victoriaberg« umbenannt; weinrechtlich wird die Lage heute allerdings mit »k«, Viktoriaberg, geschrieben. Zudem existieren reichlich Kaiserberge, diverse Königswingerte und mehrere Weinlagen, bei denen Kaiser Wilhelm Pate stand. Zwar mag Wilhelm II. als Monarch überfordert gewesen sein – in Glanz und Gloria investierte er im Gegensatz zum ersten König von Preußen, Friedrich II., als Letzter dieser Reihe äußerst großzügig und leistete sich das aufwändigste Hofleben in ganz Europa. Einen gewissermaßen repräsentativen Gehalt wies die von ihm erfundene Sektsteuer auf, denn sie wurde zum 1. Juli 1902 zur Finanzierung der kaiserlichen Schlachtschiffflotte eingeführt. Die wiederum erwies sich eher geeignet zur nationalen Selbstdarstellung, als dass sie militärische Anforderungen erfüllte. Die Abgabe wird übrigens immer noch erhoben, aktuell 1,02 Euro pro Flasche Schaumwein.

Önologisch blieb die Pracht in der Kaiserzeit auf den Riesling beschränkt, der damals preislich auf dem Niveau der allerbesten französischen Gewächse lag. Auf der Karte des Berliner Kaiser-Kellers, laut Eigenaussage »das grösste Weinhaus der Welt«, fan-

6 Der Königin Viktoriaberg in Hochheim mit dem 1854 errichteten
Denkmal auf einer historischen Postkarte

den sich 1901 diverse Steinberger Auslesen, »Wachstum Kgl. Domäne« versteht sich, deren teuerste, eine 1862er, mit 100 Mark das
Budget mit demselben Betrag belastete wie der kostspieligste Bordeaux, ein 1871 Château Mouton-Rothschild. Der budgetintensivs-
te Sauternes, 1874 Château d' Yquem, kostete gerade mal die Hälfte.
Der einzige deutsche Rotwein, ein 1884er Rot Königsbacher, versehen mit dem Zusatz »mild«, war für 3 Mark zu haben. Ohne die
deutlich niedrigeren Einkommen des Fin de Siècle zu berücksichtigen, müssten zur Ermittlung des heutigen Geldwertes die Beträge
mit 6,6 multipliziert werden.

Sicherlich war zur Kaiserzeit der Konsum von hochwertigem
Wein eher wohlhabenderen Schichten vorbehalten, doch es wurde
nicht allein in adeligen und großbürgerlichen Kreisen ordentlich
gebechert. Luxuriöse Genussmittel dürften damals noch mehr als
heute ein wichtiges Instrument sozialer Distinktion privilegierter
Schichten gewesen sein, eine Ressource des symbolischen Kapitals,
wie Pierre Bourdieu das später nennen sollte, denn: »Ein gut ge-

führter Weinkeller schmeichelt nicht nur dem Gaumen der Gäste, er erhöht auch das Prestige seines Besitzers«.[32]

Nach der von Rudolf Smend im Zuge des Richtungsstreits der Staatsrechtslehre der Weimarer Republik geprägten Integrationslehre, die nicht zuletzt eine Reaktion auf den von ihm empfundenen Mangel an Grundkonsens war, speist sich die Vitalität eines Staates aus der Zustimmung seiner Bürger. Sie gilt es in einem fortwährenden gesellschaftlichen Bewusstseinsprozess zu erneuern, wofür der Staat selbst etwas tun müsse – etwa vermittels staatlicher Repräsentationsakte, aus denen eine Interaktion mit seinen Bürgern erwachse.[33]

Der gängigen Unterscheidung von Ritualen und Zeremonien zufolge bindet Ersteres den Zuschauer mit ein, wie fähnchenschwenkende Kinder am Straßenrand, während das Zeremoniell nur vor den Augen der Öffentlichkeit aufgeführt wird. Für Staatsbesuche sind beide Kategorien von Belang. Der aus diesem Anlass ausgeschenkte Wein changiert dabei zwischen einem Ritual, sofern man die geladenen Gäste als Zuschauer versteht, und einem eigentlich nicht abbildbaren Detail einer Zeremonie. Im zweiten Fall wäre das Publikum die über die Medien teilhabende Öffentlichkeit, wobei es für den Betrachter in der Zeitung oder im Fernsehen kaum erkennbar sein dürfte, ob es wirklich Wein ist, der sich im Glas befindet. Provenienz und Rang bleiben gänzlich unentschlüsselbar.

Für die Staatsempfänge der Bundesrepublik finden sich seit den 1970er Jahren vereinzelt Angaben zu den ausgeschenkten Gewächsen in den Medien, seit etwa einem Jahrzehnt häufiger im Internet. Ein durchschnittlicher Leser wird über den Namen identifizieren können, ob es sich um ein deutsches Produkt handelte, kaum aber dessen Qualität. Bei den Empfängen in vorbundesrepublikanischen Zeiten wird die nach innen gerichtete repräsentative Wirkung der Getränke stets auf das Ritual der Anwesenden begrenzt gewesen sein, wobei sich noch in der Gegenwart die Frage stellt, inwieweit die Gäste über die zu ihrer Decodierung nötige gustatorische Kompetenz verfügen. Heute erlaubt theoretisches Wissen – oder entsprechende Recherchelust – auch die Güte von in Vorzeiten auf Speisekarten verzeichneten Gewächsen einzuschätzen, manchmal existieren sogar zeitgenössische Verkostungsnotizen. Obwohl zumeist eine Despotie des Tellergerichts über den Glasinhalt vorherrscht, entfaltet die Speisenfolge naturgemäß weniger staatsrepräsentative Aussagekraft als der Wein. Während sich die regionale Herkunft der Produkte vor allem in jüngerer Zeit oft in den Namen der Gerichte wiederfindet, lassen sich die Qualität der Ausgangsware und deren Zubereitung ohne Teilnahme an dem jeweiligen Essen nicht beurteilen.

Zu Kaisers Zeiten dürfte qualitativ hochwertiger Rotwein aus deutschen Landen kaum erhältlich gewesen sein. So finden sich auf den wenigen kaiserlichen Menükarten, auf denen die Gewächse überhaupt verzeichnet sind, neben den besten deutschen Rieslingen – immer wieder gern genommen: höhere Prädikatsstufen von Kloster Eberbach – französische Rote aus Bordeaux und dem Burgund. Zudem Champagner, gleichwohl nicht durchgängig, der Sekt ließ einer vielzitierten Anekdote nach zu wünschen übrig: »Eure Majestät, ich bedaure, aber mein Geschmack geht über meinen Patriotismus«, beschied Otto von Bismarck Wilhelm II., als der auf einem Empfang bemerkte, dass er aus Gründen des Heimatstolzes nicht Bismarcks Lieblingschampagner, sondern lediglich heimischen Schaumwein servieren lassen könne. Falls er wirklich so gesagt wurde, stand der Satz zumindest nicht der Verwendung der Person Bismarcks in der Reklame für Sekt entgegen. Noch zu seinen Lebzeiten wurde er dafür vielfach genutzt, nicht allein durch die Benennung einer Marke von Kupferberg, sondern genauso, indem in der Werbung beispielsweise Besuche des Reichskanzlers in Kellereien thematisiert wurden.[34] Weniger werberischen Aktivitäten, sondern eher des Kaisers Freundschaft mit Vizeadmiral Carl-August Deinhard, Sohn des Leiters der Londoner Niederlassung der Sekt- und Weinkellerei

Deinhard, war zu verdanken, dass mehr und mehr deutscher Sekt bei offiziellen Anlässen offeriert wurde. Im ausgehenden 19. Jahrhundert genossen die besten deutschen Schaumweine durchaus hohes Ansehen, die ursprünglich marktbeherrschende Stellung des Champagners schwand, nicht zuletzt, da dieser bei gleicher Güte deutlich teurer war. Das Image, nicht mehr als eine Billigkopie des französischen Edelproduktes zu sein, hatte davor den schlechten Ruf des Sektes genährt. Ein Übriges taten minderwertige Produkte wie die von Thomas Mann literarisch in *Felix Krull* veredelte »Loreley extra cuvée« – eine opulent ausgestattete Marke, bei der »die Beschaffenheit des Weines dieser blendenden Aufmachung nicht vollkommen entsprach«, wie es ziemlich zu Beginn der Bekenntnisse des um 1875 als Sohn eines Rheingauer Sektfabrikanten geborenen Hochstaplers heißt. Mit derlei Gebräu ließ sich wirklich kein Staat machen.

Bismarck jedenfalls war sich unzweifelhaft der Wirkung gastrosophischer Komponenten als politischem Gestaltungselement sehr bewusst, er galt als Meister darin, mittels des Menüs Zeichen zu setzen. Während des Berliner Kongresses ließ sich anhand der vom Reichskanzler festgelegten Speisenfolge mit Gerichten wie Straßburger Pastete, Ente auf Wiener Art, Rehrücken russisch oder Eisbombe türkisch der Verhandlungsstand ablesen. Angeblich ließ er bei festgefahrenen Verhandlungen die Sitzung unterbrechen und beste deutsche Gewächse auffahren – als zusammenfassender Kommentar ist von ihm der Satz überliefert: »Deutscher Wein ist doch mein bester Botschafter.«

Sein Leben in Berlin soll sich primär zwischen Büro und Esszimmer abgespielt haben. Gern lud der Eiserne Kanzler offizielle Gäste zu Essen im Familienkreis, das Gespräch drehte sich häufig um Kulinarisches. Der übermäßige Konsum an Speisen und Getränken beeinträchtigte indes seine Gesundheit. Nichtsdestotrotz vertrug er einiges. Und schon vor seinem Eintritt in das politische Leben offenbarte Bismarck in einem Brief an einen Freund, dass er seine »Gäste mit freundlicher Kaltblütigkeit unter den Tisch trinke«. Allerdings erzielte er dabei keinen Lustgewinn: »Denn leider Gottes kann ich nicht mehr betrunken werden, obschon ich mich dieses Zustandes als eines sehr glücklichen erinnere.«

Selbst in der Korrespondenz mit seiner Frau finden sich Belege für Bismarcks Trinkfestigkeit. Ende Juli 1862, in seiner kurzen Zeit als Preußischer Gesandter in Paris, unmittelbar bevor König Wilhelm I. ihn zum Ministerpräsidenten berief, schrieb er aus Bordeaux an Johanna: »Gestern habe ich den ganzen Tag mit unserm Consul und einem General eine reizende Tour durchs Medoc gemacht, – Lafitte, Mouton, Pichon, Laroze, Latour, Margaux, St. Julien, Brane-Mout. D'Armeillac und andre in der Ursprache und an der Kelter getrunken. Wir hatten im Schatten dreißig, in der Sonne fünfundfünfzig Grad am Thermometer, aber mit guten Weinen im Leibe spürt man das gar nicht.« Genau 100 Jahre später stand ebenfalls das Bordelais – genauer: Château Margaux – auf dem Programm der historischen Frankreichreise Konrad Adenauers. In den Unterlagen dazu fand sich eine französischsprachige Abschrift des oben ausschnittsweise zitierten Briefes. Von Bismarcks Ruf als Konsument und Kenner künden in Deutschland und Österreich zum Teil bis heute einige nach ihm benannte Wein-, Sektund sogar Biermarken, die Lage »Forster Ungeheuer« verdankt ihre Berühmtheit nicht zuletzt dem oft zitierten Bismarck'schen Urteil »Dieses Ungeheuer schmeckt mir ungeheuer«.[35]

Für die Masse der Bevölkerung waren solche Gewächse unbezahlbar. Trotz der sprunghaft steigenden Wein- und Sektproduktion in der zweiten Hälfte des 19. Jahrhunderts handelte es sich bei den entsprechenden Erzeugnissen um Luxusprodukte. So klein die Oberschicht sein mochte, sie verfügte dennoch über hinreichend viel Kaufkraft, um den Absatz von gehobenen Konsumgütern anzukurbeln. Das schwer arbeitende Volk hingegen trank nicht Wein und Sekt, sondern Bier und Branntwein.

Weimarer Republik

Der Erste Weltkrieg und die wirtschaftlich schwierigen 1920er Jahre führten zum Niedergang des Weinbaus in Deutschland, die erste deutsche Demokratie war insgesamt keine sonderlich genussfreudige Republik. Als »Republik ohne Republikaner« ging sie nicht zuletzt wegen eines Mangels an erkennbarer Identität nach innen unter. Allerdings ist es unwahrscheinlich, dass die inneren und äußeren Krisen, an denen die Weimarer Republik schließlich zerbrach, durch ein Mehr an symbolischer Politik hätten kompensiert werden können. Vielmehr betrieb sie eine spezifische Repräsentationspolitik, die durchaus – was die wenigen Staatsbesuche angeht – im In- und Ausland wahrgenommen wurde. Derer gab es zwei, den des Königs von Afghanistan, Amanullah, im Rahmen seiner Europareise im Februar 1928 sowie den des ägyptischen Königs Fuad I. im Juni 1929. Zudem wird zu der Kategorie Staatsbesuch auch gelegentlich die Visite des designierten mexikanischen Präsidenten Plutarco Elías Calles im August 1924 gezählt. Nicht allein der primäre Besuchsgrund – eine Operation mit anschließender Kur – stellt ihn außerhalb der Reihe. Berlin stand erst ab Tag drei auf dem Programm, nachdem der mexikanische Gast in Cuxhaven angelandet war und die ersten Tage in Hamburg verbracht hatte. In Berlin wurde Calles, der erst zum 1. Dezember das Präsidentenamt übernehmen sollte, ein aufwändiges Zeremoniell zuteil – inklusive Begrüßung durch den Reichspräsidenten am Lehrter Bahnhof und Staatsbankett im Reichspräsidentenpalais am Abend. Schon bei diesem Besuch orientierte man sich an den Erfahrungen aus den Ländern, in denen sich der Gast vorher aufgehalten hatte – Protokoll ist Erfahrungsgeschäft.

Beim afghanischen König, der zwischen Oktober 1927 und August des Folgejahres insgesamt elf vornehmlich europäische Länder besuchte, legte das Auswärtige Amt besonderes Augenmerk auf Frankreich, aber auch auf Italien und Großbritannien – die Länder, an denen zwei untergegangene Regime später die junge Bundesrepublik ebenfalls Anleihen nehmen sollte. Eine zusammenfassende Anleitung für das Zeremoniell künftiger Besuche, die nach dem Besuch angefertigt wurde, machte die Herausforderung deutlich: »Die Monarchie hat dem neuen deutschen Staat keinerlei konkrete Grundsätze über die Gestaltung eines offiziellen Besuchs eines fremden Staatsoberhaupts hinterlassen. Beim Besuch des Königs Amanullah [...] stand man daher vom Standpunkt der Staatsetikette aus vor einem Novum; dem Protokoll des Auswärtigen Amtes fiel die Aufgabe zu, aus dem Nichts Richtlinien für einen Empfang zu schaffen.«[36]

In diesem wie im Falle des Gastes aus Ägypten etwas mehr als ein Jahr danach war die Dramaturgie gleich: Empfang am Bahnhof durch die politische Spitze des Landes, bei dem wie im gesamten Programm die eigentlich für Weimar typische parlamentarische Vertretung immer etwas zu kurz kam – die Hierarchie zugunsten des Reichspräsidenten und der Exekutive war unübersehbar. Die protokollarischen Höhepunkte bildeten neben dem Empfangszeremoniell die abendlichen Essen beim Reichspräsidenten Paul von Hindenburg am ersten Besuchstag – eher im kleinen Kreis der Staatsspitze sowie der Chefs der in Deutschland akkreditierten Missionen – und beim Reichkanzler am Folgetag.

Was die äußere Form angeht, ergibt sich ein ambivalentes Bild. Zur Begrüßung Frack, der damals als bürgerlich galt, keine Uniform. Zum Galadinner jedoch trug der ehemalige kaiserliche Generalfeldmarschall Hindenburg seine Uniform samt dem orangefarbenen Band des Schwarzen Adlerordens, dem Hausorden des ehemaligen kaiserlichen Hauses. Denn auf das Bankett folgte ein Großer Zapfenstreich, und zu militärischem Zeremoniell gewandete sich der verfassungsmäßig oberste Befehlshaber der republikanischen Reichswehr eben militärisch. Obwohl – oder vielmehr: gerade weil – die Weimarer Republik keine Ehrenzeichen ver-

7 Empfang am Lehrter Bahnhof: König Amanullah von Afghanistan und
Reichspräsident Paul von Hindenburg am 22.2.1928

lieh und Artikel 109 ihrer Verfassung die Annahme ausländischer
Orden und Titel verbot, wurden die aus Vorzeiten stammenden
Orden generell gern zum Frack angelegt, wiesen sie doch die gesellschaftlich exponierte Stellung desjenigen aus, den sie schmück-
ten.

Ambivalent war die Absicht hinter den Staatsbesuchen, mit denen die Deutschen für ihre wirtschaftliche Leistungsfähigkeit und
den möglichst baldigen Wiederaufstieg zu einer Nation von Welt-
rang werben wollten. Damit entstand ein regelrechter Zielkonflikt
zur offiziellen Position, die Lasten der Reparation, die Deutschland überforderten, abzumildern. Insofern musste gleichermaßen
die Geschichte des leidenden Deutschland erzählt werden, was in
Reden und bilateralen Gesprächen geschah. Allein dies mahnte zu einer bescheidenen Repräsentation – bei den Vorbereitungen des Staatsbesuchs von 1928 etwa wurden die hohen Kosten
für den vorgesehenen exotischen Blumenschmuck im Quartier
des Staatsgastes, dem Prinz-Albrecht-Palais in der Wilhelmstra-

ße moniert. So enthielt der zweite Kostenvoranschlag ausweislich der Akten des Auswärtigen Amtes nicht mehr Orchideen, sondern »deutsche Blumen, wie Maiglöckchen, Nelken, Tulpen etc.«. Beim Staatsbesuch des ägyptischen Königs im Sommer 1929 sollte dann alles eingespart werden, was nicht seiner unmittelbaren Würdigung diente. Immerhin wurden in der Kostenkalkulation noch 19 500 Reichsmark für die beiden Galadinners bei Reichspräsident und Kanzler sowie das Frühstück des Reichstagspräsidenten veranschlagt. Die Gesamtaufwendungen bezifferte man vorab auf 173 100 RM, deutlich unterhalb der 535 000 Reichsmark, die der vorige Besuch gekostet hatte.[*]

Mäßigung lautete das Gebot der Stunde und der sozialdemokratisch geführten Reichsregierung, wobei dafür recht aufwändig getafelt wurde. Der erste Protokollchef der Bundesrepublik sollte sich ein Vierteljahrhundert später wundern: »Wir hatten die Speisekarten aus den Zeiten der Reichpräsidenten Ebert und Hindenburg aufgefunden, deren Amtszeiten nicht durchweg üppige Jahre gewesen waren. Da hatte es sechs, acht, sogar zehn Gänge gegeben, mit Austern, Hummer und Kaviar. Solchen Luxus vermieden wir in Bonn bewußt«, verglich Hans von Herwarth in seinen Erinnerungen die Zeit nach dem Ersten und Zweiten Weltkrieg.[37] Gastrosophisch stand Weimar mit seiner falstaffschen Opulenz stärker in der Tradition der Monarchie, als dass sich in der ersten deutschen Demokratie eine in dieser Hinsicht egalitärere Handschrift hätte ausprägen können. Die Dissertation von Reichsaußenminister und Kneipenbesitzersohn Gustav Stresemann, der 1901 über das Thema »Die Entwicklung des Berliner Flaschenbiergeschäfts« promoviert wurde, stand nicht paradigmatisch für einen möglicherweise

---

[*]   Um die Kaufkraft in Euro zu ermitteln, müssten die genannten Beträge mit 3,4 multipliziert werden. Die nicht einkommensbereinigten Kaufkraftäquivalente dieser Jahre sind aber ob der sich ändernden Verbrauchsgewohnheiten wegen der Wirtschaftskrise mit Vorsicht zu genießen.

8 Einzug von König Fuad I. von Ägypten und Reichspräsident Paul von Hindenburg durch das Brandenburger Tor am 10.6.1929

proletarisch geprägten Auftritt seines Landes, wobei für das staatliche Zeremoniell in der ersten deutschen Demokratie sowieso das Innen- und nicht das Außenministerium zuständig war.

Weimar und Wein konnten durchaus eine gewinnbringende Verbindung eingehen angesichts der Weltgeltung, die Rieslinge von Rhein und Mosel noch vor dem Ersten Weltkrieg besaßen. Wiewohl die Republik von schlechten bis bestenfalls mäßigen Jahrgängen geplagt war, befand sich mit 1921 noch ein Jahrhundertjahrgang in protokollarischer Griffweite. Dem entstammten beinahe alle Gewächse, die der Verband der Naturweinversteigerer, der Vorläufer des VDP, dem Reichspräsidenten aus Anlass seines 80. Geburtstages am 2. Oktober 1927 schenkte, wie aus einem der wenigen vinophilen Dokumente, die aus der Zeit der Weimarer Republik überliefert sind, hervorgeht. Darunter eine Flasche Steinberger Trockenbeerenauslese 1921, ein Wein, der in der Weindiplomatie Konrad Adenauers zwei Systeme später wieder auftauchen wird. Wenigstens der Weißwein wird bei den Staatsbesuchen heimischer Provenienz gewesen sein, zumal der für alle staatlichen Kunst-und Kulturfragen zuständige Reichskunstwart Edwin Redslob bei einem anderen national-protokollarischen Detail es als »ungünstig« bezeichnete, dass lediglich die Hälfte der gespielten Musikstücke der Feder deutscher Komponisten entstammte.

Dem deutschen Volke aber war, aller Not zum Trotz, nicht nach Trinken zumute. Außerdem tendierte in der kurzen Phase, in der die »Goldenen Zwanziger« wirklich golden waren, zumindest auf deren Hauptbühne Berlin in den entsprechenden Kreisen der toxikologische Trend zu anderen Rauschmitteln. Der Alkoholkonsum in der Weimarer Republik blieb stets ungewöhnlich niedrig, selbst in der Spitze am Ende der 1920er Jahre erreichte er mit 5,5 Liter reinem Alkohol pro Person bei weitem nicht das Niveau der Jahrhundertwende. In Folge der Weltwirtschaftskrise 1929 schrumpfte der Konsum auf nur noch 3 Liter – der auf Friedrich Engels zurückgehende »Elendstrinker« erwies sich als Mythos. Durch die angespannte ökonomische Lage zwischen Hyperinflation und Großer Depression im Zusammenwirken mit der hohen Arbeitslosigkeit fehlte die Kaufkraft. Zudem machte eine hohe Besteuerung alkoholische Getränke generell zu einem luxuriösen Vergnügen. Hinzu kamen neue Freizeitangebote wie Radio und Kino, die den Bürgern Alternativen für ihr Konsumverhalten boten, wobei die Restaurantkultur eine feudalere war als heute. Zu guter Letzt herrschte ein regelrecht genussfeindliches Klima gegenüber allen Formen des »entbehrlichen Konsums« in harten Zeiten.[38]

Staatlicherseits ins Leben gerufene Initiativen wie die zum »Vorgehen gegen Schlemmerei und Luxusleben sowie Alkoholmißbrauch« gerieten dabei in Widerspruch mit dem Bemühen, den Konsum deutschen Weines anzukurbeln. Dafür richtete man 1926 eigens den »Reichsausschuss für Weinpropaganda« ein, der die Kampagne »Trinkt deutschen Wein!« ins Leben rief. 1,5 Millionen Reichsmark stellte die Regierung bereit, um dem Absatz deut-

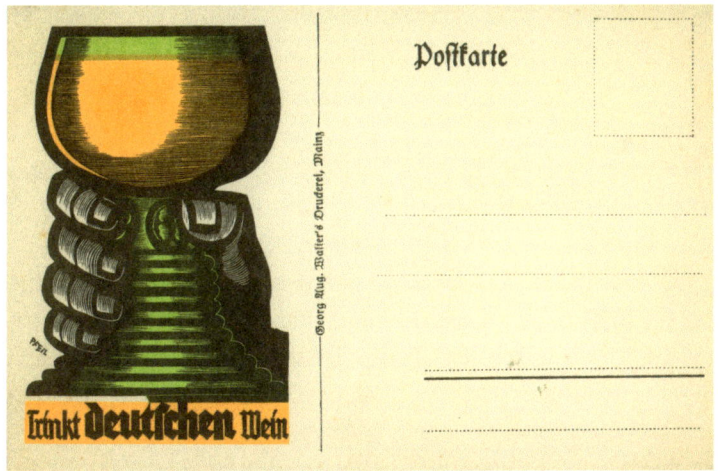

9 Motiv der Kampagne des Reichsausschusses für Weinpropaganda 1926

schen Weines aufzuhelfen und so die existenzielle Not der Winzer
zu mildern.

Wegen der Weltwirtschaftskrise infolge des Schwarzen Freitags
an der New Yorker Börse im Oktober 1929 und der zunehmend
krisenhaften Lage in der Weimarer Republik brach der Weinmarkt allen Kampagnen zum Trotz zusammen. »Als Luxusgut war
Wein im Zweifel immer entbehrlich gewesen, als einfacher Kon-
sumwein kaum noch zu bezahlen«, fasst Daniel Deckers prägnant
zusammen.[39]

Aus obigen Gründen sollte es bei den genannten beiden Visiten
bleiben. Die erste deutsche Demokratie bewegte sich in ihrer Ausgestaltung zwischen zwei Polen, der monarchischen Tradition und
den internationalen Standards. Was repräsentiert wurde, war aber
eher das Reich als die Republik, trotz aller Zurückhaltung.

53

Nationalsozialismus

Das Folgeregime sollte indes jede Form der repräsentativen Bescheidenheit aufgeben. Schon die Zunahme der Ressourcen belegt dies: Der Etatposten »Reichspräsident, Führer und Reichkanzler«, in dem die Mittel für Repräsentation von Adolf Hitler und der nationalsozialistischen Herrschaft enthalten sind, sollte sich zwischen 1934 und 1938 verachtzehnfachen. Dieser Zuwachs wurde nur von den Ressorts Justiz und Inneres übertroffen, wobei es sich bei diesen drei Etatposten mit den größten prozentualen Erhöhungen – in absoluten Zahlen war es der Bereich Rüstung – um die Ressorts handelte, die für die Inszenierung des Führers und seines Regimes wie für die Verfolgung seiner Gegner zuständig waren. Das Einzige, was repräsentativ identisch blieb zwischen Weimarer Republik und dem nationalsozialistischen Deutschland, ist die Zahl der Staatsbesuche, zwei echte und einer, der als solcher angesehen wurde. Denn Benito Mussolini, der Ende September 1937 Deutschland besuchte, war formal nicht Staatsoberhaupt – im Unterschied zum ungarischen Reichsverweser Miklós Horthy und Prinzregent Paul von Jugoslawien, die Ende August 1938 beziehungsweise Anfang Juni 1939 dem Deutschen Reich ihre Aufwartung machten.

Diesen Besuchen war jede Form repräsentativer oder auch nur symbolischer Bescheidenheit fremd; zur Deckung der Kosten wurden Sonderfonds in Millionenhöhe befohlen. Reichhaltiger Flaggenschmuck, Militärmanöver, Massenaufmärsche, ab 1939 das »Gästehaus des Reiches«, nachdem Schloss Bellevue aufwändig umgebaut worden war. Die noch heute bestehende Gestaltung des Amtssitzes des Bundespräsidenten mit dem in der Mitte gelegenen Eingang ist dem Umbau im NS-Staat zu verdanken.

Der äußerliche Pomp prägte die Wahrnehmung der Staatsbesuche im In- wie Ausland. Angelegt waren sie als Rundreisen, Berlin lag in der Mitte des zwischen fünf und acht Tage dauernden Programms. Anders als bei Staatsbesuchen üblich, stellte das Staatsbankett, das als »Abendtafel des Führers und Reichskanzlers« in der Reichskanzlei gegeben wurde, nicht den Höhepunkt der Visiten dar, sondern rückte gegenüber anderen prachtentfaltenden Gestaltungselementen in den Hintergrund. Die Leiterzählung kündete von der vollkommenen Neuschöpfung Deutschlands durch den Führer und von dessen charismatischer Herrschaft.

Adolf Hitler, der nach dem Tod Hindenburgs 1934 das Amt und die Befugnisse des Reichspräsidenten übernommen hatte, ohne allerdings den Titel führen zu wollen, stand im Zentrum des Geschehens. Die Frage nach Wein als Mittel der staatlichen Repräsentation ließe sich somit vermeintlich einfach beantworten, galt Hitler offiziell doch als Abstinenzler. Dessen Askese soll seinem Biographen Robert Payne nach eine Erfindung von Joseph Goebbels gewesen sein, »um seine Opferbereitschaft, Selbstkontrolle und die Distanz zu betonen, die ihn von anderen Menschen trennte«.[40] Zudem wollten die nationalsozialistischen Machthaber ihren Staatsgästen gegenüber keinesfalls das Bild einer genussorientierten, Luxus produzierenden Macht beschwören, was gegen allzu kulinarisch hochkarätige Bankette spricht.

Das NS-Regime steckte alkoholtechnisch generell in einem Dilemma. Einerseits predigte man – allen voran Hitler persönlich – Enthaltsamkeit; die Alkoholfrage sollte zunächst mittels Erziehungs- und Schulungsarbeit gelöst werden, später setzte man stärker auf polizeiliche Maßnahmen. Sogar im Kampf gegen den Alkohol wurde Hitler verherrlicht: »Und der Führer selbst: Er ist völlig enthaltsam. Diese Lebenshaltung, welche seine fast unbegreifliche Leistungsfähigkeit miterklärt, ist nicht Zufall, sondern überlegt, ist nicht Laune oder Absonderlichkeit, sondern aus dem hohen und hehren Bedürfnis erwachsen, den Gefahren, welche der Alkoholmißbrauch in den in Einnahmen, Wohnverhältnissen usw. beschränkten Volkskreisen auslöst, durch einen stillen, aber deutlichen Protest entgegenzuwirken«, dichtete der Direktor des »Deutschen Vereins gegen Alkoholmißbrauch«.[41]

Andererseits wies die NS-Bewegung in ihren Reihen bekannter-
maßen einige schwere Alkoholiker auf, allen voran den bisweilen
offen als »Reichstrunkenbold« bezeichneten Leiter der Deutschen
Arbeitsfront, Robert Ley. Der ab 1938 amtierende Reichsaußenminister Joachim von Ribbentrop wiederum verdankte sein Ver-
mögen dem Alkohol, als er dank der Kontakte seines Schwieger-
vaters, des Sektfabrikanten Otto Henkell, die deutsche Vertretung
für Johnnie Walker übernehmen konnte. Zunächst hatte er sich
nach dem Ersten Weltkrieg als Handelsvertreter für französischen
Wein betätigt.

Der ehemalige NS-Wirtschaftsminister Hjalmar Schacht sollte
ein Jahr nach Untergang des Dritten Reiches in den Nürnberger
Prozessen zu Protokoll geben: »Nur eines – das möchte ich, um gerecht zu sein, hier sagen – hatten die meisten Führer der Partei mit
den alten Germanen gemeinsam: ›Sie tranken immer noch eins.‹
Die Trunksucht war ein Hauptbestandteil der Nazi-Ideologie.«[42]

In den großen Hotels und Restaurants sollte es bis zum Ende des
Zweiten Weltkrieges französischen Wein, Champagner und schot-
tischen Whisky geben. Die Weinkarte eines der besten Berliner
Hotels, des Unter den Linden gelegenen Bristol, listet 1939 Weine
aus allen deutschen Gebieten, Sekt, Bordeaux, Burgunder, Champagner, Südweine, Liköre und Spirituosen, Cognac, Whisky –
wirklich alles, was das vinophile Herz begehren kann. Darunter
der teuerste deutsche Wein, fast unvermeidlich, eine 1921er Steinberger Trockenbeerenauslese, die bei einem Tarif von 125 Reichsmark mit mehr als dem Doppelten zu Buche schlug wie der kostspieligste rote Bordeaux, ein Château Margaux 1869 – die heutige
Weinlegende Château d'Yquem 1900 mit 40 Reichsmark stand für
gerade einmal ein Drittel davon in der Karte.

Den aristokratischen und großbürgerlichen Kreisen diente der
Konsum von bestem Riesling und Bordeaux, sofern vorhanden, als
Distinktionsmerkmal gegenüber den als pöbelhaft empfundenen
neuen Machthabern. Das Regime seinerseits bemühte sich, den
Konsum von Erzeugnissen aus deutschen Landen anzukurbeln,

wofür im Mai 1937 die »Deutsche Weinwerbung GmbH« gegründet wurde. Insgesamt fand Weinbau »im nationalsozialistischen Berlin eine Aufmerksamkeit wie noch nie«.[43] Bei den Olympischen Spielen 1936 in Berlin wurde Wein im großen Stil ausgeschenkt, man wollte sich damit als weltläufig erweisen. Also nicht nur Förderung der Abstinenz, staatlicherseits.

Der Bevölkerung blieb indes nicht verborgen, dass Hermann Göring sogar in Zeiten kriegsbedingter Knappheit nicht eben schlanker wurde. Der Oberbefehlshaber der Luftwaffe, im Nebenberuf noch viele andere Ämter bekleidend, darunter das des preußischen Ministerpräsidenten, nahm eine Sonderstellung innerhalb der NS-Führungsriege ein. Das galt nicht zuletzt hinsichtlich seines Konsums legaler wie illegaler Rauschmittel.

Bei allem Bedarf an symbolisch herrschaftssichernder Repräsentation, den Diktaturen generell aufweisen, müsste der oft erlesene Gaumen von Despoten eigentlich delegitimierend wirken, erzeugen doch wohlgenährte Herrscher wie etwa die Kim-Sippe in Nordkorea oder Hermann Göring eine kognitive Dissonanz gegenüber der darbenden Bevölkerung. Gesichert ist, dass Hitler einen dazu vergleichsweise asketischen Lebensstil pflegte, obwohl er einigen Quellen zufolge verdünnten oder gesüßten Wein sowie alkoholarmes Bier einer Brauerei aus Holzkirchen trank.

Aber ob und wie viel Hitler nun trank oder nicht – zumindest an seine Gäste wurde hochklassig ausgeschenkt. Einem der in der Bundesrepublik gut verkauften braunen Schnurrenbücher zufolge, die diverse Randgestalten aus der Reichskanzlei und später des Führerbunkers oder sonst wie zum Gefolge Hitlers zugehörige Personen veröffentlichten, waren die Weine auf den Empfängen des NS-Machthabers »von höchster Qualität«. Dazu Champagner, »Moët et Chandon, alle Sorten Whiskey, Liköre, Sherry. Hitlers Glas wurde mit Fachinger Wasser gefüllt.« Ebenfalls soll das Essen in der Reichskanzlei »sehr gut, aber karg bemessen« gewesen sein: »Wenn man Hitler auf sein anspruchsloses Essen ansprach, sagte er: ›Zu mir kommt man nicht, um zu essen, das können sie zuhause, zu mir kommt man, um sich zu unterhalten‹.« Aus der Perspektive der mutmaßlich nicht nur vom Glanz des NS-Regimes etwas verblendeten Autorin, Henriette von Schirach, mag das sogar stimmen. Die Ehefrau des Reichsjugendführers und Tochter von Hitlers Leibfotograf Heinrich Hoffmann resümierte in ihrer erstmals 1956 erschienenen Anekdotensammlung: »In Hitlers Reichskanzlei fanden Zusammenkünfte statt, wie man sie geschmackvoller, glänzender, inhaltsvoller, interessanter nirgendwo im alten Europa erleben konnte.« Indes: »Hitlers Hof leuchtete nur für kurze Zeit.«

Besonderer Beliebtheit unter den Repräsentanten des NS-Regimes erfreute sich die staatliche Weinbaudomäne Kloster Eberbach in Eltville, von der Hitler anlässlich seines 47. Geburtstages eine Lieferung alkoholfreien Steinberger Traubensaftes des Jahrgangs 1935 als Geschenk ereilte. Dieselbe Lage mit Alkohol, noch dazu in der Qualitätsstufe Auslese aus dem Spitzenjahrgang 1921, wurde – zusammen mit Assmannshäuser Höllenberg – nicht allein ausländischen Diplomaten bei Hitler kredenzt, sondern genauso wurde 1935 eine Kiste davon an den deutschen Botschafter in Paris geliefert. Noch im Mai 1942 erging eine Rechnung der Hessischen Weinbaudomänendirektion an die Hausintendantur des Führers – Gegenstand sind insgesamt über 1500 Flaschen Riesling aus dem exzellenten Jahrgang 1937, Prädikatsstufe Auslese aufwärts, in Summe 21 755 Reichsmark.[44]

Selbst niedere Nazi-Chargen hielten sich an den besten Erzeugnissen der Staatsdomänen schadlos. Über allen thronte in Sachen Bestellmengen und persönlichem Prunk – wer sonst? – Reichsmarschall Göring. Dessen Vorliebe galt beim Rotwein allerdings ausländischen Gewächsen, Bordeaux, vor allem Château Lafite-Rothschild, während Joseph Goebbels, der gleichfalls die gehobene Lebensart schätzte und stolz auf seine Weinkennerschaft war, Burgunder bevorzugte. Beiden wurde nachgesagt, umfangreiche Sammlungen insbesondere ausländischer Weine besessen zu haben. Passend erinnerte sich Albert Speer an einen Abend mit Hit-

10 Festbankett anlässlich der Hochzeit von Emmy Sonnemann und Hermann Göring im Berliner Hotel Kaiserhof am 10. 4. 1935

ler und dessen Entourage auf dem Obersalzberg: »Zur Belebung dieser etwas kargen Nachtgeselligkeit wurde Sekt herumgereicht, nach der Besetzung Frankreichs erbeuteter Champagner einer billigen Sorte; die besten Marken hatten sich Göring und seine Luftmarschälle angeeignet.«[45]

Gleich ob Diktatur oder Demokratie, in Detailfragen entscheidet, ob die damit befasste Person etwas von der Materie versteht und sich idealerweise dafür wirklich interessiert. Das galt beim Thema Wein für Göring zweifelsohne, aber genauso für alle darüber hinausweisenden Fragen von Genuss, Protokoll und Protz. Im Glas fanden alle diese Motive zusammen. Wenn man unterstellt, dass eher Narzissmus handlungsleitend bei Görings Auswahl war als der unbedingte Willen, die Leistungsfähigkeit des deutschen Weinbaus zur Schau zu stellen, tut man ihm sicher nicht unrecht. Die Hochzeit mit seiner zweiten Ehefrau, der Schauspielerin Emmy Sonnemann, wurde einem Staatsakt gleich gefeiert.

59

Der preußische Ministerpräsident orderte dazu 1921er Steinberger Auslese der Staatlichen Weinbaudomäne in Eltville, eine 1933er Riesling Spätlese und als Rotwein 1929er Assmannshäuser Höllenberg naturrein.[46]

Glücklicherweise war 1921 – im 20. Jahrhundert der beste Jahrgang für deutsche Süßweine, die, entsprechende Lagerung vorausgesetzt, noch heute bestens zu trinken sind – nicht nur qualitativ herausragend, sondern gleichermaßen von solider Quantität. Anders wäre nicht zu erklären, woher die NS-Größen den ganzen Steinberger herzauberten, obwohl der Weinberg mit 37,2 Hektar die größte Einzellage im Rheingau ist. Bei vielen der Trockenbeerenauslesen, die aus dem Jahrgang 1921 heute noch im Umlauf sind, handelt es sich um Fälschungen.

Der Staatchef hingegen kümmerte sich um andere staatszeremonielle Details. Diversen Autoren aus dem Hofstaat des Führers zufolge, nahm der persönlich Einfluss auf Sitzordnung und Speisenfolge. Darüber hinaus sorgte sich Hitler im Vorfeld des Mussolini-Besuchs, bei dem sich der Dresscode für das Staatsbankett für Zivilisten und Militärs – Frack oder Uniform – einfach gestaltete, um die Vertreter der NSDAP. So erhielten die Gauleiter, an deren Parkettsicherheit der Gastgeber erkennbar Zweifel hegte, genaue Anweisungen, die sogar die Farbe der Strümpfe zur Parteiuniform einschlossen. Kurz vor dem Besuch Mussolinis schrieb Martin Bormann an alle Gauleiter: »Der Führer wünscht, dass alle Führer vom Kopf bis Fuss tadellos eingekleidet sind, tadellos lange Stiefel tragen, einwandfreie Uniformen usw. Die genaue Anzugordnung wird rechtzeitig durch Gauleiter Adolf Wagner, München, bezw. durch Gauleiter Dr. Goebbels, Berlin, bekanntgegeben.«

Im Unterschied zu Weimar gewannen im Nationalsozialismus die Uniformträger die Überhand, die Spitzen der Partei und des Militärs hatten die Vertreter der zivilen Institutionen verdrängt. Hitler trug fast ausschließlich Uniform, nachdem er insbesondere in den ersten Jahren seiner Herrschaft bei gesellschaftlichen Anlässen häufiger im Frack erschienen war.

Bei dem einzigen Staatsbesuch, den der Diktator machte, Anfang Mai 1938 in Italien, sorgte diese Bekleidung für Unmut. Gastgeber, weil nicht Staatsoberhaupt, war nicht Mussolini, sondern der italienische König und Kaiser von Abessinien, Vittorio Emanuele III., der Hitler leicht geringschätzig behandelte. Den Tiefpunkt bildete der Moment, als nach einer Opernaufführung der Führer im Frack Seite an Seite mit dem König, der in Uniform gewandet war, eine Ehrenformation der deutschen Kolonie abschreiten musste. Dabei habe der »Führer und Reichskanzler [...] ausgesehen wie ein wildgewordener Oberkellner«, wie sich sein Adjutant später erinnerte. Hitler soll daraufhin getobt haben, was zur Absetzung des Protokollchefs Vicco von Bülow-Schwante führte.[47]

Im propagandistischen Staatszeremoniell konnte der Wein nur eine nachrangige Rolle spielen. Wenn, dann ging es wie bei jeder anderen politischen Symbolik dieser Zeit um die Demonstration von Stärke. Nachdem mit dem quantitativ üppigen Jahrgang 1934 in der Pfalz die Preise einbrachen und viele Winzer damit in wirtschaftliche Schwierigkeiten kamen, wurde die Deutsche Weinstraße begründet. Mitverursacht hatte den Preisverfall das Berufsverbot für jüdische Weinhändler und die Arisierung dieses Wirtschaftszweigs, die in der Ermordung vieler vormals dort beschäftigter Juden in Konzentrationslagern gipfelte.*

Mit der Weinstraße sollte die Bekanntheit der Pfalz als Weinbaugebiet erhöht werden. Fortan wurden unter anderem im Rahmen der Kraft-durch-Freude-Aktionen busladungsweise Weintouristen dorthin gekarrt. Die 85 Kilometer lange, in Bockenheim endende Straße besteht bis heute. Den südlichen Beginn markiert seit 1936 das Deutsche Weintor in Schweigen-Rechtenbach, ein 18 Meter hoher Torbau in neoklassizistischem Stil, an dessen

---

* Das Thema Weinbau im Nationalsozialismus im weiteren sowie die Verfolgung, Vertreibung und Ermordung der überwiegend jüdischen Weinhändler im engeren Sinne ist übrigens noch erstaunlich wenig ausgeleuchtet.

Südseite ein vier Meter hohes Relief eines Reichsadlers mit einem Hakenkreuz in den Fängen angebracht war. Über dem zum nahen nordelsässischen Wissembourg hin ausgerichteten Bauwerk wehte bis 1945 eine bis nach Frankreich sichtbare riesige Hakenkreuzfahne. Überdeutlich wird der martialische Sinn der Straße und des zunächst nur als hölzerne Attrappe existenten Tores in der Rede von Gauleiter Josef Bürckel anlässlich der Eröffnung am 19. Oktober 1935 in Bad Dürkheim, Titel: »Kampf und Volk – Wein und Wahrheit«. Der zentrale Satz lautete: »Der Wein ist wahr, das Gelöbnis echt: Hier stehen Deutsche und nichts als Deutsche – im Westen die Feldwache der Nation.«

Sehr viel ziviler daher kam der Internationale Weinbaukongress, zu dem Ende August 1939 in Bad Kreuznach 1000 Delegierte aus 24 Ländern unter dem Vorsitz von Walter Darré, dem Reichsminister für Ernährung und Landwirtschaft, zusammentrafen. Erhebliche Mühen waren in die Vorbereitung geflossen mit dem Ziel, dem Ausland die Erfolge des deutschen Weinbaus zu zeigen. Letztlich reisten aufgrund der Zuspitzung der politischen Lage etliche Teilnehmer aber früher als geplant ab. Wenige Tage später begannen die Deutschen mit dem Überfall auf Polen den Zweiten Weltkrieg, die Zeit der Versinnbildlichung deutsch-nationalsozialistischer Größe mit friedlichen Mitteln war vorüber.

DIE FRÜHE BONNER REPUBLIK

Theodor Heuss

Der erste Bundespräsident Theodor Heuss war in vielerlei Hinsicht eine Ausnahmeerscheinung. Hochgebildet, bescheiden, in der Folge populär, eine Integrationsfigur für die junge Demokratie. Dazu so rhetorisch begabt wie offenherzig, konträr zu heutigen Zugeknöpftheiten. Ersichtlich wird das insbesondere aus seiner Korrespondenz, seine Konsumgewohnheiten einschließend, Menge wie Auskunftsfreude: »Ich bin nun eben seit Jahrzehnten [...] Rotweintrinker, und, wenn ich für abends meine Dreiviertelflasche oder Literflasche trinke, dabei schreibe, ergibt sich das, was ich ›produktive Behaglichkeit‹ getauft habe«, berichtete er nach dem Ausscheiden aus dem Präsidentenamt einer Freundin. In diesen Zustand schien er sich häufiger zu versetzen, einmal zeigte er sich überzeugt, dass »der Aufsatz lesbar ist, denn er wurde bei zwei Flaschen Wein niedergeschrieben«. Das Gegenteil dieser Bekenntnisfreude offenbarte sich im Konflikt mit Fotografen, die versuchten, ihn mit einem Glas in der Hand abzulichten. Er lege Wert darauf, nicht abgelichtet zu werden, wenn er mit jemandem einen Wein oder einen Kirsch trank: »Ich will nicht haben, daß es dann heißt: ›Sie saufen wieder‹«, schrieb er 1951 an den Chefredakteur der dpa, Fritz Sänger, um zu klären, wie beide Seiten ihre Interessen wahren könnten.[48]

Diese Briefwechsel markieren die Spanne zwischen Privatperson und Bundespräsident. Diese unterschiedlichen Aggregatzustände lagen gleichermaßen einer oft zitierten Sentenz des als Genussmenschen charakterisierten Heuss zugrunde, der abends gern lange mit Gästen auf ein Glas zusammensaß. Als ihn sein Persönlicher Referent bei einer solchen Gelegenheit spätabends zum

Aufbruch drängte, entgegnete er dem: »Der Bundespräsident geht jetzt, aber der Heuss bleibt hocke.« Das Zitat wirft die Frage auf, ob und wie sich Person und Amt trennen lassen. Klar ist, dass es mit der Würde des Amtes nicht vereinbar ist, wenn der Bundespräsident sich bei offiziellen Veranstaltungen als Nachteule erweist – zumal wenn er als Gastgeber fungiert. Andererseits hat es keine staatsrepräsentativen Auswirkungen, wenn ein Bundespräsident privat lieber keinen Wein trinkt – sofern es wirklich nicht öffentlich wird oder zu unauthentischem Verhalten in der Öffentlichkeit führt, wenn nicht seinen Vorlieben entsprechende Gewächse serviert werden.

Obwohl Heuss 1905 an der Universität München mit einer ökonomischen Arbeit über den Weinbau in seiner Heimatregion »cum laude« zum damals jüngsten Doktor der staatswissenschaftlichen Fakultät promoviert wurde und er 1960 einmal (»unvermeidlich«, wie er schriftlich festhielt) eine Rede »Theodor Heuss und der Wein« hielt, gibt es wenig Anhaltspunkte dafür, dass er wirklich ein Weinkenner war.[49]

Sein Lieblingswein, Lemberger vom heimischen Brackenheimer Zweifelberg, entsprach seiner Bescheidenheit, war aber für Repräsentationszwecke eher ungeeignet. Trotzdem ließ er ihn offiziell servieren, beispielsweise dem japanischen Ministerpräsidenten Shigeru Yoshida im Oktober 1954. Dazu gab es einen unauffälligen 1953er Winkeler Bienengarten Riesling, der häufiger ausgeschenkt wurde. Mag mit dem Lemberger zwar eine persönliche Note des Bundespräsidenten seinem Gast gegenüber verbunden gewesen sein – Freude dürfte er wenig gemacht haben, zumal er mit 1951 aus einem Jahrgang mit zwar reichlicher Ernte, aber minderer Qualität stammte. »So schwach und dünn wie überall in Europa«, notierte Michael Broadbent. Üblicherweise wurden die neuen Jahrgänge von der Weinkönigin getauft, der 1951er auf den Namen »Sorgentöter«.

Damit passte er eigentlich gut in die Nachkriegszeit. Alkohol getrunken wurde jedoch generell wenig, der Konsum von Wein und Bier lag fast um die Hälfte unter dem Vorkriegsniveau. Das lag mit am Preis, denn Wein war teuer, eine Flasche mittlerer Güte kostete über 2 DM. Weil das durchschnittliche Monatseinkommen eines Arbeitnehmers 1950 nur knappe 250 DM betrug, war Wein damals ein echtes Luxusgut. Generell mussten die Bundesbürger einen erheblichen Teil ihres Einkommens für Ernährung ausgeben, zu Anfang der 1950er Jahre waren es einschließlich Genussmitteln 44 Prozent, die dafür aufgewendet werden mussten. Dank steigender Produktivität und Einkommen bei gleichzeitig sinkenden Preisen nahm dieser Wert rasch ab; 1960 waren es noch 38 Prozent, die für Nahrungsmittel, Getränke und Tabakwaren zu entrichten waren. 1970 sank der entsprechende Wert auf ein Viertel des Einkommens, während er aktuell nicht einmal mehr ein Siebtel beträgt.

Die Biertrinker schienen im Verlauf des Jahrzehnts das nachtrinken zu wollen, was sie während der 1940er Jahre versäumt hatten, der entsprechende Verbrauch stieg von etwa 40 Litern pro Kehle und Jahr 1950 auf über 100 Liter ein Jahrzehnt später. Der Anstieg bei Wein und Spirituosen sollte hinter dieser rasanten Entwicklung zunächst zurückbleiben. Für Bier brauchte man aber nicht einmal 1950 unendlich lange arbeiten zu gehen, die unterschiedliche Kaufkraft und das Einkommen berücksichtigt, dauerte es damals eine Viertelstunde, um einen halben Liter zu erwirtschaften. Zum Vergleich: Für ein Pfund Bohnenkaffee musste der Durchschnittswestdeutsche statistisch volle 26 Stunden arbeiten. Heute verlangen beide Getränke weniger Einsatz, die Flasche Bier ist seit 1991 konstant für drei Minuten Arbeitszeit zu haben, der Kaffee für etwa 20 Minuten.

Aufzuckerung

Aus heutiger Sicht dominierten damals Gewächse, die eher als Fusel einzustufen wären. »Der Wein war dünn und gezuckert. Es war ein kleines Glas«, heißt es im *Treibhaus* von Wolfgang Koeppen, dem Schlüsselroman über die Anfangsjahre der Bonner Republik. Zu dieser nicht bei Koeppen, aber aus heutiger Sicht trotz aller Not heimelig wirkenden Epoche gehörte lieblicher Wein dazu. Geschmacklich, indes nicht der konsumierten Menge nach, bedeutete er die önologische Entsprechung der fetttriefenden Fresswelle.

Im Grunde wären diese Gewächse bestens geeignet gewesen, das Land zu repräsentieren, denn 1956 hatte der Direktor der Länderabteilung des Auswärtigen Amtes, Wolfgang Freiherr von Welck, Sinn und Zweck der eingehenden Staatsbesuche darin gesehen, »dem fremden Besucher ein lebendiges Bild des neuen Deutschlands, seiner Leistungen und seiner besonderen Probleme [zu] vermitteln«. Da damals der Wiederaufbau und das beginnende Wirtschaftswunder als imageprägende Leistungen im Fokus standen, hätte der Wein als besonderes Problem bestens dazu gepasst.

Mit steigendem Wohlstand, der sozialen Marktwirtschaft sei Dank, wuchs der Westdeutschen Lust auf die edlen Spätlesen, ohne entsprechende Zahlungsbereitschaft beziehungsweise -fähigkeit. Da der Markt fast alles zu regeln in der Lage ist, kreierten findige Winzer eine Art von sozialem Spätleseanbau mittels fruchtig-süßer Rebsorten wie Bacchus oder Kerner. Auch für die meisten Erzeugnisse aus höherwertigen Rebsorten war ihre liebliche Beliebigkeit charakteristisch.

Ganz schlimm wurde es, wenn dem bis in die 1980er Jahre oft nicht hinreichend sonnigen Witterungsverlauf per Nasszuckerung nachgeholfen wurde. »Die nasse Hand«, so die Überschrift, war dem *Spiegel* im Sommer 1961 eine Titelgeschichte über die Qualität des heimischen Weins wert. Dem Artikel zufolge reiften damals nur drei von zehn Jahrgängen im Schnitt voll aus. Tatsächlich sind die guten Jahre bis Anfang der 1990er an zwei Händen abzuzählen: 1945, 1949, 1953, 1959, 1971 und 1976, mit etwas Wohlwollen noch 1964, 1967, 1969 und 1983. Trotzdem spielten die besten weißen Gewächse aus deutschen Landen in der Weltspitze mit, schwebten allerdings qualitativ wie preislich weit über den damaligen Durchschnittstropfen. Anfang der 1960er Jahre schmückte gerade etwas mehr als fünf Prozent der Flaschen die Bezeichnung »naturrein«, die besagte, dass kein Zucker hinzugefügt wurde.

Die Chaptalisierung, die nach ihrem französischen Erfinder Jean-Antoine Chaptal benannte Aufzuckerung von Mosten, die keinen genügenden Zuckergehalt aufweisen, ist zwar bis heute erlaubt, die Methode unterscheidet sich aber deutlich von der in der Bundesrepublik teils bis 1979 erlaubten Nasszuckerung. Bei der Chaptalisierung wird dem Most Trockenzucker hinzugegeben, der bei der Gärung in Alkohol umgewandelt wird. Ziel ist, den Alkoholgrad zu erhöhen. Bei der zweiten, in Deutschland seit Mitte des 19. Jahrhunderts angewandten Prozedur wird dem Most hingegen in Wasser gelöster Zucker hinzugefügt – vorrangig um übermäßige Säure zu verdünnen, nicht um beim Vergären höhere Alkoholgrade zu erzielen.

Dass an keinem Wein eine bis zu 25-prozentige Wasserzugabe spurlos vorbeigehen kann, dürfte sogar eingefleischten Limonadenfans einleuchten. Insbesondere die Winzer an der Mosel, über die es noch zu Beginn der 1970er Jahre hieß, dass sie »in einem fast zur Hälfte klimatisch hoffnungslosen Gebiet« produzierten, hatten sich für eine partielle Beibehaltung des Verfahrens im Zuge der EWG-Weinmarktordnung und des deutschen Weingesetzes eingesetzt. Mit daran gewirkt hatte – das Verb »verdient gemacht« verbietet sich ob des Ergebnisses – ein späterer Bundespräsident, Walter Scheel. In seiner Dankesrede anlässlich der Aufnahme in die burgundische Weinbruderschaft Confrérie des Chevaliers du Tastevin im Oktober 1973 sprach er darüber, wie er drei Jahre zuvor die Marktordnung mitverhandelt hatte. Am Ende habe zwar aus deutscher Sicht ein politischer Erfolg gestanden, den er als Weinkenner jedoch missbillige, da »die Weinbauern an der Mosel fortan einen Wein herstellen dürfen, den ich gewiß nicht mehr trinken würde«.[50]

Pathos der Nüchternheit

Die dem ersten Bundespräsidenten vielfach attestierte Bescheidenheit umfasste neben seinem persönlichen Lebensstil vor allem Fragen der staatlichen Repräsentation, womit er sich deutlich vom Bundeskanzler unterschied. Mehrfach mahnte er zur Einfachheit, etwa in einem Schreiben an Adenauer 1956, Staatsbesuche »zwar in würdiger Form, aber doch nicht in übertriebener Aufmachung unter zu großem Kostenaufwand hier durchzuführen«.[51]

Im Zuge einer Meinungsverschiedenheit mit dem Regierungschef in artverwandter Sache sollte Heuss die bis heute auf das staatliche Zeremoniell der Bundesrepublik angewandte Formel vom »Pathos der Nüchternheit« formulieren. In den Anfangstagen der Bonner Republik mangelte es an vielem, selbst an einer Nationalhymne. Bei feierlichen Anlässen wurde häufiger das Studentenlied »Ich hab mich ergeben« von Hans Ferdinand Maßmann gespielt, beispielsweise nach der Verkündung des Grundgesetzes im parlamentarischen Rat. Der Nordwestdeutsche Rundfunk, wegen seiner auch nach Osten gerichteten Ausstrahlung gewissermaßen der Vorläufer des Deutschlandfunks, beschloss sein tägliches Programm mit dem Abspielen dieses Liedes. Bei internationalen Sportveranstaltungen behalf man sich mit der von Beethoven vertonten Schiller-Ode an die Freude, was bei Olympischen Spielen bis in die späten 1960er Jahre beibehalten wurde.

Der Bundespräsident, der die Prärogative in symbolischen Fragen wie Hymne oder Orden für sich beanspruchte, versuchte, Rudolf

11 Bundespräsident Theodor Heuss überreicht am 4.11.1951 Bundeskanzler Konrad Adenauer das Bundesverdienstkreuz

Alexander Schröders »Hymne an Deutschland«, vertont von Hermann Reutter, durchzusetzen. Sie stieß in der Bevölkerung jedoch auf keine große Resonanz, nachdem ihre Uraufführung nach der Ansprache des Bundespräsidenten zum Jahresende 1950 im Rundfunk gesendet worden war. Zu sehr Kirchenlied, Trauermarsch gar, keine erhebende Wirkung konnte das Volk in dem als »Theos Nachtlied« karikierten Stück erkennen. »Der Text ganz ansprechend, vielleicht etwas marklos. Der nächste Schritt wäre dann ein Kaninchenfell als Reichsflagge«, spottete der Schriftsteller Gottfried Benn.[52]

Adenauer plädierte für die dritte Strophe des Deutschlandliedes. Er wollte mit der Wiedereinführung an die demokratische Tradition der Weimar Republik anknüpfen, wobei sich die erste Strophe für viele Ohren, insbesondere ausländische, wie ein nationalsozialistisches Kampflied anhören musste. In einem Schreiben vom

69

19. Juni 1951 an den Bundeskanzler wehrte sich der Bundespräsident gegen die dritte Strophe wegen der Melodie, »die notwendigerweise die traditionellen Wortassoziationen weckt, von denen ich bei allem Respekt vor der Geschichte die Deutschen wegbringen möchte, um sie an das Pathos der Nüchternheit, das auch seine innere Größe und Würde haben kann und wird, heranzuführen«.[53]

Da war es, das Pathos der Nüchternheit. Adenauer verwies in seiner Antwort darauf, die »Nationalhymne müsse von dem Bewußtsein des gesamten Volkes getragen werden« – und setzte sich schließlich durch, wobei ihm zupass kam, dass alle Parteien im Bundestag die von Heuss vorgeschlagene Hymne ablehnten. Ebenfalls konnte er sich ausweislich einer Allensbach-Umfrage aus dem Herbst 1951 der Unterstützung von drei Vierteln der Bevölkerung sicher sein. Des Kanzlers Argumentation folgte dem jedweder staatlichen Repräsentation in Demokratien zugrundeliegenden Gedanken, dass sich die Bevölkerung in den Symbolen ihres Staates wiederfinden muss.

Eine Fußnote der Entstehungsgeschichte des im August 1841 verfassten »Liedes der Deutschen« ist der Hintergrund der Zeile »deutsche Frauen, deutscher Wein« in der zweiten Strophe. Sie weist einen unmittelbaren Bezug zum Autor auf, denn August Heinrich Hoffmann von Fallersleben spielte mit der ersten Hälfte der Zeile auf seine unerfüllte Jugendliebe an, während der zweite Teil in Widerspruch zu seinem Konsumverhalten in der Entstehungsphase stand: »Ich entwickelte eine bemerkenswerte Fähigkeit im Entstöpseln des Champagners«, notierte Fallersleben über die Zeit auf Helgoland. Von wegen deutscher Wein. Seine Aufzeichnungen zur dritten Strophe belegen passenderweise, dass er die heutige Nationalhymne als Trinklied verstand. Alternativ zu der Zeile »Blüh' im Glanze dieses Glückes, blühe, deutsches Vaterland!« hatte Fallersleben den Trinkspruch »Stoßet an und ruft einstimmig: Hoch das deutsche Vaterland!« vorgesehen.

Die ersten Staatsbesuche

Die Ablehnung aufwändigen Zeremoniells entsprang nicht allein Heuss' Wesen, sondern überdies seinem Willen, unselige historische Kontinuitäten zu durchbrechen. Dem Auswärtigen Amt gegenüber drängte er nach einem Empfang für die Gattin des peruanischen Staatspräsidenten 1955 auf Zurückhaltung für derlei Repräsentationsveranstaltungen: »Das ist das, was ich als den teils wilhelminischen, teils adolfinischen Stil empfinde und gegen dessen Hochkommen […] sich bei mir mancherlei wehrt.«[54]

Der individuelle Widerwille fand staatlicherseits Niederschlag. Die bundesrepublikanische Antwort auf das Übermaß an sinnlich-demagogischer Repräsentation im NS-Staat ist dem Staatsrechtler Josef Isensee zufolge ein Untermaß gewesen: »Formen der Selbstdarstellung, die bei allen Staaten der Erde üblich sind, werden hierzulande zum Problem. Repräsentationsschwierigkeiten und Repräsentationsdefizite sind geradezu ein Charakterzug der Bundesrepublik Deutschland geworden, jedenfalls der alten im Westen, vor der Wiedervereinigung.«[55] In den Anfangsjahren schien generell Bescheidenheit angezeigt ob der großen materiellen Not der Bevölkerung und der Millionen von Flüchtlingen aus dem Osten. Andererseits galt es, internationalen Standards gerecht zu werden. Der Bevölkerung wiederum verdeutlichten die ersten Staatsbesuche ab Mitte der 1950er Jahre, dass das nur teilsouveräne Land auf dem internationalen Parkett wieder an Renommee gewonnen hatte – wiewohl noch viel improvisiert werden musste am damals nicht eben repräsentationsgeeigneten Regierungssitz Bonn.*

---

* Einen Einblick in die damalige Politiker-, Diplomaten- und Medienszene am erwachenden Regierungssitz gibt der Diplomat und spätere Regierungssprecher Günter Diehl in seinen Erinnerungen: »Zwischen all diesen Akteuren, Statisten und Komparsen bildete sich langsam, aber stetig ein sich verfestigendes Geflecht von Beziehungen und ein höchst lebendiges, ja schöpferisches geistiges Klima.

Die dem Bundespräsidenten eigene Zurückhaltung zeigte sich beim allerersten offiziellen Staatsbesuch: Als im November 1954 der Kaiser von Äthiopien nach Bonn kam, übte sich die junge Republik »in Etikette und zelebriert großes Protokoll – mit rotem Baldachin auf dem Bahnsteig, Motorradeskorten und festlichen Galadiners, wobei die Person des gastgebenden Theodor Heuss fast völlig in den Hintergrund tritt«, wie es sein Biograph Peter Merseburger in Worte kleidete.[56] Der Visite waren umfangreiche Vorbereitungen vorausgegangen. Das Auswärtige Amt hatte unter anderem die kulinarischen Abneigungen von Haile Selassie ermittelt: »Der Kaiser isst ungern Schweinefleisch, Schwimmfüssler (Enten, Gänse usw.) und Seetiere (Schrimps).« Neben dem Hinweis auf den von dem Äthiopier geschätzten Cocktail »Gimlet« samt Rezept findet sich in den Akten die Auskunft: »Der Kaiser trinkt mit Vorliebe Champagner, gelegentlich auch Wein.«

Serviert wurde dem Staatsgast schließlich beim Abendessen des Bundespräsidenten eine in repräsentativer Hinsicht unentschlossene Auswahl, denn beide Stillweine stammten zwar aus hervor-

Diese Atmosphäre und diese Stimmung wurden durch ein schnell wachsendes geselliges Leben gefördert. Die ein oder andere Kneipe versuchte den Ansprüchen einer provisorischen Hauptstadt gerecht zu werden; die einst renommierten Hotels kamen wieder in Gang und bemühten sich, eine gute Küche zu bieten. Die wenigen Glücklichen, die schon eine eigene Wohnung oder gar ein Haus hatten, zögerten nicht und gaben die ersten Einladungen. Diese frühen kleinen Bonner Feste wiesen durchweg einen Schuß Bohème auf. Es gab nicht genügend Sofas, Sessel und Stühle, man, Botschafter und Gesandter eingeschlossen, saß auch auf dem Boden. Service und Gläser waren zusammengestoppelt, dazwischen die rudimentären Zeichen einstiger Pracht und guten Herkommens, ein Gobelin und nicht mehr ganz komplettes Tafelsilber. […] Alle Gäste brachten etwas zu essen und zu trinken mit. Knapp wurde es eigentlich nie. […] Die Freunde aus dem diplomatischen Corps, die sich mit Hinsicht auf Haus und Hof leichter taten, luden ihrerseits ein. Auch in ihren Häusern herrschte eine ungezwungene, beschwingte Gastlichkeit. Es ging elegant zu, die Sitten waren noch nicht verkommen, man dinierte im Smoking oder sogar im Frack.« (Günter Diehl: *Zwischen Politik und Presse. Bonner Erinnerungen 1949-1969*, Frankfurt am Main 1994, Seite 39 f.).

12 Bundeskanzler und Bundespräsident im Gespräch mit Haile Selassie bei einem Empfang auf dem Petersberg am 9.11.1954

ragenden Lagen, aber lediglich der Weiße aus einem guten Jahrgang. Dafür war die Schlossböckelheimer Felsenberg Riesling Spätlese 1953 arg jung, während der rote Assmannshäuser Höllenberg Spätburgunder 1951 aus einem wie erwähnt schrecklichen Jahrgang stammte. Zuletzt erwies sich der Schaumwein, Söhnlein Rheingold, schon der Provenienz nach nicht der Präferenz des Gastes entsprechend, von zweifelhafter Qualität. Das protokollarisch Vorteilhafteste, was sich über diesen Sekt sagen lässt, ist, dass Kaiser Wilhelm I. 1875 angeordnet hatte, alle Kriegsschiffe der kaiserlichen Marine fortan nicht mehr mit Champagner, sondern nur noch mit Söhnlein Rheingold zu taufen. Bei der Spei-

73

senfolge wurde auf vom kaiserlichen Gaumen möglicherweise als Geschmacksgrobheit empfundene Gerichte verzichtet; Ochsenschwanzsuppe – Steinbutt – Fasan – Fürst-Pückler-Eis bedeuteten Mitte der 1950er Jahre gehobene republikanische Klasse. Gegenüber dem Erstentwurf wurden aus unbekannten Gründen die Vor- und Nachspeise – Champignoncrème beziehungsweise Citronencrème – ausgetauscht. Gleichermaßen unbekannt blieben die Beilagen.

Persischer Schah, die Erste

Denselben 1953er Nahe-Riesling gab es zu »Hummer Alexandria« und Champignoncrème für den zweiten Staatsbesucher, den iranischen Schah Mohammad Reza Pahlavi. Er reiste Ende Februar 1955 mit seiner teils deutschstämmigen Gattin Soraya an, was bei Teilen der Bevölkerung Begeisterungsstürme entfachte. Zum Rehrücken dann ein in keiner Weise bemerkenswerter Stockheimer Altenberg Lemberger 1953, von dem ebenfalls der vorhergehende Jahrgang bei Heuss offiziell ausgeschenkt wurde. Der Schah, Liebhaber bester französischer Weine, dürfte trotz des besseren Jahrgangs kaum Freude daran gehabt haben, ebenso wenig wie am Sekt, Matheus Müller Brut, der zu den Reden vor dem Fürst-Pückler-Eis ins Glas kam. Bei den offiziellen Essen blieb das vorerst der einzige deutsche Rotwein, der Bundeskanzler wie der nordrheinwestfälische Ministerpräsident Karl Arnold ließen erstaunlicherweise beide Pommard aus dem Spitzenjahr 1949 auftischen.

Die 1953er Schlossböckelheimer Spätlese erwies sich als bundespräsidialer Dauerbrenner, denn auch der dritte Staatsbesucher, der indonesische Präsident Achmed Sukarno, kam in ihren Genuss – sofern der Muslim ihn überhaupt trank. Allerdings blieben die Teilnehmerzahlen bei Essen im »Haus des Bundespräsidenten« immer recht überschaubar, weshalb kleinere Bestände weit reichten. Bei dem Abendessen am 24. Juni 1956, dem schon achten Tag des Besuchs, wurde zu Ochsenschwanzsuppe, Rheinsalm, Poularde und Ananas-Parfait noch ein obskur anmutender, aus Württemberg stammender 1952er Fleiner Burgunder sowie als Sekt Geiling Brut kredenzt – es bleibt zu hoffen, dass sich Sukarno alkoholtechnisch auf seine Religion berief.

Einen Anhaltspunkt, welche Bedeutung der erste Bundespräsident dem staatsoffiziellen Ausschank beimaß, erlauben zwei Briefe seines engsten Mitarbeiters Hans Bott. So ließ Heuss einem Bürger 1955 auf dessen Frage nach einem Bundeskanzler Konrad Adenauer geschenkten Wein über seinen Persönlichen Referenten mitteilen, dass »er keine Weinagentur unterhält«. Was ihm offenkundig wichtig war, vermutlich aber mehr seiner eigenen Vorliebe denn einer Idee von regionaler Repräsentation folgte, war die Herkunft des Rotweins, der nur in Ausnahmefällen nicht aus Württemberg stammte. Deutlich wird dies in einem Schreiben Botts, in dem er sich im Dezember 1954 bei der Landeszentralgenossenschaft Württembergischer Weingärtnergenossenschaften nach einer überfälligen Lieferung erkundigt. Darin heißt es: »Der Präsident würde sehr böse auf mich werden, wenn wir im Januar bei den Diplomatenessen keinen ›Schwäbischen‹ kredenzen könnten.« Zusätzlich zur ersten Bestellung orderte Bott 100 Flaschen von »dem guten Stockheimer« – ein Teil davon dürfte auf dem Bankett für den Schah geöffnet worden sein.

Die von Heuss offerierten Gewächse waren durchaus ein Abbild der damaligen Möglichkeiten. Formidable Weißweine, jenseits der Württemberger Provenienz kaum bemerkenswerter Roter, auf Schaumwein besser verzichten. Angebaut und konsumiert wurde damals in der Bundesrepublik um ein Vielfaches mehr Weiß- als Rotwein, der wiederum häufiger aus dem Ausland stammte, vor allem aus Frankreich. Reben für hochwertigen Rotwein – damals begrenzt auf Spätburgunder und eingeschränkt Lemberger – wurden nur in geringem Umfang kultiviert, die daraus gekelterten Erzeugnisse waren dementsprechend unbekannt.

Das galt besonders für den ausschließlich in Württemberg angebauten und von Heuss sehr geschätzten Lemberger. Hans Bott bezog sich 1952 in einem Brief an den Direktor der oben genannten Landeszentralgenossenschaft auf ein »Weingespräch« des Bundespräsidenten mit dem dänischen Botschafter, einem »Verehrer der württembergischen Rotweine«. Heuss ließ darum bitten, dass sich der Winzerverband mit dem Botschafter in Verbindung setzen möge, der »[…] Professor Heuss gesagt [hatte], welche Überraschung er bei manchem seiner Gäste gehabt habe, dass es sich um einen deutschen Wein handele«. Dem Brief nach muss es ein Brackenheimer Zweifelberg Lemberger 1949 gewesen sein.[57]

Nicht übersehen werden darf, dass die Staatsgästen servierten Weißweine das obere Ende auf der Skala des deutschen Weinbaus darstellten. Die bundespräsidial häufigste Rebsorte Riesling, der Mitte der 1950er Jahre noch deutlich unter einem Fünftel der Rebflächen ausmachte, war qualitativ nicht repräsentativ für die Masse, wobei schon damals die meisten Spitzenlagen mit ihm bestockt waren. Sekt wiederum galt als festlich, war gleichwohl im Durchschnitt von einer solchen Qualität, dass man besser auf ihn verzichtet hätte. Das traf aber für einige der im Zuge der Fresswelle konsumierten Produkte zu.

Den zeitgenössischen Usancen entsprechend wurden die Anwärter der höheren Laufbahn des Auswärtigen Dienstes auf ihre Aufgaben vorbereitet. In einem Skript für die Teilnehmer eines der ersten Lehrgänge in Speyer, die zunächst unter Obhut des Bundeskanzleramtes stattfanden, fasste die Autorin, Erica Pappritz, zusammen: »Als Getränk wird im allgemeinen Weisswein gereicht. Zu einem Rehrücken z. B. wird man aber zusätzlich Rotwein servieren. Wird ein Toast auf ein fremdes Staatsoberhaupt oder einen Ehrengast ausgebracht, muss man dazu natürlich Sekt reichen, da nach hergebrachter Sitte das Anstossen mit Sekt feierlicher ist. Bei keinem Gedeck fehlt ein Glas Wasser, denn heute trinken viel mehr Menschen Wasser als man annehmen sollte.«

WESTBINDUNG

Konrad Adenauer

Einen repräsentativen Gegensatz zur Heuss'schen Bescheidenheit markierte Bundeskanzler Konrad Adenauer, der nicht einmal drei Wochen bevor der Bundespräsident das »Pathos der Nüchternheit« formulierte, in einem seiner Teegespräche Anfang Juni 1951 gesagt hatte: »Wir dürfen nicht auffallen und müssen uns Zurückhaltung auferlegen, aber wir müssen eine gewisse Repräsentation [be]treiben auch gegenüber anderen. Wenn ich wieder eine Großmacht werden will – und das müssen wir Deutsche werden –, muß ich anfangen, aufzutreten wie eine Großmacht.«[58]

Dem lagen weniger ontologische Einsichten zugrunde, sondern neben individuellen Charaktereigenschaften unterschiedliche politische Rollen. Für die Exekutive besaß insbesondere in der Gründungsphase der Bundesrepublik das Protokoll eine besondere Bedeutung, weil der neue Staat nur über eine eingeschränkte Souveränität verfügte. So kam es speziell vor dem Inkrafttreten der Pariser Verträge am 5. Mai 1955, mit denen die Bundesrepublik weitgehend souverän wurde, oft auf vermeintliche Nebensächlichkeiten an. Insofern lag es nahe, auch den Wein, wenn nicht als zeremonielle Selbsterhöhungsressource, so wenigstens zugunsten einer möglichst vollkommenen Interpretation der Gastgeberrolle einzusetzen. Man bewegte sich in kleinen Schritten vorwärts, einmal sogar im wahrsten Sinne des Wortes. Bei der Übergabe des Besatzungsstatuts am 21. September 1949 signalisierte der Teppich, auf dem die Alliierten Hohen Kommissare standen, symbolisch Distanz zur bundesdeutschen Delegation. Doch Adenauer trat forsch voran den Vertretern der drei westlichen Siegermächte entgegen, und begab sich so mit ihnen symbolisch auf die gleiche Ebene.

Hinzu kamen protokollarische Grundsatzfragen. Der Bundeskanzler machte sich beispielsweise im Gegensatz zu Heuss für eine zügige Einbindung der Bundeswehr in das militärische Zeremoniell stark. Auf einer abstrakteren Ebene spielte, dass der Kanzler immer wieder gegen die kodifizierte Vorrangstellung des Bundespräsidenten opponierte. Bei der Begrüßung des ersten Staatsbesuchers Haile Selassie stellte er sich demonstrativ neben Heuss, und auch später trachtete er – formal eigentlich noch hinter dem Bundestagspräsidenten nur Nr. 3 der Rangfolge – nach einer dem Staatsoberhaupt ähnlichen protokollarischen Position.

Trotz aller Unterschiede im Lebensstil und mancher zeremonieller Sachfrage, verband die beiden Staatsmänner ein durchaus entspannter Umgang miteinander. Dies lässt sich aus einer von Heuss ins Protokoll einer Begegnung am 1. November 1955 eingefügten, melancholisch angehauchten Nachschrift ablesen: »Die Unterhaltung, in der auch Gesundheitliches u[nd] Persönliches drankam – wie ich denn meine Vorträge bewältige? –, dauerte etwa eine Stunde, mit mäßiger Cognac-Begleitung. A[denauer] wirkte im Gespräch durchaus frisch.«[59] Im Wesentlichen bestand in politischen Fragen Einigkeit, soweit sie Heuss überhaupt interessierten. Er stimmte mit der außenpolitischen Linie Adenauers überein und half, die Westintegration mit seinen Mitteln – qua Verfassung neben Reden weitestgehend auf symbolische Gesten beschränkt – abzusichern. Ansonsten übte sich der Bundespräsident in »tagespolitischer Abstinenz« (Karl Dietrich Bracher).

Adenauer verfügte über »eine ganz ursprüngliche Freude an der Repräsentation, auch bemerkenswertes Talent dazu«, wie sein Biograph Hans-Peter Schwarz feststellte. Ergänzend hinzu kamen klare kulinarische Vorstellungen: »Am 29.11. liess der Herr Bundeskanzler dem Protokoll mitteilen, dass er keinen Hasenrücken, sondern Rehrücken wünsche. Die Pastete wolle er auch nicht. Daraufhin wurde vorgeschlagen 1/2 Grapefruit mit Geflügelsalat, Butter und Toast, oder Forelle blau. Der Herr Bundeskanzler wählte daraufhin Forelle blau, so dass ein Menü zustande kam, dass der Herr Bundeskanzler schon des öfteren in diesem Jahr gewählt hatte«, lautet ein Vermerk des Protokolls im Auswärtigen Amt aus dem November 1956.

Er wusste, was er wollte – und was nicht. So beschwerte sich Adenauer im selben Zeitraum über die Qualität der angelieferten Speisen bei einem Abendessen zu Ehren des Präsidenten von Costa Rica, José María Hipólito Figueres. Der Protokollchef des Auswärtigen Amtes, Ernst-Günther Mohr, bestellte daraufhin den Direktor des Hotels Königshof ein, der das Essen geliefert hatte, um zu erörtern, »auf welchen Gründen das wiederholte Versagen der Küche des Königshofes beruhen könne«, wie es in einem Vermerk über das Gespräch heißt. Offenbar war die Sparsamkeit mitschuldig, denn der Königshof »[habe] bisher ausdrückliche Weisung vom Protokoll gehabt [...], keine nach internationalem Brauch garnierte Platten anzubieten«. Die Kosten hätten bislang ein Fünftel unter denen des Hotels Petersberg gelegen: »Jedenfalls seien die Preise sehr knapp kalkuliert und gestatteten keine besonders kostspielige Aufmachung.« Pro Essen wurden damals zwischen 15 und 20 DM veranschlagt. Gemessen am damals höheren Geldwert und insbesondere den sehr viel niedrigeren Einkommen – das durchschnittliche Jahresentgelt betrug 1956 exakt 4844 DM – bedeutete ein Platz an der Staatstafel einen echten geldwerten Vorteil.

Über die Verbesserungsmöglichkeiten – unter anderem wurde erwogen, den Küchenchef schnellstmöglich auszuwechseln – wurde anschließend der Staatssekretär des Bundeskanzleramtes unterrichtet. In dem Schreiben wurde darauf hingewiesen, dass »die Anschaffung bzw. Vervollständigung der Silberplatten, Satzteller usw. auch geeignet sein dürfte, den äußeren Eindruck zu verbessern«. Im Entwurf des Schreibens hatte anstatt »Satzteller« noch »Weingläser« gestanden, die stellvertretende Protokollchefin, Erica Pappritz, änderte dies handschriftlich.

Nur folgerichtig, denn Anlass zur Beanstandung hatte ja das Essen, nicht der Wein gegeben. Der war wie immer bei Adenauer erstklassig, ausweislich der Menükarte zwei herausragende Rieslinge (Josephshöfer feinste Auslese vom Reichsgraf von Kesselstatt und von Schloss Reinhartshausen eine Erbacher Siegelsberg Edelbeerenauslese, beide aus dem sehr guten Jahrgang 1953), ein nicht ganz so nobler 1952er Aloxe Corton von Latour aus dem Burgund sowie, beinahe unumgänglich, Kupferberg Schwarz-Gold. Auch ohne Verkostung überzeugt diese Auswahl, insbesondere die Rieslinge – wie damals üblich derer zwei, ein Mosel- und ein Rheinwein. Und nicht einmal der Speisenfolge Wildpastete, Champignoncrème, Puter und Soufflé glacé sind kritikwürdige Defizite anzulesen.

Anders als beim Essen löste Adenauer den gewünschten Großmachtanspruch bei den von ihm ausgeschenkten Gewächsen meistens ein, allerdings nicht ausschließlich aus deutschen Lagen. Auf den Menükarten seiner Einladungen finden sich oft Bordeaux, teilweise Premier Crus, sonst gern rote Burgunder. Die »Stunde Nichts« (Heinrich Böll) war kanzlerseitig offensichtlich rasch überwunden, wobei Adenauer ins Detail ging – Speisenfolgen wurden ihm regelmäßig vorgelegt, weshalb das Protokoll des Auswärtigen Amtes oft mehr als einen Vorschlag benötigte. Zum Wein standen im vorgedruckten Formblatt des Protokolls, auf dem die Besprechung mit dem Caterer festgehalten wurde, zeitweilig die dürren Worte »Mosel, Rhein, Rot«, was zeigt, dass man allein dem Weißwein regionaltypisch-repräsentativeren Charakter beimaß.

Die Gerichte spiegeln das Wirtschaftswunderland, und manches Mal den Wunsch nach Eleganz, wenn etwa das »Huhn in Aspik« in der Vorlage des Auswärtigen Amtes zu einem »Chaud-froid von Huhn« auf der Speisekarte mutierte – so geschehen beim Frühstück für den persischen Schah 1955. Damit passte die Vorspeise gut zu dem ganzen Besuch, über den Hans-Peter Schwarz notierte, dass »eine neu-deutsche Gesellschaft ins Scheinwerferlicht tritt«. Im Widerspruch dazu kommentierte er des Bundeskanzlers Wirken, der »in diesen teils neureichen, teils etwas bemüht auspolierten Gesellschaftsbetrieb einiges von der Allüre des alten Deutschland« brachte.[60] In dieser Diktion wäre es konsequent gewesen, die

Frühstücke – die, was Uhrzeit sowie die Speisen- und Getränkeauswahl anging, als Mittagessen zu verstehen waren – als »Gabel-
frühstück« zu benamsen. Das aber hätte selbst in der als restaurativ
verschrienen Ära Adenauer etwas sehr betulich gewirkt.

Bisweilen kümmerte sich der Bundeskanzler höchstselbst nicht
allein um die Speisen- und Getränkefolge, sondern sogar um die
Menükarten. Anlässlich des Besuchs des französischen Außenministers Antoine Pinay in Rhöndorf im November 1955 verfasste er sie handschriftlich. Wie immer gab es Herausragendes, eine
Wehlener Sonnenuhr feinste Auslese 1949 (dem besten Moseljahr
seit 1921), und vor allem eine Forster Ungeheuer Riesling Auslese
aus dem Jahrhundertjahrgang 1937 sowie zum Käse als Reverenz
an das Herkunftsland des Gastes einen Haut-Lieu. Drei Jahre später sollte Adenauer selbst die Erfahrung machen, wie persönliche
Zuwendung politisch heikle Situationen auflösen helfen kann, als
er den französischen Präsidenten Charles de Gaulle kennenlern-
te – dazu später mehr.

Trockenbeerenauslesen

Der Überlieferung nach trank Adenauer nicht viel, dafür sehr
hochklassig, bevorzugt Trockenbeerenauslesen – die höchste Prädikatsstufe deutscher Gewächse, ein ewig haltbarer Süßwein mit
zumeist lediglich sieben bis acht Prozent Alkohol, von dem man
aber wegen seiner Intensität nur wenig konsumieren kann. Das ist
auch besser so, denn dieser aus sehr spät geernteten, rosinenartig
eingetrockneten und edelfaulen Beeren gekelterte Nektar lässt sich
lediglich in Ausnahmejahren produzieren, die Mengen sind entsprechend gering. Gleich zwei Kisten dieses Elixiers kostete Adenauer seine Ehrlichkeit bei einem Abendessen im April 1958 auf
Schloss Windsor; die britische Königin hatte von ihrem Gast wis-

13 Menükarte vom Besuch des französischen Außenministers Antoine Pinay bei Konrad Adenauer am 13. 11. 1955

sen wollen, wie er den deutschen Wein fände, den Prinz Philip ausgesucht hatte. Adenauers nicht ganz diplomatische Antwort, er habe schon besseren getrunken, und die Replik der Queen, er möge ihr den Wein schicken, den er wirklich für den besten halte, zogen die kostspielige Investition in je eine Kiste 1937 Rüdesheimer Berg Rottland Riesling Trockenbeerenauslese vom Weingut Reichsfreiherr von Ritter zu Groenesteyn an die Gastgeberin wie an die Königinmutter nach sich.* Beschafft wurde der Wein von der Frau des deutschen Botschafters in Großbritannien, Elisabeth von Herwarth – der Gutsbesitzer war ihr Vetter.[61] Sowenig man dem Königshaus Bestechlichkeit unterstellen wie allzu großen politischen Einfluss zugutehalten sollte, diese Investition in die deutsch-britischen Beziehungen war nicht völlig rausgeworfenes Geld, galt das Vereinigte Königreich dem Bundeskanzler doch in Sachen Westbindung unter den drei Westmächten als der größte Wackelkandidat.

Adenauer verfügte offenkundig über die Fähigkeit, bei einem gemeinsamen Glas Nähe und Vertrauen aufzubauen. Damit brachte er eine Seite seiner Persönlichkeit zum Ausdruck, mit der er sich nicht nur – wie oft beschrieben – als autoritär, kalt und berechnend, sondern genauso als fürsorglich und zugewandt erweisen konnte. Bei seinem ersten Zusammentreffen mit dem amerikanischen Außenminister John Foster Dulles am 5. Februar 1953 in Bonn bestellte der Bundeskanzler nach dem Dinner noch eine Flasche 1921er Steinberger Trockenbeerenauslese. Laut dem *Spiegel* war das Staatsbankett im Palais Schaumburg, zu dem außer allen Kabinettsmitgliedern die Fraktionschefs der Koalitionsparteien

---

* »Ziemlich erstaunlich« fand Michael Broadbent 1974 eine Flasche dieser Trockenbeerenauslese, die von Adenauer gestammt haben müsste, da sie aus einem der königlichen Keller kam. Sie war einige Jahre zuvor geöffnet, verkostet und wieder verschlossen worden und erwies sich dennoch als sehr gut und ohne »Anzeichen von Zerfall oder Ermüdung. Ziemlich tiefe Bernsteinfarbe, zart, harmonisch, honigartig; intensiv süß, kräftig, fett, doch mit herrlich ausgleichender Säure.« (Broadbent, *Buch der Weinjahrgänge*, Seite 396).

und der Opposition geladen waren, zwar »politisch bedeutungs-los« verlaufen, wobei aber »auffiel, daß der in den übrigen euro-päischen Hauptstädten nicht immer sehr bescheidene John Foster Dulles dem Kanzler große Reverenzen erwies.«[62] Die erwiderte Adenauer nun mit dem Jahrhundertwein.

Der 1921er Steinberger scheint sich als eine Art systemübergrei-fender Wein zu erweisen, nachgerade die vinophile Entsprechung des Otto Mayer'schen Diktums »Verfassungsrecht vergeht, Ver-waltungsrecht besteht«. Eine Trockenbeerenauslese dieser Lage und dieses Jahrgangs hatte 1927 Reichspräsident Hindenburg zum 80. Geburtstag vom Verband der Naturweinversteigerer geschenkt bekommen, als Auslese hatte ihn Adolf Hitler an Diplomaten aus-geschenkt und Hermann Göring anlässlich seiner Hochzeit geor-dert. Jetzt gebrauchte ihn der erste Regierungschef der Bundes-republik, um dem amerikanischen Verbündeten gegenüber seinen Respekt zum Ausdruck zu bringen. Bei seinem ersten Besuch in Dulles Herkunftsland zwei Monate später notierte Adenauer – an-gelehnt an Psalm 104,15 – »Der Wein erfreut des Menschen Herz« zur Erinnerung auf eine Menükarte. In die USA gereist war der Bundeskanzler mit dem Schiff, so viel Zeit musste sein. Zurück ging es nach knapp drei Wochen Rundreise und einem Abstecher nach Kanada aber mit Pan Am von Boston via London nach Ham-burg, wo am Folgetag der 4. Bundesparteitag der CDU begann.

Der besseren Verständigung halber nahm der Bundeskanzler Weinproben in Besuchsprogramme auf, wie etwa bei einer Rhein-schifffahrt mit dem griechischen Ministerpräsidenten Alexandros Papagos 1954, »wobei Adenauer alte Weine der besten Sorten hatte aussuchen lassen«, darunter Trockenbeerenauslesen, wie sich Pro-tokollchef von Herwarth erinnerte. Nachdem Adenauer zuvor in Griechenland überaus freundlich empfangen worden war, wollte man diese Herzlichkeit nunmehr erwidern. Die Vorbereitungen dieses Gegenbesuches brachten für die Organisatoren allerdings noch andere Herausforderungen als nur die Wahl der richtigen

*Der Wein erfreut des
Menschen Herz.
In memoriam!
5. 4. 53*
        Adenauer

Nicht nur der Wein ...
        Lotte Adenauer.

Als tertius -- empfiehlt sich
        Vollrath Maltzan.

14 Nicht allein Konrad Adenauer verewigte sich mit »Der Wein erfreut des Menschen Herz. In memoriam, 5.4.1963«, sondern auch seine Tochter mit »Nicht nur der Wein. Lotte Adenauer« sowie der Leiter der handelspolitischen Abteilung des Auswärtigen Amtes, Vollrath von Maltzahn, der sich »Als tertius empfiehlt«

Weine mit sich. Hans von Herwarth berichtet, dass sich die Telefonverbindungen als unzureichend für vernünftige Besprechungen erwiesen, weshalb er eigens nach Athen reiste – und dort, Glückes Geschick, noch etwas urlauben musste, da der Regierungschef ihn erst nach einer Woche empfangen konnte. Die Verkostung auf dem Rhein muss ein voller Erfolg gewesen sein, denn als der griechische König Paul zwei Jahre später seinen Staatsbesuch absolvierte, stand ebenfalls eine Degustation bei einer Schifffahrt von Rüdesheim nach Königswinter auf dem Programm.

Maß halten

Sorgen bereitete Adenauers gastrosophischer Darstellungsdrang dem Nachfolger von Herwarth als Protokollchef des Auswärtigen Amtes, Ernst-Günther Mohr. Er schrieb Ende 1956 an den Leiter des Presse- und Informationsamtes, den Adenauer-Intimus Felix von Eckardt, auf Medienberichte über Staatsbesuche bezugnehmend, in denen die Begriffe »Festessen« oder »Bankette« gebraucht worden waren, »daß die deutsche Öffentlichkeit durch diese Bezeichnungen ein irreführendes Bild von Art und Ausmaß dieser Essen oder Empfänge erhält, das den Tatsachen keineswegs gerecht wird und zu unerquicklicher und vor allem ungerechtfertigter Kritik führen könnte«. Die Bitte Mohrs, ob es Eckardt möglich sei, »in einer Ihnen geeignet erscheinenden Form den Mitgliedern der Bundespressekonferenz einen entsprechenden Hinweis« zu geben, beschloss den Brief.

Schon anderthalb Jahre davor war in Folge des recht glamourösen Staatsbesuchs des iranischen Schahs 1955 Kritik an den Ausgaben erhoben worden, unter anderem vom Bund der Steuerzahler. Bundespräsident Heuss sah sich daraufhin bemüßigt, zu erklären, dass es zumindest in seinem Hause bei diesen Anlässen sehr einfach zuginge.[63]

Das Gebaren des Auswärtigen Amtes erwies sich als etwas ambivalent. Einerseits forderten die Beamten zur Zurückhaltung auf. In den nicht zur Veröffentlichung vorgesehenen »Richtlinien für die Vorbereitung und Durchführung Staatsbesuche und Veranstaltungen«, mit denen 1957 Protokoll-Legationsrat Horst von Rom die bis dahin gemachten Erfahrungen zusammenfasste, heißt es: »Die Aufmachung der gesellschaftlichen Veranstaltungen muß würdig und eindrucksvoll, aber auch in maßvollen finanziellen Grenzen gehalten sein. Es soll daher nichts Übermäßiges geboten werden, aber das Gebotene muß wirklich gut sein. Besonderer Wert ist auf den Blumenschmuck zu legen.« Konkretisiert wird diese Mahnung in einer Fußnote, die sich auf die Auslandsvertretungen bezog: »Die Verwendung lebender Seelöwen, Ziegen oder Hunderter von Zwergvögelchen als Dekoration für einen Ball in der Botschaft kann der Kuriosität wegen hier erwähnt werden, ist aber nicht zur Nachahmung zu empfehlen.«[64]

Andererseits wirkten die ersten Staatsbesuche recht prunkvoll, zumal angesichts der nach wie vor sichtbaren Spuren des Krieges. Und ob das Menü bei nichtöffentlichen, wenig repräsentativen Anlässen, die eher den Charakter von Arbeitssessen hatten, im Einzugsbereich des Auswärtigen Amtes lediglich wirklich gut im Sinne des oben angeführten Aufrufes zur Bescheidenheit oder doch eher übermäßig war, bleibt dahingestellt. Jedenfalls schien es üblich, im Hotel Königshof bei Abwesenheit des Ministers in der Preisklasse Ministerialdirigent zu Gerichten wie Gänseleberpastete und Châteaubriand Gewächse bester Provenienz aus dem In- und Ausland aufzufahren.

Heute sind die entsprechenden Maßgaben nicht mehr so schillernd bebildert wie in den 1950er Jahren. In dem schon erwähnten »Blauen Günther«, dem Leitfaden für das Protokoll-Referat im Auswärtigen Amt, heißt es nüchtern: »Folgendes Motto ist ein guter Leitstern im Kosten-Dschungel: generell sparsam und dennoch im richtigen Augenblick großzügig sein, sparsam, ohne kleinkariert zu wirken, großzügig, ohne zu protzen.«[65] Wein oder Getränke im weiteren Sinne finden allerdings keine Erwähnung in dem 66-seitigen Kompendium.

Weindiplomatie

Adenauer betrieb eine regelrechte Weindiplomatie. Auf seiner legendären Moskau-Reise im September 1955, die nicht zuletzt dank einer diplomatischen List in der Heimkehr der letzten Kriegsgefangenen mündete, hatte die Delegation Bernkasteler Doctor Spätlese 1950, Kiedricher Gräfenberg Auslese und 1951er Jahrgangssekt MM Hohe Domkirche vom Trierer Bischöflichen Priesterseminar im Gepäck. Diese von Adenauer persönlich ausgesuchten Weißen und einen französischen Rotwein gab es bei der einzigen Einladung von deutscher Seite, einem opulenten mittäglichen Sonntagsessen am 11. September: Gänseleberpastete, Schildkrötensuppe, Holsteiner Katenschinken mit Spargelspitzen, Lachs, Rehkeule, Schwarzwälder Kirschpudding und Früchte, lautete die das Wirtschaftswunder widerspiegelnde Menüfolge. Die Stimmung wurde, ganz im Sinne der Entspannungspolitik, recht heiter.

Moselweine vom Priesterseminar dienten nicht allein als Stimmungslöser, sondern zusätzlich als Gastgeschenke für den sowjetischen Ministerpräsidenten Nikolai Bulganin, KPdSU-Chef Nikita Chruschtschow und Außenminister Wjatscheslaw Molotow. Dessen ungeachtet ging der Besuch getränketechnisch eher wegen des von der deutschen Delegation zugunsten höherer Trinkfestigkeit reichlich eingenommenen Olivenöls in die Geschichte ein.[66]

»Moselle«, insbesondere Bernkasteler Doctor, den Adenauer persönlich sehr mochte, verschenkte er ebenfalls an andere Politiker, ideologisch konträr zu den Russen beispielsweise bei seinem Antrittsbesuch in Washington an US-Präsident Dwight D. Eisenhower. Beiderseits des Eisernen Vorhangs wurde er für seine Weinkenntnisse gerühmt. Der stellvertretende sowjetische Ministerpräsident Anastas Mikojan lobte bei seinem Besuch in Bonn im April 1958 auf der Pressekonferenz den Wein, den Adenauer ihm ausgeschenkt hatte, auch das Gespräch sei sehr nützlich gewesen. Und *Die Zeit* wusste im Zuge der berühmten Frankreich-Reise 1962 über den Aufenthalt des Bundeskanzlers in Bordeaux zu berichten, dass »er die Fachleute charmierte, weil er ein profunder Weinkenner, ein famoser Kritiker eines ›guten Tropfens‹ ist«.[67]

Charles de Gaulle

Im Bordelais, nach Paris und Rouen die vorletzte Station seiner Reise, hatte der Bundeskanzler Château Margaux besucht, mit dessen Rotwein er anlässlich des von ihm gegebenen Dinners das französische Präsidentenpaar am 4. Juli 1962 nebst zwei exzellenten deutschen Rieslingen, einer Auslese und einer Trockenbeerenauslese, sowie Champagner aus dem Hause Krug bewirten ließ. Alle Weine stammten aus dem in Frankreich wie Deutschland gelungenen Jahrgang 1953. Kaum jemals wieder sollte die Bundesrepublik offiziell so hochklassig ausschenken wie bei diesem Abendessen im Quai d'Orsay, der Adenauer an diesem Tag als Residenz diente. Den Erinnerungen des Dolmetschers Hermann Kusterer zufolge hatte Adenauer zusätzlich sechs Flaschen Eiswein aus seinem eigenen Keller mitgebracht, mit denen er das obere Tischende eigenhändig versorgte, allen voran de Gaulle, der indes nicht ganz so begeistert reagierte, wie der Bundeskanzler erwartet hatte – »als Weinkenner schlug ihn Adenauer allemal um Längen«.[68]

Dem Bundeskanzler waren auf der gesamten Reise nur hervorragende Gewächse zuteilgeworden; am Vortag im Élysée-Palast wurden zu seinen Ehren, wahrhaft prunkvoll, ein weißer Haut-Brion 1959, ein roter Lafite-Rothschild 1955 und ein Clicquot Ponsardin desselben Jahres entkorkt. In Reims, wo der Besuch in der Kathedrale mit dem legendären Versöhnungsgottesdienst endete, offerierte man Adenauer ausschließlich Produkte aus der Region, jeweils Jahrgangschampagner bis zurück in das Gründungsjahr der Bundesrepublik 1949. Als Bundeskanzlerin Angela Merkel zum 50. Jahrestag des Zusammentreffens von de Gaulle und Adenauer in Reims am 8. Juli 2012 vom französischen Präsidenten François Hollande zu einem Mittagessen eingeladen wurde, gestaltete sich das Angebot mit einem renommierten weißen Burgunder, einem hervorragenden Cornas und als Champagner der Cuvée Louise Pommery 1999 bescheidener und vor allem weniger ortstypisch. Allerdings sollte daraus keine Verschlechterung des französisch-deutschen Verhältnisses interpretiert werden, denn erstens dürften kaufkraftbereinigt die Weine von 1962 nicht exponentiell teurer gewesen sein als die Auswahl ein halbes Jahrhundert danach, und zweitens tritt man Angela Merkel nicht zu nahe, wenn man ihr unterstellt, nicht ganz über die gustatorische Expertise wie der erste Bundeskanzler zu verfügen.

Die Bekanntschaft von Adenauer und de Gaulle hatte vinophil eher zurückhaltend begonnen. Der Franzose amtierte erst seit wenigen Wochen als Präsident der Französischen Republik, als er den Deutschen in sein Landhaus »La Boisserie« nach Colombey-les-deux-Églises einladen ließ. Eine demonstrative Geste, nie zuvor hatte es das gegeben. »Ich meine diesem Treffen ein außergewöhnliches Gepräge geben zu sollen und halte für die historische Aussprache zwischen dem alten Franzosen und diesem sehr alten Deutschen den Rahmen eines Familienheims für sinnfälliger als die Kulisse eines Palastes«, notierte de Gaulle in seinen Memoiren.

Eine diskrete Einladung zu einem offiziellen Besuch in Paris hatte der antigaullistisch eingestellte Adenauer zuvor abgelehnt. Das war nunmehr kaum möglich. Aber Adenauer blieb besorgt, »ich befürchtete, die Denkweise von de Gaulle wäre von der meinigen so grundverschieden, dass eine Verständigung zwischen uns beiden außerordentlich schwierig wäre«, hielt er in seinen *Erinnerungen* fest. Gleichermaßen schien die Hausherrin nicht eben begeistert – Yvonne de Gaulle war gewillt, dem Gast jede Festlichkeit zu verweigern: »Das Menü bleibt jedenfalls wie gehabt, und gegessen wird vom Alltagsgeschirr.« Sie war lediglich bereit, den Bundeskanzler zu empfangen »wie Herr Sowieso, mit der Speisenfolge der Familie und dem tagtäglichen Bordeaux«. Trotzdem gelang das zweitägige Treffen im September 1958; in Gesprächen unter vier Augen kamen sich Adenauer und de Gaulle nahe, fassten zueinander Vertrauen und legten so den persönlichen Grundstein für die Überwindung der deutsch-französischen Erbfeindschaft.[69]

Wenige Monate vor Adenauers Rücktritt sollte es Anfang Juli 1963, nur zehn Monate nach dem Staatsbesuch des französischen Präsidenten in der Bundesrepublik, noch einmal einen großen gemeinsamen Auftritt geben, wobei die französische Seite in den Vorbereitungen verdeutlichte, »dass der General seinen Besuch in Bonn strikt als Arbeitsbesuch betrachte«. Augenscheinlich hatte die junge Bundesrepublik eine solche Repräsentationsfreude entwickelt, dass sich die Franzosen zu diesem Hinweis bemüßigt fühlten. Der Bundespräsident sollte allein mit einem Höflichkeitsbesuch bedacht werden. Im »Haus des Bundeskanzlers«, wie das Palais Schaumburg auf den Menükarten genannt wurde, gab es zum Abendessen für knapp 100 Personen zu Krebsschwänzen in Dill, Gemüse-Crème, Pastetenhaus Toulouser Art, Rehrücken und Himbeeren mit Sahne beste Weine, schließlich war der Bundeskanzler der Gastgeber. Neben zwei herausragenden Rieslingen, Erdener Treppchen Spätlese von Anton Itschert 1959 und Rauenthaler Wülfen Auslese der Staatsweingüter Eltville 1953 gab es als Roten Château Clos Fourtet 1953 – auf der Karte mit dem Zusatz »I. grand crû, Schloßabzug« vermerkt – sowie als Sekt Kupferberg Schwarz-Gold.

Die önologische Klasse bei diesem Essen für den französischen Präsidenten war nach der Diktion Adenauers nur konsequent, der Bordeaux Höflichkeit – wobei fraglich ist, ob der Gast viel davon hatte. Im Vorfeld seines Staatsbesuches in der Bundesrepublik im Jahr davor hatte das Auswärtige Amt vermerkt: »De Gaulle trinkt sehr wenig Wein, seine Frau gleichfalls nicht.« Trotzdem hatte es bei dem Bankett auf Einladung des Bundespräsidenten am 4. September 1962 in Augustusburg zu Forellenfilet Walterspiel, Kraftbrühe Royal, Kalbsrücken Metternich und Rahmgefrorenem »Vulcano« mit das Beste gegeben, was bundesrepublikanische Winzer aufzubieten hatten. Speisenfolge wie Weinbegleitung, allesamt als Originalabfüllung gekennzeichnet, zeigten sich dabei auf demselben Niveau, aber repräsentativer als beim Kanzler ein Jahr danach: Zwei 1959er Rieslinge, einmal Wehlener Sonnenuhr Lay feine Auslese von Zach. Bergweiler-Prüm Erben und Kiedricher Sandgrub Spätlese von der Gräfl. Eltz'schen Gutsverwaltung sowie vom Staatsweingut Eltville einen 1953er Assmannshäuser Höllenberg Spätburgunder Kabinettwein, was damals hieß: naturrein, ohne Zucker. Walter Henkels hielt indessen nur den Sekt der namentlichen Erwähnung wert, es war Söhnlein »Alte Excellenz« – schade eigentlich, hatte man sich doch bei den Stillweinen viel mehr Mühe gegeben.

Der Chef des Protokolls des Auswärtigen Amtes hatte vorab per Aktennotiz verfügt, die Speisenfolge an den unterschiedlichen Orten miteinander abzustimmen, denn: »Es ist nicht gut, wenn überall gleiche Menus geboten werden.« In der Tat kann es sich für Politiker als Fluch erweisen, wenn ihre Lieblingsessen bekannt sind, sie die dann aber in bester Absicht ständig vorgesetzt bekommen. In einem solchen Fall schlägt die Höflichkeit des Gastgebers rasch in kulinarische Langeweile um. Nachdem Jacques Chirac seine Vorliebe für Tête de veau, Kalbskopf, bekundet hatte, bekam er ihn so oft serviert, dass er ihn nicht mehr sehen konnte. Generell lebt das protokollarische Metier von Absprachen, der Kenntnis und der Rücksicht auf die Wünsche des Gastes, kurzum von informellen Kontakten.

Das hilft aber alles nichts, wenn die eigenen Leute nicht um die bevorzugten Gerichte – oder noch wichtiger: die Abneigungen – ihres jeweiligen Chefs wissen. Dass dem französischen Präsidenten François Hollande bei seinem ersten Berlin-Besuch im Bundeskanzleramt Spargel serviert wurde, obgleich er diesen verabscheut, lag daran, dass der Koch des Élysée, Bernard Vaussion, die Präferenzen seines neuen Chefs noch nicht kannte, wie er in einem Interview einräumte. Daher war es nicht möglich, die Kanzlerinnen-Küche entsprechend zu briefen.

Queen Elizabeth II., zweiter Besuch

Allerdings soll es sogar unter dem so protokollbewussten wie gastrosophisch bewanderten Bundespräsidenten Walter Scheel vorgekommen sein, dass eigentlich wohlbekannten Staatsgästen wie der britischen Königin, für die stets ein besonders großer Aufwand getrieben wurde, Speisen aufgetischt wurden, die nicht deren Gusto trafen. Dass die Queen bei Helmut Schmidt Hummer serviert bekam, »nicht gerade das Leibgericht der Königin«, wie berichtet wurde, ist aufgrund des kulinarischen Desinteresses des Bundeskanzlers wenigstens erklärlich. Sie hatte jedoch »schon am Vorabend beim Festbankett im Schloß Augustusburg [...] sichtlich gequält ähnliches Getier gegessen: eine Timbale aus Flußkrebsen und Forellen«[70] – was in Anbetracht des Stellenwerts, den Scheel kulinarischen Dingen beimaß, ein echter Fauxpas war.

Nicht weiter nachdenken musste man bei der Queen, die sich aus Wein angeblich nicht viel macht, über das Tafelwasser – sie reiste stets mit einem eigenen Vorrat der Marke »Malvern« aus den West Midlands, das allerdings nicht mehr abgefüllt wird. In Schloss Bellevue gab es immer mal wieder Wechsel, zeitweilig war Fachinger im Angebot, zu Beginn der Präsidentschaft Steinmeiers L'eau Sans Souci vom Rand der norddeutschen Tiefebene.

Extravagante Wünsche werden bei den Absprachen sehr selten geäußert. Der Chef des Bundespräsidialamtes in der Amtszeit von Johannes Rau, Rüdiger Frohn, bemerkte dazu, dass die Anforderungen von Staatsgästen »mit den oft exzentrischen Sonderwünschen reisender Stars nicht annähernd zu vergleichen« seien.

Ein Forum, in dem sich die für den informellen Austausch nötigen Kontakte knüpfen lassen, ist der »Club des Chefs des Chefs«, der Verband von Chefköchen von Regierungschefs und Staatsoberhäuptern einzelner Staaten. Seit dem Gründungsjahr 1977 treffen sich die rund 25 Mitglieder einmal jährlich, 2012 in Berlin. Aus Deutschland dabei in diesem exklusiven Kreis – Motto: »If politics divides people, a good table always gathers them« – ist der Küchenchef des Bundeskanzleramtes, Ulrich Kerz. Diese Personalie lässt sich nicht allein als Ausdruck der wahren Machtverhältnisse verstehen, sondern ebenso als Pragmatismus, da im Bundeskanzleramt öfter ausländische Gäste empfangen werden als beim Bundespräsidenten, wobei es sich meistens um kleinere Arbeitsessen handelt. Außerdem war Kerz einst Schiffskoch auf der MS Deutschland, während der präsidiale Küchenherrscher Jan-Göran Barth vorher bei der Bundeswehr diente.

WIRTSCHAFTSWUNDERLAND

Heinrich Lübke

Anders als sein Vorgänger hatte Heinrich Lübke, vormals Landwirtschaftsminister, Interesse an gustatorischer Repräsentation. In die Geschichte ging er jedoch wegen diverser ihm zugeschriebener Peinlichkeiten ein. *Der Spiegel*, den obersten Staatsrepräsentanten sowieso nie sonderlich zugeneigt, zog ein Jahr vor Ende der Präsidentschaft ungnädig Bilanz: »Hatte sich Heinrich Lübkes allzu bedingte Eignung für die Repräsentation aller Deutschen schon in seiner ersten Amtsperiode herausgestellt, so litt das mißhandelte Amt nach seiner Wiederwahl immer häufiger und immer schwerer unter Fehlleistungen, Verdächtigungen und falschen Reaktionen.«[71]

Der Bundespräsident war viel gereist, insbesondere in Entwicklungsländer, vor allem nach Afrika. Aus diesen Staaten stammten viele der über dreißig offiziellen Staatsbesucher, die Lübke in Bonn empfing. Der erste kam aus Afrika, im November 1959 der ein Jahr zuvor mit der Ausrufung der Unabhängigkeit seines Landes ins Amt gelangte Präsident von Guinea, Ahmed Sékou Touré. Vogelnestersuppe, Nordsee-Steinbuttschnitte, Lendenschnitte sowie Omelette surprise nebst heimisch-solider Getränkebegleitung – 1955er Canzemer Altenberg Auslese, 1953er Neipperger Mönchswengert Burgunder und Geiling Privat – stellten die gehobene Wirtschaftswunderlandklasse dar. Erstmals konnte im Anschluss an das Abendessen in der Villa Hammerschmidt, die Tischordnung verzeichnete 32 Gäste, der große Empfang in der erst im September eingeweihten neuen Beethovenhalle stattfinden. Das Diplomatische Korps war dem guineischen Präsidenten am Nachmittag in der Redoute vorgestellt worden.

15 Gäste am Buffet in der Beethovenhalle anlässlich des Empfangs zu Ehren des Präsidenten von Guinea am 16. 11. 1959

Lübke zeigte sich an Details der Empfänge interessiert, er ließ sich fallweise Gästelisten zur Prüfung vorlegen und mitunter bemühte er sich sogar um die Weinauswahl. Die fiel unterschiedlich überzeugend, aber patriotisch aus; um die Bundesrepublik allumfassend zu repräsentieren, ließ er heimische Gewächse beinahe bis an das Ende der Welt verfrachten.

Queen Elizabeth II., erster Besuch

Von überragender Bedeutung war der erste Staatsbesuch der britischen Königin im Mai 1965. Bei dieser – laut dem Bonner *General-Anzeiger* – »Reifeprüfung« wollte sich die Bundesrepublik von ihrer allerbesten Seite zeigen und betrieb entsprechenden Aufwand – was sich nicht zuletzt im Umfang der aus diesem Anlass im

Auswärtigen Amt produzierten Akten niederschlug, allein die des Protokolls umfassen ungewöhnlich umfangreiche zwölf Bände im Politischen Archiv.

Sogar die Entscheidung über die Getränke findet darin Niederschlag, eine absolute Seltenheit. Ausweislich einer Vorlage an das Bundespräsidialamt mit dem Ziel, eine Entscheidung des Bundespräsidenten über die Weinvorschläge des Hotels Königshof herbeizuführen, verstand der Verfasser, Ehrenfried von Holleben, Protokollchef des Auswärtigen Amtes, jedoch kaum etwas davon. Das damals zusätzlich als Weingroßhändler tätige Hotel, von dem das gesamte Catering für das Staatsbankett stammte, hatte eine solide, gehobene Auswahl an Rieslingen vorgeschlagen sowie einen roten Burgunder. Den hatte Lübke offenbar hinterfragt, nachdem ihm die Empfehlungen vorgetragen worden waren. Von Holleben schrieb, dass seine »Rückfrage im Hotel Königshof ergeben [hat], dass a) im allgemeinen Burgunder zu Abendessen und Bordeaux zu Mittagessen serviert wird; b) die Bezeichnung ›Burgunder-Abzug‹ bedeutet, dass die Flaschen in Burgund abgezogen wurden«.

Selbst versierte Trinker dürften dank Punkt a) ob der tageszeitlichen Differenzierung noch dazugelernt haben, und die unter Punkt b) gemachten Ausführungen überzeugen geringstenfalls als Beispiel für eine klassische Tautologie. Die dem weiteren Text nach »vom Herrn Bundespräsidenten gewünschte Originalabfüllung« lässt darauf schließen, dass Lübke nach einem nicht aufgezuckerten Wein verlangte, wobei es kaum ein Weingebiet gibt, in dem dies bei Spitzenweinen dermaßen üblich ist, wie dem Burgund.

Eine Entscheidung war immerhin gefallen: »Von dem angebotenen Sekt hat der Herr Bundespräsident ›Kessler Hochgewächs‹ ausgewählt.« Die einige Tage danach – samt entsprechender Probeflaschen aus der Kategorie »unverlangt eingesandt« – von den Sektkellereien Henkell & Co. unterbreitete Offerte, aus Anlass der königlichen Visite Sonderabfüllungen zu günstigen Konditionen zu produzieren, hatte schon deshalb keine Chance, weil sie zu spät einging. Für Zwecke der Eigenwerbung war der Staatsbesuch verständlicherweise attraktiv. Deinhard & Co. nutzte die »erhebenden Tage des Besuchs Ihrer Majestät« – oder vielmehr den Ausschank ihrer Produkte, ein Riesling auf dem Staatsbankett und Deinhard Senior-Sekt bei dem darauffolgenden Empfang – anschließend für Werbebriefe an Geschäftsfreunde. Der Vorgang offenbart eine Zwei-Klassen-Gesellschaft sogar beim Schaumwein, die Teilnehmer an dem vorherigen Staatsbankett hatten das etwas teurere Kessler Hochgewächs bekommen.

Die endgültige Auswahl traf der Bundespräsident nach einer weiteren Probe nur eine Woche vor dem Staatsbankett, eine in zeremonieller Sicht nicht ganz überzeugende. Der bei dem Abendessen am 18. Mai 1965 auf Schloss Augustusburg gereichte Burgunder, ein Corton Grand Cru Clos de la Vigne au Saint aus dem exzellenten Jahrgang 1959, lässt – wie die Weißweine alle von sehr guten Winzern, drei VDP-Mitgliedern, stammend – zwar auf den Willen schließen, der Monarchin Hochklassiges zu servieren. Schließlich war man wieder wer, dass die Queen zwei Jahrzehnte nach Ende des Zweiten Weltkriegs dem Wirtschaftswunderland ihre Aufwartung machte, zeugte davon. Aber es war eben kein deutscher Rotwein.

Unter den Rieslingen wiederum ragte bloß einer heraus, die 1959er Josephshöfer Auslese vom Reichsgraf von Kesselstatt. Die beiden anderen stammten aus dem mittelmäßigen Jahrgang 1961: Ebenfalls von der Mosel und als Lage weltbekannt ist die Wehlener Sonnenuhr Spätlese von Peter Prüm, dazu Hattenheimer Willborn Cabinet von Schloss Reinhartshausen aus dem Rheingau. Problematisch an dieser Reihe war das Gefälle zwischen den Jahrgängen, »ein paar hübsche Rheingauer waren präsent, doch alles in allem verblassten sie völlig neben ein paar 59ern«, kommentierte Michael Broadbent eine Probe von jungen 1961er Rieslingen.

Zudem stellte sich insbesondere bei dem Rheingauer Gewächs die Frage, ob sich nicht Symbolträchtigeres hätte auftun lassen. Deutsche Rieslinge gehörten (und gehören) zu den am britischen

Hof eingekellerten Gewächsen, vor allem »Moselle«. Großbritannien zählt traditionell zu den größten Abnehmerländern für deutschen Wein, 1965 gingen fast 30 Prozent der Exporte dorthin. Selbst beim Coronation Luncheon zu Ehren von Elizabeth II. wurde 1953 ein Brauneberger aus dem – immerhin besten – Kriegsjahrgang 1943 ausgeschenkt – zu einer Zeit, als in Großbritannien noch Lebensmittelrationierungen galten. Nahe gelegen hätte beispielsweise ein Wein von dem nach ihrer Ururgroßmutter benannten Königin Victoriaberg, zumal der Große Zapfenstreich, mit dem man nunmehr deren Nachfahrin Elizabeth ehrte, historisch mit dem Aufenthalt von Königin Victoria 1845 in Deutschland begründet wurde, bei dem sie dem Hochheimer Weinberg den namensgebenden Besuch abgestattet hatte. Das damals der britischen Regentin zuteilgewordene Zeremoniell zu wiederholen sei eine »besondere Courtoisie«, wie der Protokollchef des Auswärtigen Amtes vermerkte.

Der Burgunder lässt sich so interpretieren, dass unbedingt das Signal eines Spitzenweins ausgesandt werden sollte, auch wenn er lediglich über die Menükarte »konsumiert« werden sollte, der Gast ihn also nicht trinkt. Die Britin steht im Ruf, sich aus Wein nicht viel zu machen. Demnach wäre es konsequent gewesen, den Sekt durch Champagner zu ersetzen, was nicht nur ein geschmacklicher Gewinn gewesen wäre, sondern wiederum im Sinne der Dechiffrierbarkeit. Beim Schaumwein hätte es schwerlich eine Alternative deutscher Provenienz geben können – anders als bei den Rieslingen und sogar beim Rotwein, denn mit den Jahrgängen 1953 und 1959 befanden sich die für lange Zeit letzten herausragenden Spätburgunder vom Assmannshäuser Höllenberg noch im protokollarischen Nahbereich. Charles de Gaulle hatte den 1953er drei Jahre zuvor noch von Lübke aufgetischt bekommen, wobei der jetzt ausgeschenkte Grand Cru aus dem Burgund für den französischen Präsidenten noch mehr als für die britische Königin eine Ehrerbietung bedeutete.

Die insgesamt unüberlegt erscheinende Zusammenstellung

dürfte allerdings der beschränkten Palette des Händlers geschuldet sein, dessen ursprünglicher Vorschlag hinsichtlich der Rieslinge nicht symbolträchtiger gewesen war. In diesem Punkt wurde indes keine Kritik am Hotel Königshof laut, wohl aber an dem zum Staatsbankett angelieferten Essen, das zwar »an sich gut« gewesen sei, im Vergleich zu den in München und Berlin servierten Speisenfolgen »[…] aber doch hinsichtlich der Kochkunst zu wünschen übrig [ließ]«, wie der Chef des Protokolls im Auswärtigen Amt einige Tage nach der Abreise der britischen Königin zusammenfasste. Darüber hinaus krankte es an der Darreichungsform: »Die hiesigen Gastronomen glauben durch unseriös wirkende Albernheiten – z. B. Servieren von kalten Speisen auf einem erleuchteten Eisblock – dem festlichen Anlass Glanz zu verleihen, anstatt sich darauf zu beschränken, Hervorragendes zu bieten und sich bei der Zusammenstellung des Menus etwas einfallen zu lassen.«

Einmal mehr zeigt sich, dass Essen einfacher zu entschlüsseln ist als Getränke – deren Auswahl sich weder als durchweg hervorragend noch als besonders originell erwiesen hatte. Die der Queen beim Bundeskanzler servierte Auswahl zum Mittagessen am Folgetag – 1961er Erdener Treppchen Auslese und 1953er Rauenthaler Wülfen Auslese nebst dem notorischen Kessler Hochgewächs – war überzeugender. Die Menüfolge, Forellenfilet mit Kaviar, Schildkrötensuppe, Kalbsmedaillons »Fontainebleau« mit Artischocken, Gänseleber und Trüffeln sowie Prinzessbohnen und am Ende Eisauflauf erwies sich als ein kulinarischer Ausflug in das Wirtschaftswunderland – zu dessen Ikonographie Ludwig Erhard sonst als Wirtschaftsminister mit seiner Zigarre beigetragen hatte. Genauso wie bei Theodor Heuss, der ähnlich oft wie Erhard mit Zigarre in der Hand auf Fotos zu sehen war, wirkte sie weniger als Distinktionsmerkmal, sondern mehr als ein beruhigendes Wohlstandssignal im Wiederaufbau.

Adenauers Nachfolger

Was die Getränke angeht, wirkte die Ära Adenauer noch einige Zeit nach. Der Weinkeller des Kanzleramtes war bestens bestückt. Auf manchem Menüvorschlag für Essen Adenauers findet sich der abstrakte Hinweis »Weine aus den Beständen des Hauses«, der sich immer in hochklassigen Gewächsen konkretisierte. Wie sehr der erste Bundeskanzler am Inhalt des Kellers hing, zeigte sich 1959, als er für kurze Zeit das Amt des Bundespräsidenten anstrebte und im Zuge dessen »die banale Frage, ob der Weinkeller des Kanzleramtes in jenen des Präsidialamtes ›haushalterisch übertragbar‹ sei«, erörtert wurde, wie sich ein Mitglied des Deutschen Bundestages später erinnerte.[72] Adenauers Ansinnen belegt einerseits seine Ambitionen auf das Amt des Bundespräsidenten und andererseits den seinerzeit bestehenden vinophilen Antagonismus zwischen Regierungschef und Staatsoberhaupt.

Vier Jahre später tat der erste Bundeskanzler alles, um seine bevorzugten Rieslinge höchster Prädikatsstufe nicht seinem ungeliebten Nachfolger hinterlassen zu müssen. Seinem letzten offiziellen Besucher, dem belgischen Premierminister Théo Lefèvre, erzählte er, dass noch acht Flaschen Trockenbeerenauslesen vorrätig seien, die sie nun gemeinsam austrinken würden, denn »für den Herrn Erhard – der versteht ja nichts von Wein – sind die zu schade«.[73] Tatsächlich bevorzugte Adenauers Nachfolger Whisky, und der etwas weniger hochklassige Bestand an Rieslingen sollte noch eine Weile reichen. Adenauers Sohn Paul hielt in seinem Tagebuch fest, dass sein Vater den Sturz seines Nachfolgers nach nur drei Jahren Kanzlerschaft offenbar mit Genugtuung verfolgte: »Vater hat sich für heute Abend eine gute Flasche Wein geben lassen, um darauf einen Schluck zu trinken, dass Erhard endlich weg ist.«[74]

16 Bundeskanzler Kurt Georg Kiesinger im Gespräch mit seinem Vorgänger Ludwig Erhard vor dem Palais Schaumburg im April 1968

Mehr Interesse und Kenntnis brachte Erhards Nachfolger Kurt Georg Kiesinger mit ins höchste Regierungsamt. Passend zu seinem Spitznamen »König Silberzunge« scheint der einer gewissen Theatralik zugeneigte Schwabe nicht allein über eine große rednerische Gabe, sondern ebenfalls einen feinen Gaumen verfügt zu haben. Er stand als Bundeskanzler ganz in der vinophilen Tradition seines Vor-Vorgängers, wobei nicht Trockenbeerenauslesen, sondern exquisiter Rotwein, vornehmlich aus dem Bordelais, bei ihm hoch im Kurs stand.

Ein Essen Ende Februar 1969 im Kanzlerbungalow zu Ehren von Richard Nixon zeigte gastrosophisch indes wie üblich Licht und Schatten. Nach Wachtelessenz eine lokalpatriotische »Eifeler Bachforelle blau«, dazu 1966er Piesporter Schubertslay Goldtröpfchen feine Auslese aus dem Wachstum Vereinigte Hospitien Trier, die Tournedos begleitet von Château Pontet-Canet 1959 – aus einem Jahrhundertjahrgang stammend und nach zehn Jahren schon etwas gereift, der bordeauxliebende Gast wird ihn zu schätzen gewusst haben. Dann das chronische Kessler Hochgewächs zu jahreszeitlich unangemessenem »Salut von frischen Pfirsichen« mit Eis. Die Komposition blieb bei diversen Einladungen Kiesingers gleich: Die Gerichte, beispielsweise Mastente im August, nicht zwingend saisonal passend, der Sekt nicht erwähnenswert, der Weißwein hochklassig deutsch, der Rote, erbaulichen Jahrgangs wie Erzeugers, aus Bordeaux stammend.

BEI TISCH

Tischgespräche

Martin Walsers 2012 erschienener Roman *Das dreizehnte Kapitel* beginnt mit einer szenischen Beschreibung eines Abendessens in Schloss Bellevue, bei dem sich der Protagonist nach dem Konsum des dort angebotenen Spätburgunders von der Ahr mit der Bemerkung »Das Leben ist zu kurz, um deutsche Weine zu trinken« bei der Gattin des Hausherrn unmöglich macht. Andersherum ins den Ahrwein-Lobende gewendet, hätte die Aussage ein unverfänglicher Einstieg in eine Unterhaltung bei Tisch sein können – gemäß der Erkenntnis des französischen Diplomaten und Schriftstellers Paul Claude: »Der Wein ist der Sohn der Erde und Sonne, aber auch die Arbeit eines Geburtshelfers weiß er zu vollbringen.«

Die Gespräche bei Staatsbanketten kann man sich ähnlich wie bei jedem anderen Abendessen, bei dem mehr oder weniger miteinander bekannte Menschen aufeinandertreffen, vorstellen. Bei den hochrangigsten Gästen, die am Tisch des Bundespräsidenten Platz finden, ist zu unterstellen, dass in ihren vorbereitenden Unterlagen hinreichend Konversationsstoff vermerkt ist. Laut der einschlägigen Literatur geht es um Small Talk, der kontroverse Themen vermeiden sollte – gleich der Konversation zum Kennenlernen, die zwischen Gastgeber und Gast nach der Begrüßung stattfindet. Sie wird beim Bankett fortgeführt, »wo nicht nur die Staatsoberhäupter, sondern alle geladenen Gäste sich in freundlichen Nebensächlichkeiten ergehen dürfen«.[75]

Bei den Unterhaltungen handelt es sich um solche von Personen von meist überdurchschnittlichem Sendungsbewusstsein, die in geschmeidig-diplomatischer Konversation gleichermaßen geübt sind wie darin, Befangenheit aufzulösen – höflich, bemüht, zugewandt und manchmal schlichtweg mühselig. Tatsächlich dürften einige der Plaudereien bei Staatsbanketten ungefähr so verlaufen, wie es der Schriftsteller Thomas Hürlimann in dem Roman *Der große Kater* schildert. Darin erzählt der Autor, dessen Vater Hans Hürlimann 1979 als Schweizer Bundespräsident amtierte, ein Kapitel seiner Familiengeschichte unter teils fiktivem Rückgriff auf den realen Staatsbesuch des spanischen Königs Juan Carlos und dessen Frau Königin Sophia in der Schweiz im Juli 1979: »Das Diner zog sich zäh über die Runden und durch die Gänge.« Am Ehrentisch war dafür vor allem verantwortlich »die Tatsache, daß der päpstliche Nuntius, wenn er nicht gerade Salat, Melonenschnitze, spanischen Schinken oder eine geräucherte Forelle in sich hineinschaufelte, das große Wort führte und die arme Königin mit einem endlosen Monolog zum höflich versteckten Gähnen brachte«. Die Themenpalette reichte dabei von Musikkritik über Papstkrönungen bis zum Lieblingsessen des Monarchen. Bei Hürlimann, also im Roman, gab es noch Rioja zum Hauptgang, während heute in der Schweiz ausnahmslos einheimische Weine serviert werden. Und anders als in der staatstragenden Realität üblich, floss die fiktionale Konversation nicht ausschließlich in höflicher Oberflächlichkeit dahin, sondern verlieh dem drohenden Ehe- und Karriereende des Bundespräsidenten Ausdruck.[76]

Dass es auf die Gäste ankommt, gilt eben auch bei Staatsoberhaupts. Theodor Heuss schrieb ungeschminkt in seinen *Tagebuchbriefen* nach dem umjubelten ersten Besuch des persischen Schahs und seiner Gattin, die er beim Staatsbankett als Tischdame hatte, »daß die Soraya einfach dumm ist«. Die Bilder der beiden vermitteln indes den Eindruck einer angeregten Konversation.

Neben dem aus welchen Gründen auch immer möglicherweise begrenzten Themenvorrat ist die Sprachbarriere zu beachten, insbesondere bei etwas exotischeren Herkunftsländern der Gäste. Am Tisch des Bundespräsidenten steht – oder sitzt vielmehr – nötigenfalls ein Dolmetscher bereit, was deren Erinnerungen zu einer

17 Anscheinend angeregte Unterhaltung bei Sekt und Zigarre zwischen Kaiserin Soraya und Theodor Heuss beim Empfang für den Schah von Persien im Februar 1955

hervorragenden Quelle für Nahbeobachtungen macht. Für das Protokoll gehören sie wegen ihres Erfahrungsschatzes auf der internationalen politischen Bühne samt entsprechender Personen- und Landeskenntnis »zu den allerwichtigsten Partnern und Verbündeten« des Protokolls. Zudem sind sie »von unübertrefflicher Aufmerksamkeit und haben feinste Antennen für (Ver-)Stimmungen, Wünsche und Erwartungen ihrer ›Kunden‹. Zudem sind sie unser wichtigster Mittler zum Gast, wenn unsere Sprachmöglichkeiten nicht ausreichen«, lautet die Einschätzung im Leitfaden des Protokollreferates des Auswärtigen Amtes. Daher lautet die Maßgabe: »Größte Sorgfalt beim Umgang mit den Dolmetschern ist deshalb angebracht und dringend zu empfehlen.«[77]

An den restlichen, übersetzerlosen Tischen sollte auch ohne Übersetzer die Verständigung auf Englisch immer möglich sein, bei den meisten der Gäste ist eine gewisse Weltläufigkeit zu unterstellen. Ob man dann aber interessante Gesprächsgegenstände ausfindig macht, liegt in der eigenen Hand – wie bei jeder anderen Einladung. Dabei sind, wenig überraschend, gemeinsame Erfahrungen oder wenigstens Geschichten von früher hilfreich. Peter Struck berichtete von einem Tischgespräch mit dem iranischen Präsidenten Mohammad Khatami in Schloss Bellevue, dass der über die Demonstrationen gegen ihn vor der Tür, in die der damalige SPD-Fraktionsvorsitzende vorher geraten war, nicht pikiert gewesen sei. Schließlich habe er, Khatami, ebenfalls in Berlin demonstriert, 33 Jahre zuvor, 1967, gegen den Schah.[78]

Tischreden

Die Tischreden taugen selten als nachhaltiger Gesprächsstoff. In früheren Zeiten kamen sie dafür zu spät im Programm. Kulturhistorisch sollen sie im Ablauf vor dem Dessert gelandet sein, weil ihre früher nicht abschätzbare Länge die Gefahr mit sich brachte, dass der Hauptgang anbrennen oder sonst wie Schaden nehmen könnte. Mittlerweile werden sie zwar vor der Vorspeise gehalten, aber ihrer Eignung als Konversationsgegenstand steht entgegen, dass sie meistens nicht sonderlich unterhaltsam sind, denn sie »enthalten in sehr kondensierter Form wichtige Aussagen über den gegenwärtigen Stand der Beziehungen zwischen beiden Ländern und über deren Zukunft«.[79]

In den Protokollrichtlinien des Auswärtigen Amtes von 1957 findet sich eine Mustergliederung für solche Reden samt detaillierter Hinweise zur Ausfertigung, der erwünschten Papierqualität und des Erhaltungszustandes des Farbbandes, die verdeutlichen, was es alles zu bedenken galt beziehungsweise was schiefgehen konnte. Das ist heute ersetzt durch endlos hin- und hergemailte Entwürfe, bei denen manchmal am Ende niemand mehr weiß, welches eigentlich die letztgültige Version ist. Und anders als 1957 – »Der Herr Bundespräsident begnügt sich meist mit der Einholung von

Stichworten und entwirft seine Reden selbst« – wurden zumindest unter Bundespräsident Köhler Redenentwürfe bei den entsprechenden Länderreferaten im Auswärtigen Amt angefordert. Dass die dortigen Beamten wenig geübt im Verfassen von solchen Texten waren und noch weniger die Wünsche des Bundespräsidenten kannten, erwies sich für die weitere Verfertigung im Bundespräsidialamt als wenig förderlich. Gleich geblieben ist der Aufbau: Nach Anreden, Begrüßung und vor den »guten Wünschen für das fremde Staatsoberhaupt« stehen bis heute die »Betrachtungen über die Gründe der Zusammenkunft, ihre Bedeutung, gegebenenfalls persönliche Beziehungen zum Ehrengast oder seinem Land«.[80]

Die Bezüge sind zumeist weder übermäßig originell noch sonderlich überraschend. Im Vorfeld der Fußball-Weltmeisterschaft 2006 reiste beispielsweise der scheidende italienische Präsident Carlo Ciampi mit seiner Frau Ende März zu seinem letzten Staatsbesuch in die Bundesrepublik. Dass er Deutschland diese Ehre angedeihen ließ, nachdem schon die erste Auslandsreise als Staatsoberhaupt Ciampi dorthin geführt hatte, würdigte Köhler eingangs, um dann von seinen eigenen Italienerfahrungen zu berichten. Nach einer Betrachtung Italiens als Reiseland deutscher Bildungsbürger folgte der nachgerade unvermeidliche Fußball-Exkurs über das WM-Halbfinale von 1970, in dem Italien die Bundesrepublik mit 4:3 besiegt hatte, hin zum WM-Triumph der Deutschen in Rom 1990. Ein eifriger Grundsatzreferent im Bundespräsidialamt hatte vorab einen Vermerk über die deutsch-italienische Fußballgeschichte angefertigt.

Als prophetisch erwies sich Köhlers Wunsch, »dass es bei der anstehenden Weltmeisterschaft in Deutschland zu einer spannenden Begegnung zwischen unseren beiden Mannschaften kommt«. Dazu kam es wirklich, wobei die Deutschen wie 1970 im Halbfinale nach Verlängerung verloren. Besinnliche Worte über die gemeinsame Rolle beider Länder in Europa und der Person Ciampis samt einem Dank und dem Toast beschlossen die Tischrede von etwa zehn Minuten Dauer. Mit dieser Länge hielt sich der Bundespräsident an die Vorgabe des britischen Tory-Politikers Richard Austen Butler, der 1957 und 1963 knapp am Amt des Premierministers vorbeigeschrammt war: »An after dinner speech should be like a lady's dress – long enough to cover the subject and short enough to keep it interesting.«

Die auf Italienisch gehaltene Antwort Ciampis – die in beiden Sprachen an jedem Platz auslag, der Umschlag mit Staatswappen und mit rot-weiß-grüner Kordel versehen – war ein etwas stärker europapolitisch geprägtes Spiegelbild der Rede Köhlers. Allein das Thema Fußball blieb außen vor.

Obwohl die Tischreden – vor allem seitdem Staatsbesuche auf wenige Tage verkürzt wurden – oft die einzigen öffentlichen Äußerungen des Staatsgastes sind, wird ihnen in aller Regel wenig Aufmerksamkeit zuteil. Nur bei sehr prominenten Rednern, über deren Besuch ausführlicher berichtet wird, wird der Kerngedanke zitiert, wie beispielsweise 2015 bei der britischen Königin, die ihre Sorge hinsichtlich der Zukunft Europas äußerte: »Wir wissen, dass Spaltung in Europa gefährlich ist und dass wir uns davor in Acht nehmen müssen, im Westen wie auch im Osten unseres Kontinents.« Vorab hatte der Bundespräsident ihren Einsatz für die europäische Integration gewürdigt. Aber weder des deutschen Staatsoberhauptes mahnender Hinweis, »Die Europäische Union braucht Großbritannien«, noch die Warnung der Queen hinderte deren Untertanen, ein Jahr später für den Brexit zu votieren. Wirklich überraschend war die Botschaft nun auch nicht.

So dahingefloskelt die Reden teils wirken, handelt es sich bei ihren Inhalten oft genug keineswegs um politische Trivialitäten. Bei den wirklich wichtigen Staatsbesuchen der frühen Bundesrepublik wie dem von Charles de Gaulle 1962 oder dem ersten der britischen Monarchin 1965, die für sich genommen schon Statements waren, besaßen die redengewordenen Kondensate der beidseitigen Beziehungen hohe Symbolkraft. Ähnlich beim ersten Staatsbesuch eines Bundespräsidenten in den Niederlanden, um den angesichts

18 Bundespräsident Joachim Gauck bei seiner Tischrede anlässlich des Staatsbanketts zu Ehren der Queen am 24.6.2015 in Schloss Bellevue

der Schatten der Vergangenheit vorab jahrelang gerungen worden war. Erst dem unbestritten nicht nationalsozialistisch vorbelasteten Gustav Heinemann war diese Reise 1969 vergönnt, von der Protokollchef Hans Schwarzmann wegen seiner bräunlichen Vergangenheit von den Niederländern explizit ausgeschlossen wurde. In seiner im bilateralen Kontext bis in die Jetztzeit häufig zitierten Tischrede sagte der Bundespräsident: »Mein Besuch [...] ist nicht Erfüllung einer protokollarischen Pflicht. Er will bekunden, daß wir uns in Deutschland bewußt bleiben, welches Leid wir dem niederländischen Volk zufügten.«

Musik

Rein der Unterhaltung dient bei den Banketten die Musik, die normalerweise zwischen dem zweiten und dritten Gang erklingt. Dafür werden symbolträchtige Kombinationen ausgesucht, bei der Queen 2015 beispielsweise das Commonwealth-Quintett der Berliner Philharmoniker. In dem Ensemble, bestehend aus zwei Hörnern, einem Cello, einem Kontrabass und einer Geige, spielen drei Briten und zwei Australier – an diesem Abend für ihr Staatsoberhaupt Beethovens Quintett Es-Dur und Auszüge aus der Dreigroschenoper von Kurt Weill. Das zweite Stück habe vor allem die Elizabeth II. gegenübersitzende Angela Merkel begeistert, »die über das ganze Gesicht strahlt, energisch mit dem Kopf wippt und bei der Haifisch-der-hat-Zähne-Passage wohl am liebsten mitsingen würde. So viel Freude an Bertolt Brechts Werk zeigen dagegen die Sozialdemokraten Frank-Walter Steinmeier und Michael Müller nicht«, berichtete der Journalist Daniel Sturm.[81]

Etwas anders gestaltete sich der Auftritt von zwölf Cellisten der Berliner Philharmoniker bei einem Bankett der Bundeskanzlerin zu Ehren von US-Präsident Barack Obama 2013. Hinterher beklagte Wolfgang Schäuble, ein Liebhaber dieses Orchesters, in einem Interview, dass die Gäste des Abendessens in Schloss Charlottenburg während der Musik zwischen Vorspeise und Hauptgang einfach weitergeredet hätten. Themen für das Tischgespräch gab es offenkundig zur Genüge, doch dem damaligen Bundesfinanzminister zufolge schienen mangels vorherigem Programmhinweis die wenigsten Gäste »realisiert zu haben, wem sie da lauschen konnten. Das mitzuerleben, tat nicht nur mir weh, das war auch kein Höhepunkt für die Musiker.«[82]

Schon zu Bonner Zeiten spielten Mitglieder der Berliner Philharmoniker für Staatsgäste in Augustusburg. In frühen Jahren trat häufig das Musikkorps der Schutzpolizei Köln an beziehungsweise auf, später Ensembles wie die Deutschen Barocksolisten, das Rheinische Hornquartett oder die Bonner Bläser-Kammermusik-Vereinigung. Meistens handelte es sich um ein Potpourri klassischer Musik, wobei häufig zwischen der Tafelmusik, bei der große Komponisten wie Georg Friedrich Händel, Wolfgang Amadeus Mozart und Antonio Vivaldi geboten wurden, und dem »Divertissement«, bei dem nicht ganz so Gängiges gespielt wurde, unterschieden werden muss. Teilweise wurde bei Letzterem Volksmusik von Kammerchören vorgetragen, darunter Lieder wie »Der Jäger aus Kurpfalz« oder »Muß i denn zum Städtele hinaus«. Andere Konzerte wiederum litten an der Technik, denn es gab »Beschwerden über die mangelhafte Übertragungsanlage für die Tischmusik in Schloss Brühl, die zahlreiche Gäste aus allen Räumen wiederum geführt haben«, wie der im Bundespräsidialamt für Protokollarisches zuständige Heinrich Seemann Ende 1981 an den Protokollchef des Auswärtigen Amtes schrieb. Er bat darum »eine Firma zu beauftragen, deren Geräte sowohl die Übertragung von Musik wie von Sprache bewerkstelligen«. Manchmal gab es lediglich nach dem Essen ein Konzert im Balthasar-Neumann-Treppenhaus, Digestif und Mokka folgten danach. Gelegentlich beschloss ein Feuerwerk den Abend, bei absolut herausragenden Gästen sogar ein Großer Zapfenstreich.

Nichtklassische Musik bei Staatsbanketten bildete die Ausnahme. Aber es gab sie, ein Auftritt einer Folkloregruppe im Jahr 1977 wurde schon erwähnt, und 1996 sang die südafrikanische Sängerin Miriam Makeba als Überraschung für ihren Präsidenten auf der Augustusburger Schlossterrasse. Der wiederum fing spontan an zu tanzen und ließ sich nicht einmal vom plötzlich einsetzenden Regen beirren. Später von dem ihn begleitenden Protokollchef Bernhard von der Planitz auf die Situation angesprochen, habe Nelson Mandela gesagt: »Sie wissen doch, was Regen bei uns in Afrika bedeutet. Wenn es bei einer Hochzeit regnet, dann ist das ein Zeichen dafür, dass die Ehe glücklich wird.« Solch lebenszugewandte

19 Konzert im Treppenhaus von Schloss Augustusburg am 19.10.1992: Prinz Philip, Elizabeth II., Bundespräsident Richard von Weizsäcker mit seiner Frau Marianne, dahinter: Bundeskanzler Helmut Kohl

Interpretationen sind der Gegenpol zu der Musik, mit der Staatsbesuche eigentlich verbunden sind: den beim Empfangszeremoniell vor dem Abschreiten der Ehrenformation vom Stabsmusikkorps der Bundeswehr gespielten Nationalhymnen.

ÜBER DEN TISCH HINAUS

Rarer Rotwein

Das mittels des zitierten Romananfangs von Martin Walser bediente Vorurteil, dass es keinen passablen deutschen Rotwein gebe, hält sich hartnäckig, wenngleich es spätestens seit Anbeginn der Berliner Republik um die Jahrtausendwende definitiv überholt ist. Das sollte Walser als Träger des Ordens Pour le Mérite für Wissenschaften und Künste, dessen Mitglieder traditionell einmal im Jahr vom Bundespräsidenten zu einem Abendessen in seinem Amtssitz eingeladen werden, mindestens von daher wissen.

Warum sich trotz mittlerweile teils fulminanter Gewächse Auffassungen wie die der Walser'schen Romanfigur halten, ist dem seit jeher kläglichen Ruf des deutschen Rotweins geschuldet. Bis Mitte der 1990er Jahre wurde wenig angebaut, nicht einmal ein Fünftel der Rebflächen war damals mit roten Sorten bestockt, 1970 waren es keine 15 Prozent gewesen. Und die qualitativ potentiell hochwertigen Sorten Spätburgunder und Lemberger musste man beinahe mit der Lupe suchen, auf sie entfielen gerade einmal 3,6 Prozent beziehungsweise 0,5 Prozent der Flächen. In der ersten deutschsprachigen Auflage des *Kleinen Johnson*, dem weltweit meistverkauften Weinführer, ist 1978 zu lesen, dass Spätburgunder zwar »die beste Rotweintraube in Deutschland« sei, die aber im Vergleich zum Burgund nur »leichtere, anspruchslosere Weine« hervorbringe. Zudem wurden und werden kaum deutsche Rotweine exportiert, weshalb sie im Ausland weitgehend unbekannt sind. Der Ausfuhranteil bei Spätburgunder liegt aktuell bei ungefähr einem Prozent, obwohl er mittlerweile fast ein Achtel der gesamten Rebflächen hierzulande bedeckt.

Dennoch existierte in den bundesrepublikanischen Anfängen

20 Weinprobe im Kloster Eberbach 2009: Die aus den Beständen
des Staatsweinguts stammenden Spätburgunder waren neu etikettiert
worden

mindestens eine Lage, die überzeugende Erzeugnisse hervorbrach-
te. Das bewies eine denkwürdige Blindverkostung, bei der 2009
insgesamt fünfzehn Jahrgänge Spätburgunder vom Assmannshäuser Höllenberg der Jahrgänge 1921 bis 1959 aus der Schatzkammer
von Kloster Eberbach verkostet werden konnten. Dagegen standen
in der Probe deren Pendants aus dem Burgund, sämtlich von besten Erzeugern, zuvorderst der Domaine Romanée-Conti. Im Ergebnis teilten sich nach Einschätzung der britischen Expertin Jancis Robinson unter den zehn besten Weinen die burgundischen
Pinot Noirs mit den Rheingauer Spätburgundern die Plätze mit
geringfügigen Vorteilen auf französischer Seite. Insgesamt zeigten
sich die deutschen Rotweine aber den burgundischen qualitativ
ebenbürtig, gleichwohl unterschiedlich in der Stilistik. Selbst der
ewige Nörgler unter den Gastrokritikern Jürgen Dollase befand in
der *FAZ*: »Eine allgemein als qualitativ sensationell empfundene

115

Weinprobe wurde zu einem großen Erfolg für die alten deutschen Rotweine.«*

Tragischerweise folgte die Assmannshäuser Domäne zu Beginn der 1960er Jahre dem Wunsch der hessischen Landesregierung, ihre Spätburgunder restsüß auszubauen. Die anderen Anteilseigner der damals bekanntesten deutschen Rotweinlage, die zur Hälfte den Hessischen Staatsweingütern gehört, änderten ebenfalls ihre Stilistik. Fortan wurden die Moste nicht mehr vollkommen zu trockenen Weinen durchgegoren, sondern als Konzession an den damaligen Geschmack verblieb ein merklicher Rest an natürlichem Zucker aus den Trauben im Wein. Statt großer Pinots gab es jetzt nur noch deren Karikatur – bis 2003, als die Domäne zum klassischen Spätburgunder zurückkehrte. Doch selbst im lieblichen Stil wurden dem Assmanshäuser und einigen anderen roten Lagen an der Ahr und in Baden noch ein mittlerer Standard bescheinigt – aber eben nicht mehr als Mittelklasse. Wie gesagt, die Politik war mit schuld. Heute weisen bessere Spätburgunder die für diese Rebsorte typische Sinnlichkeit und Noblesse wieder auf, allerdings »fehlten diese Eigenschaften bis Mitte der achtziger Jahre jedoch gänzlich«, schrieb Stuart Pigott zu Beginn des Wiederaufstiegs der deutschen Rotweine Mitte der 1990er Jahre.[83]

---

* Jürgen Dollase: Der Kampf der Rotweine, in: *Frankfurter Allgemeine Zeitung* vom 7. Februar 2009. Unabhängig von der genannten Probe heißt es, »legendäre Jahrgänge wie 1947 sind auch nach 50 Jahren noch in Form und zeigen die typischen Anklänge an Speck, Rauch, getrocknete Beeren und Eukalyptus – quasi unverwüstliche Bollwerke der weltweit bekannten Assmanshäuser Rotweinkultur«. (Manfred Lühr, Mittelrheintal, in: Stuart Pigott: *Wein spricht deutsch*, Seite 380-393, Frankfurt 2007, Seite 385).

Autos

Zwar wäre es wenig praktikabel und auf Dauer vermutlich wenig imagefördlich, bei jedem Staatsbankett die wenigen renommierlichen Rotweine aus den seltenen guten Jahrgängen auszuschenken. Aber was sagte es über die Bundesrepublik aus, wenn ausländische rote Gewächse auf die Tafel kamen? Sofern überhaupt jemand darüber nachdachte, weintechnisch war die Nation schließlich auf weiße Rebsorten festgelegt. Doch wenn man den Gedanken des französischen Philosophen Roland Barthes, der den Wein in seinem Heimatland zur Staatsräson zählt, auf das deutscheste aller deutschen Produkte, das Auto, übertragen würde, wären wir hierzulande doch befremdet, erblickten wir bei einem Staatsbesuch bei der Vorfahrt vor Schloss Bellevue Fahrzeuge aus

21 Im 600er Mercedes zur Besichtigung der Sektorengrenze: Königin Elizabeth II. reiste 1965 auch nach Berlin

117

nichtdeutscher Fabrikation. Gelegentlich ist dies unvermeidlich, weil manche Gäste ihr Gefährt selbst mitbringen – sei es aus Sicherheitsgründen wie beim amerikanischen Präsidenten oder weil die Queen ohne ihren Bentley schlicht nicht vorstellbar ist, wobei die Marke mittlerweile zum VW-Konzern gehört.

Bei der Wahl des Automobils handelt es sich jedoch anders als bei den Speisen und Getränken um eine Entscheidung, über die nicht zwingend der Gastgeber befinden muss – der Bundespräsident fährt dementsprechend im Ausland in den praktischerweise überall auf der Welt sogar in gepanzerter Version recht einfach zu beschaffenden Oberklasseprodukten deutscher Provenienz vor. Im Inland half dankenswerterweise Daimler-Benz mit geeigneten Fahrzeugen aus, bevor der bundeseigene Bestand hinreichend groß war, während ganz zu Anfang private Leihgeber einsprangen. Den Gipfel automobiler Repräsentation stellte der von 1963 bis 1981 beinahe unverändert gebaute Mercedes 600 dar, der sich noch in den 1990er Jahren als Karosse für Staatsgäste im Einsatz befand. Für den Hersteller blieb der Wagen bis zum Schluss ein Zuschussgeschäft, das aus Imagegründen eingegangen wurde.

John F. Kennedy

Als John F. Kennedy 1963 nach Westdeutschland reiste, wurde er im Rheinland allerdings noch mit dem 300er-Vorgängermodell herumkutschiert, der 600er debütierte erst wenige Monate später auf der IAA im Herbst. Dem gehobenen Anspruch entsprach auf jeden Fall die rein deutsche Weinauswahl, die dem prominenten Gast beim Bundespräsidenten serviert wurde. Dafür wurde offenkundig viel Aufwand betrieben, obwohl Lübke den amerikanischen Präsidenten bloß zu einem Mittagessen am zweiten

22 John F. Kennedy bei seiner Fahrt durch Bonn am 23. 6. 1963

Besuchstag empfing, die amerikanische Seite wollte den Aufenthalt Kennedys nur als Arbeitsbesuch eingestuft wissen.

So wurden JFK in der Villa Hammerschmidt laut Menükarte zu der in lediglich fünf Worten nüchtern gehaltenen Speisenfolge »Räucherlachs – Gegrillte Hähnchen – Erdbeeren – Käseplatte« drei Riesling-Spätlesen, ein roter Württemberger und ein für diesen champagnerliebenden Gast gustatorisch überflüssiger Sekt angeboten. Warum zu zwei in Sachen Lage und Jahr herausragenden Rieslingen, Piesporter Goldtröpfchen und Hochheimer Domdechaney, beide aus 1959, noch eine in beiden Kategorien dahinter zurückbleibende 1961er Enkircher Steffensberg Spätlese gereicht wurde, bleibt rätselhaft. Zumal echte Experten am Werk gewesen sein müssen, denn beim Rotwein, 1959er Fleiner Klosterberg, Samtrot natur, handelte es sich um eine wahre Rarität, die Rebsorte war erst fünf Jahre vorher zugelassen worden. Die Abfüllung dürfte trotz dubioser Anmutung dank des Jahrgangs recht passabel gewesen sein. Der schäumende – aber kaum krönende – Abschluss des Mittagessens bestand in Söhnlein »Alte Excellenz«. Den Höhepunkt des Besuchs bildete aber dieses Mal kein Bankett, sondern der Aufenthalt in Berlin, während dem Kennedy seine Rede vor dem Schöneberger Rathaus mit dem geschichtsträchtigen Satz »Ich bin ein Berliner« halten sollte. Wie wichtig der Besuch genommen wurde, zeigt, dass das Bundespresseamt – genauso wie bei dem von Elizabeth II. zwei Jahre später – einen Film für kommerzielle Kinos produzieren ließ.

Persischer Schah, die Zweite

Berlin erwies sich auch bei anderen Gästen als geschichtsträchtiger Ort – allerdings nicht nur im Guten. Im Vorfeld des Ende Mai 1967 beginnenden, zweiten Staatsbesuchs von Schah Mohammad Reza Pahlavi hatte die iranische Seite auf einen Abstecher in die geteilte Stadt verzichten wollen, um die UdSSR nicht zu provozieren. Die Iraner stimmten dann aber einer abgespeckten Variante – keine öffentliche Erklärung, keine Interviews – zu, zumal die bundesdeutsche Seite argumentiert hatte, dass sich die Besuche bisher immer als ertragreich erwiesen hätten. Dieses Mal sollte jedoch das genaue Gegenteil eintreten.

Vorab in Bonn lief erst einmal alles wie gehabt. Das Abendessen für 100 Personen stammte aus dem Hotel Königshof, das drei Vorschläge vorgelegt hatte. Der Kostenvoranschlag für das Menü – Ochsenschwanzsuppe, mit Krebsschwänzen gefüllte Artischockenböden, Rehrücken Grand Veneur mit Mandelbällchen und Champignons in Rahm sowie Ananas Surprise – belief sich auf 46,50 DM. Der vorgeschlagene noble erste Gang, Straßburger Gänseleberparfait, war gestrichen worden.

Multipliziert mit der Gästezahl und einer großzügigen Pauschale für die hochklassige Weinauswahl* ergibt das Kosten für Speisen und Getränke von deutlich unter 10 000 DM. Dazu müssen zwar die Aufwendungen für den Empfang – in diesem Fall für 1200 Personen – samt kaltem Buffet, das je 25 ganze Kalbs- und Rehrücken, 100 Kilogramm Fisch, 250 Schüsseln Salat und 1100 Flaschen Sekt benötigte, das Personal und den logistischen Aufwand hinzuaddiert werden, aber das Bankett als solches erwies sich nicht als der Kostentreiber bei Staatsbesuchen. Die verursachten damals Ausgaben in Höhe von 250 000 bis 300 000 DM laut der Antwort des Auswärtigen Amtes an einen Herrn, der »als steuerzahlender Bürger« an den Innenminister geschrieben hatte. Es sollte beileibe nicht bei diesem einen Bürgerbrief bleiben. Wie beim ersten Staatsbesuch des Schahs zwölf Jahre davor wurde der Aufwand öffentlich hinterfragt, diesmal gipfelte die Diskussion um die Kosten in einer Fragestunde im Deutschen Bundestag.

Die Ereignisse vom 2. Juni 1967 in Berlin, die im Tod Benno Ohnesorgs kulminierten und die sich ein Jahr danach in einem Dokumentarfilm unter dem allessagenden Titel *Der Polizeistaatsbesuch – Beobachtungen unter deutschen Gastgebern* wiederfinden, zeitigten bleibende Wirkung. Die geteilte Stadt wurde ein Jahrzehnt lang mit Staatsgästen nicht mehr angesteuert, für Studentenbewegung und Außerparlamentarische Opposition erwies sich das Geschehen als Katalysator. Das Ansinnen der Bundesrepublik, von Protokollchef Hans Schwarzmann kurz nach der Visite des Schahs

---

* Maximin Grünhäuser Herrenberg und Schloss Johannisberger Grünlack, beides 1964er, mit Marienthaler Klostergarten Kabinettwein Spätburgunder Auslese 1959 vom Staatsweingut Marienthal einer der potentiell sehr guten deutschen Rotweine, sowie Deinhard Senior.

immer noch so formuliert, demzufolge Staatsbesuche dazu dienen sollten, »das Ausland über den demokratischen Aufbau der Bundesrepublik Deutschland nach dem Kriege zu unterrichten und ihnen die politische Wirklichkeit des Deutschlandproblems vor Augen zu führen«, war gründlich konterkariert. Fortan kam es zu einem Rückzug der Staatsgäste aus der Öffentlichkeit – aus Sicherheitsgründen und weil man Konfrontationen aus dem Wege gehen wollte. Die Gewichte in dem »goldenen Schnitt zwischen einem würdigen Verlauf, der Neugier der Öffentlichkeit und dem Schutz des Besuches«, in deren Austarierung »die Kardinalaufgabe der Protokollchefs« besteht, hatten sich verschoben.[84]

ORGANISATORISCHES

Zuständigkeiten

Die Weinauswahl oblag bei Staatsbanketten bis zum Ende der Bonner Republik den Mitarbeitern des Protokolls des Auswärtigen Amtes in Abstimmung mit den entsprechenden Kollegen im Bundespräsidialamt. Dort waren es üblicherweise eher die Hausintendanten als die Protokollchefs selbst. Hinsichtlich des nebensächlich behandelten Themas Wein gilt beim Versuch zu entwirren, wer wann was entschieden, angeordnet oder bestellt hat, und vor allem, ob dies immer gleich war, dass »bereits die Vielzahl der Akteure […] es unmöglich [machte], die tatsächlichen Abläufe bei Staatsbesuchen zu kontrollieren«.[85]

Bevor der Bundespräsident um die Jahrtausendwende nach dem Umzug nach Berlin in Person des immer noch amtierenden Jan-Göran Barth einen eigenen Küchenchef bekam, wurden die Menüs in aller Regel von Hotels gecatert. Generell verschob sich die gastrosophische Oberhoheit mit dem Wechsel an die Spree vom Auswärtigen Amt ins Bundespräsidialamt. Zu Bonner Zeiten stammten die Menüs zunächst vom Hotel Königshof, dessen Niveau zwar wie gesehen wiederholt kritisiert wurde, das aber lange Zeit konkurrenzlos war, ab den 1970ern dann vom Hotel Steigenberger.

Die Verköstigung der Staatsgäste wurde jeweils offiziell ausgeschrieben. Dank der unzureichenden Küchenausstattung von Schloss Augustusburg spielte für den Zuschlag die Improvisationsfähigkeit neben Preis und Qualität eine Rolle. Um Letztere zu verbessern, holten sich die Köche des Steigenberger Anregungen bei den Kollegen vom Restaurant L'Aigle Noir in Fontainebleau.

Das Protokoll erbat in der Regel drei Menüvorschläge, aus denen einer ausgewählt und bei Veranstaltungen in der Villa Hammerschmidt vom Hausintendanten um die Weinauswahl aus dortigen Beständen ergänzt wurde. Deren Beschaffung oblag dem Hausintendanten, der die Entscheidung als »eine Sache des Gefühls und Geschmacks« betrachtete, wie sich der ab 1978 in den Diensten des Bundespräsidialamtes befindliche Klaus Winkler 1996 zitieren ließ. Seinen Berufsweg begonnen hatte er – so klein war die Bonner Welt – als Page im Hotel Königshof.[86]

Über die Vorschläge befanden die Bundespräsidenten abschließend je nach Neigung persönlich, wobei Änderungen nur selten nötig waren, nicht einmal der kulinarisch bewanderte Walter Scheel mischte sich häufig ein. Für ihre Auswahl veranstalteten die Protokoller im Bundespräsidialamt wie im Auswärtigen Amt interne Weinproben, wobei zu manchen Winzern über viele Jahre gute Kontakte bestanden. Die sensorische Prüfung war für die nicht als Sommeliers ausgebildeten Mitarbeiter sowieso nur eine der zu bewältigenden Herausforderungen. Erhellend ist die hausinterne schriftliche Bitte einer Sachbearbeiterin des Referats 700 an den Innendienst des Auswärtigen Amtes, 96 Flaschen Rotwein, die bei der in Bonn ansässigen »Weinabsatzzentrale Deutscher Winzergenossenschaften« gekauft worden waren, von dort in die Redoute zu transportieren. Das Ganze möge so zeitig geschehen, dass »der Wein sich wieder beruhigen kann«, bevor er auf der Veranstaltung – konkret handelte es sich um ein Abendessen des Bundeskanzlers für KPdSU-Generalsekretär Leonid Breschnew 1981 – zum Einsatz kam. Neben der Getränkelogistik musste man sich um zahlreiche andere organisatorische Details kümmern: Nutzungsverträge, Feuerschutz, Gäste- und Geschenkelisten, Wagenfolgen, der Blumenschmuck, Fragen hinsichtlich der Raumausstattung und anderem mehr, die einer Antwort und Anordnung bedurften.

Für die Staatsbankette mit weit über 300 Teilnehmern in Schloss Augustusburg orderten die Mitarbeiter des Auswärtigen Amtes einige Wochen vor dem Termin direkt bei den Erzeugern je 150 Flaschen pro Gang. Auf der Auftragsbestätigung vom Steigenberger, die an das Protokoll des Auswärtigen Amtes ging, waren sie vermerkt als »Weine vom Veranstalter«.

Anders als damals beschafft das Bundespräsidialamt heute für alle Veranstaltungen die Weine selbst – allerdings insgesamt geringere Mengen, denn in Schloss Bellevue können aufgrund des begrenzten Platzes im Großen Saal nicht mehr als 150 Gäste an einem Abendessen teilnehmen. In dieser Besatzungsstärke werden in der Regel zwischen 25 und 35 Flaschen Rotwein ausgeschenkt, was etwas mehr als ein Glas pro Nase bedeutet. Der Verbrauch von Weißwein wird etwa 40 Prozent darüber veranschlagt, da er zu zwei Gängen serviert wird, beim Dessertwein eine Flasche pro Tisch, an dem acht Personen Platz finden. Ein recht verhaltener Konsum also. Rüdiger Frohn zufolge, von 1999 bis 2004 Chef des Bundespräsidialamtes, »wird sehr kontrolliert getrunken. Die Leute sind einfach zu seriös für irgendwelche Ausschweifungen.«[87]

Veranstaltungsorte

Die Geschichte von Schloss Augustusburg – auf halbem Weg zwischen Bonn und Köln, unmittelbar am Bahnhof in Brühl gelegen – als Repräsentationsort der Bonner Republik begann am Tag nach der Wahl von Theodor Heuss zum Bundespräsidenten. An diesem 13. September 1949 richtete der nordrhein-westfälische Ministerpräsident und Bundesratspräsident Karl Arnold dort einen Empfang zu Ehren des neuen Staatsoberhauptes aus. Für die etwa 800 Gäste gab es Tee und Kuchen sowie nach einem kurzen Konzert ein kleines Glas Wein, über dessen Qualität nichts bekannt ist. In das Glas, das die Gäste zur Erinnerung geschenkt bekamen, war das Datum der Bundesversammlung vom Vortag eingraviert.

Als ihm Augustusburg als Amtssitz vorgeschlagen wurde, lehnte Heuss ab. Er fürchtete, »dass repräsentative Veranstaltungen

23 Glas vom Empfang auf Schloss Augustusburg nach der ersten
Bundesversammlung am 13. 9. 1949

in diesem großen Schloss leicht zu Missdeutungen bei weiten Be-
völkerungsschichten Anlass geben könnten«. Das erste offizielle Staatsbankett 1954 zu Ehren von Haile Selassie wurde dementsprechend in der Villa Hammerschmidt ausgerichtet, in die Heuss
Ende 1950 eingezogen war, nachdem die Bundesrepublik das Ge-
bäude erworben hatte. Nach dem ersten Bundespräsidenten nutz-
ten alle seine Nachfolger einschließlich Roman Herzog die am

Rhein gelegene um 1860 erbaute ehemalige Industriellenvilla als Amts- und teilweise als Wohnsitz. Noch immer fungiert sie als offizieller zweiter, gleichwohl selten in Anspruch genommener Amtssitz des Staatsoberhauptes, wobei sie bis heute ein architektonisches Abbild der repräsentativen Seite der Bonner Republik liefert. Ende der 1960er Jahre wurde der Stil des Interieurs als »ziemlich genau der Bonner Atmosphäre« entsprechend beschrieben: »Alles ist gut bürgerlich, nicht feudal, nicht extrem, nicht mutig, nicht protzig, aber nicht stillos.«[88]

Zwischenzeitlich lagerten in ihrem Keller 5000 Flaschen, die um die 150 000 DM wert gewesen sein sollen. Als Gustav Heinemann dort 1969 einzog, hieß es, dass ebendiese Summe vom Persönlichen Referenten Lübkes an den des neuen Bundespräsidenten übergeben werden sollte, das Geld aber nicht mehr da sei: »Dafür ist bis zum Jahresende genug Wein und Sekt im Keller.«[89] Die Geschichte, aufgeschrieben von der Referentin von Hilda Heinemann, liest sich jedoch so, dass mit dem Geld nicht allein Alkohol beschafft wurde, sondern Renovierungsarbeiten an der Villa bezahlt worden waren.

Ein wirklich geeigneter Weinkeller existierte nicht, was die Bevorratung besserer Flaschen schwierig machte. Dies dürfte ein Grund sein, warum sich eher juvenile Gewächse aus aktuellen Jahrgängen im Angebot befanden. Hinzu kam angeblich, dass zu Bonner Zeiten der Bundesrechnungshof ein Auge auf die Vorräte hatte, genaugenommen waren Ausgaben nur für die jeweils anstehenden Bankette gestattet.[90]

Das Problem ausreichender Lagerkapazitäten besteht ähnlich fort in Schloss Bellevue, wenngleich dem für die Weinbeschaffung verantwortlichen Küchenchef von Schloss Bellevue zufolge durchaus Flaschen zur längeren Einkellerung gekauft werden. Im Vergleich mit den immerhin beim Wein vorsorgenden Franzosen ist zu berücksichtigen, dass viele ihrer Gewächse auf längere Lagerung ausgelegt waren, bei deutschen Provenienzen galt

24 Bundespräsident Gustav Heinemann empfängt im Juni 1974 die dänische Königin Margrethe II. mit militärischen Ehren vor Schloss Augustusburg

das lange Zeit lediglich für absolute Spitzenweine. In der bundespräsidialamtlichen Zehnjahresbilanz von 2004 bis 2014 beträgt der Altersdurchschnitt der Weißweine dreieinhalb Jahre, die roten Gewächse sind zum Zeitpunkt ihrer Entkorkung vier Jahre alt. Die Variationsbreite geht allerdings beim Weißen von einem bis neun Jahre erheblich auseinander, beim Roten reicht die Spanne von minimal zwei bis maximal sieben, die Süßweine sind zwischen einem und 14 Jahren alt.

Obwohl die durchschnittlichen Konsumenten immer stärker nach jüngeren Jahrgängen dürsten, lohnen ein paar Jahre Reifezeit, was angesichts der Klasse des Kellerinhalts von Schloss Bellevue umso mehr gilt. Der an diversen Stellen beispielhaft herangezogene letzte Staatsbesuch der britischen Königin liefert auch hier Anschauungsmaterial. Der Chardonnay Reserve 2014 von Thörle war zwar, wie schon an anderer Stelle vermerkt, hochklassig und von einschlägigen Weinführern sehr gut bewertet, aber erst kurz vorher abgefüllt. Eine Verkostung des *Falstaff*, die fast ein halbes Jahr nach dem Staatsbankett stattfand, ergab, nicht verwunderlich, dass der Wein »am Gaumen noch sehr jugendlich« war.

In der Villa Hammerschmidt ließen sich Essen mit maximal 36 Personen veranstalten, was für Staatsbankette eigentlich zu wenig war, zumal keine geeignete Küche existierte. Trotzdem fanden dort immer wieder protokollarisch bedeutsame Essen statt, die meisten davon über Mittag. Wollte man mehr als die besagten drei Dutzend Gäste verköstigen, wurde eine zweite Tafel in der Galerie aufgestellt mit dem dann entstehenden Problem, wer protokollarisch nachrangig dorthin gesetzt wurde.

Weitere für Staatsempfänge und -bankette genutzte Orte waren die Bonner Beethovenhalle, die Redoute in Bad Godesberg, der Bonner Königshof, einmal das Jagdschloss Falkenlust sowie in der Spätphase der Bonner Republik der Petersberg. Dort hatten schon vorher häufig die Gegeneinladungen der Staatsbesucher stattgefunden. Das Grandhotel diente der Bundesrepublik – nachdem die Alliierten Hochkommissare es drei Jahre zuvor geräumt hatten – von 1954 bis 1969 und wieder ab 1990 als Gästehaus. Ausgewählte Staatsgäste wurden zwischendurch auch dort einquartiert, obwohl eigentlich Schloss Gymnich, ein 40 Kilometer nordwestlich von Bonn gelegenes Wasserschloss, in den etwas mehr als 20 Jahren dazwischen als das offizielle Gästehaus fungierte. Die allermeisten Staatsbankette fanden aber in Augustusburg statt, das letzte im Juni 1996, danach war am Rhein allein der Petersberg Schauplatz, anschließend Berlin.

Noch vor dem Umzug nach Berlin, in dessen Rahmen das Bundespräsidialamt 1998 übrigens die erste oberste Bundesbehörde war, die ihren Sitz verlegte, fanden dort offizielle Essen des Staatsoberhauptes statt. Schloss Bellevue fungiert seit 1957 als offizieller – und seit März 1994 als erster – Amtssitz des Staatsoberhauptes. Seit der umfassenden Renovierung 2004/2005 existiert eine eigene Küche, in der die Speisen selbst für große Essen zubereitet werden können. Der Umfang des Kellers entspricht mit heute 4000 dort la-

25 Bundespräsident Lübke, Dienstwagen mit Stander, Gästehaus Petersberg

gernden Flaschen hingegen dem Bonner Maß, zumal es sich wie in der Villa Hammerschmidt nicht um temperierte Räume handelt. Vor dem Regierungsumzug wurden die Kelleranlagen erweitert, die Kapazität lag davor mit etwa 1500 Flaschen erheblich darunter.

Doch zurück nach Brühl: Als im September 1956 das griechische Königspaar zum Staatsbesuch anreiste, griff Heuss auf Schloss Augustusburg als Veranstaltungsort zurück, nachdem es sich zwei Jahre zuvor beim Besuch des Ministerpräsidenten Griechenlands, für den Adenauer dort einen Empfang hatte ausrichten lassen, bewährt hatte. Zunächst fanden die Abendessen dort im kleineren

Kreis statt, mit maximal einer Hundertschaft an gesetzten Essens-
gästen. Erst nach 1972, als sich das Schloss nach Behebung der letzten Kriegsschäden – Augustusburg hatte durch Artilleriebeschuss
ziemlich Schaden genommen – wieder uneingeschränkt nutzen
ließ, verköstigte man dort bei Staatsbanketten bis zu 350 Personen.
»Uneingeschränkt« heißt im Falle des zur reinen Sommernutzung
konzipierten und in der ersten Hälfte des 18. Jahrhunderts erbau-
ten Gebäudes »im Rahmen des Möglichen«. Komforteinschrän-
kungen ergaben sich etwa aus dem Mangel einer funktionalen Hei-
zung, weshalb dort keine Staatsempfänge im Winter stattfanden.

Logistik

Mehr noch als die Gäste musste das Personal hinter den Kulissen
Abstriche am Komfort machen. Die Abendessen, vor allem die
großen ab 1972, bedeuteten einen enormen Aufwand, insbesondere logistisch. Da das Schloss über nicht mehr als eine kleine Keller-
küche verfügte, die zudem nur über eine steile Treppe zugänglich
war, musste das komplette Menü vorgekocht werden. Es wurde am
Tag des Geschehens vom Steigenberger in Thermobehältern ver-
packt und von einer Polizeieskorte begleitet nach Brühl gefahren.
Um es dort wieder auf die richtige Temperatur zu bringen, wurde
eine 40 Meter lange Wärmebrücke aus Heizschlangen, unter denen die nötigen 400 Platten und Teller aufgereiht werden konnten,
installiert. Dabei erwies sich bis Ende der 1970er Jahre wiederum
die Ermangelung eines funktionierenden Dunstabzugs als diffizil,
der vorhandene ratterte so laut, dass er während der Reden abge-
stellt werden musste.

Zwischenzeitlich diente der mit kostbaren Rotterdamer Fliesen
ausgestattete Sommerspeisesaal zum Anrichten und Warmhalten
der Speisen. Bedauerlicherweise kam es wegen der enormen Hit-
zeentwicklung zu Spannungen in den gefliesten Wänden, weshalb

26 Die Wärmebrücke in der Küche von Schloss Augustusburg

1983 eine Restaurierung unumgänglich wurde. Fortan musste, dem Denkmalschutz sei Dank, die unzugängliche Küche im Keller wieder in Betrieb genommen werden. Wenigstens existierte ein Speiseaufzug, anders als Kühlanlagen. Die Getränke mussten daher mit eigens herbeigeschafftem Eis temperiert werden. Genauso waren Teller, Gläser, Besteck und Tischwäsche mitzubringen. Bei dem Staatsbankett für US-Präsident Jimmy Carter 1978 beispielsweise mussten 25 Tonnen Material, verteilt auf drei LKWs, ins Schloss verfrachtet werden, darunter 2500 Teller – auf denen dann gebeizter Lachs, badische Pilzrahmsuppe, Rehnüsschen und Vanilleeis mit Himbeeren angerichtet wurden –, 3800 Gläser und annähernd 5000 Besteckteile.[91]

Geschirr und Gläser

Bis Ende der 1960er Jahre waren bei Empfängen in Augustusburg mitunter an die 3000 Gäste geladen – der größte hatte für die britische Königin 1965 mit 2900 Teilnehmern stattgefunden. Bewirtet wurden sie mit einem kalten Buffet auf einer mit einem Zelt überdachten Terrasse, das erst eröffnet wurde, wenn das gesetzte Essen des Bundespräsidenten vorüber war. So entstand eine Zwei-Klassen-Gesellschaft, die der doch eigentlich egalitären Demokratie widersprach.

Dieses Doppelspiel sollte in Details weiterbestehen, bis hin zur Sitzordnung. Im Speise- und Musiksaal wurden die ranghöchsten Gäste platziert, maximal 88. Der Rest musste mit dem Gartensaal und den übrigen Räumen des Staatsappartements vorliebnehmen. Zunächst waren nur die Tische im Speise- und Musiksaal mit bundeseigenem Geschirr der Königlichen Porzellan-Manufaktur KPM eingedeckt, während sich die restlichen Teilnehmer zunächst mit dem schlichteren »Phoenix blau« von Villeroy & Boch begnügen mussten. Später wurde für alle Gäste »Rocaille« von KPM samt Goldrand und Bundesadler angeschafft. Es ist heute noch in Schloss Bellevue bei Staatsbanketten in Gebrauch, sonst wird KPM-Porzellan, das einst der Regierende Bürgermeister Ernst Reuter dem Bundespräsidenten schenkte, gedeckt.

Was das Geschirr und Tafelsilber anging, traf am Amtssitz des Bundespräsidenten die »Stunde null« zu. Mangels eines eigenen Tafelservices und Silberbestecks musste man sich für Bewirtungen Garnituren in Restaurants leihen. In der ersten Beratung über den Etat des Bundespräsidialamtes wurde daher im Haushaltsauschuss des Deutschen Bundestages über die Anschaffung eines Services für das Staatsoberhaupt diskutiert – und im Sinne des Protokolls entschieden. Bei größeren Veranstaltungen währte die Einschrän-

27 Gedeck bei einem Staatsbankett auf Schloss Augustusburg

kung fort, für das Galadinner anlässlich des Besuchs von Haile Selassie stellte die Deutsche Schlafwagen- und Speisewagen-GmbH ein Silberbesteck zur Verfügung.[92] Bis zur Komplettierung der präsidialen Tafelkultur dauerte es noch viele Jahre.

Auf dem Weg dahin schienen die Protokoller im Auswärtigen Amt zu meinen, dass ihre Kollegen an den Botschaften bisweilen grundlegender Hinweise bedürftig waren. So hieß es in den entsprechenden Ratschlägen – Geheimhaltungsstufe: Nur für den Dienstgebrauch –, dass es nicht nur auf die Güte, sondern ebenso auf die Darbietung der Speisen ankomme. Und weiter: »Versuchen Sie, Ihrem Personal klarzumachen – und das ist oftmals eine Sisyphusarbeit –, daß eine Servierplatte nicht ein ländlicher Erntewagen ist, den man so voll wie möglich laden muß.«[93] Dass ein gutes Jahrzehnt später in der Neuauflage von 1980 der Halbsatz über die Anstrengungen der Personalführung wegfiel, könnte bedeuten, dass jetzt allerorts qualifizierteres Personal zur Verfügung stand, was die Mühsal des Diplomatendaseins gemindert haben dürfte.

Vollendet wurde die Tischkultur erst zu Beginn der Amtszeit des protokollarisch eher diffizilen Horst Köhler, als erstmals Gläser beschafft wurden, die zur Verkostung von Wein wirklich geeignet sind. Vordem lebte in Schloss Bellevue bei Tisch die DDR fort, die schweren Kristallgläser stammten aus den Beständen Erich Honeckers. Ähnlich dickwandig, und damit für feine Getränke wie sensible Gaumen untauglich, waren die in Augustusburg verwendeten Wein- und Sektgläser aus Bleikristall wie die aus der Serie Karlgarten des Herstellers Oertel. Wenn, dann richtig, scheint das Motto der Neuanschaffung gewesen zu sein, denn nunmehr ziert der Präsidentenadler nicht mehr lediglich wie seit Scheels Zeiten Geschirr, Besteck und Tischkarten, sondern er ist überdies in den Fuß der von Schott Zwiesel stammenden Weingläser eingraviert.

Pannen

Bei den genannten Details handelt es sich um kleine Bestandteile gastgeberischer Perfektion, die sich einem Puzzle ähnlich zu einem großen Ganzen, zu einem staatlichen Zeremoniell aus einem Guss fügen sollen. Verantwortlich dafür, insbesondere im Fall des Misslingens, sind die Mitarbeiter des Protokolls. Von daher ist ihre Tätigkeit im Grunde eine undankbare Aufgabe. Was im »Blauen Günther« hinsichtlich der Betreuung von Journalisten vermerkt ist, gilt in ähnlichem Maße im Falle von Pannen für die meisten Teilnehmer an einem Staatsbesuch: »Geht etwas schief, wird es erfahrungsgemäß fast immer und besonders lautstark und medienwirksam dem Protokoll angelastet.«[94]

Schon deswegen gilt die Tätigkeitsbeschreibung von Martin Löer, dem langjährigen Protokollchef unter den Bundespräsidenten Rau und Köhler: »Protokoll ist, wenn's klappt.« Geht alles gut, merkt es keiner. Auffällig wird es in der Regel nur, wenn etwas schiefläuft, was man »als Protokoller schnell merkt und wofür man ein feines Gespür entwickelt«, womit Bernhard von der Planitz, der einzige in der nunmehr beinahe ein Jahrhundert zurückreichenden Riege von Protokollchefs des Auswärtigen Amtes, der diesen Posten zweimal bekleidete, eine der wichtigsten Fähigkeiten seines Berufsstandes benennt.

Allen persönlichen Frühwarnsystemen zum Trotz sind Abweichungen vom Vorgesehenen von den Mitarbeitern jedoch in aller Regel kaum zu beeinflussen. Wenn beispielsweise ein Staatsgast spontan meint, das Programm ändern zu müssen oder sonst etwas zu tun, was so nicht vorgesehen war, ist Improvisationskunst gefragt. Dementsprechend leuchtet ein, »dass es im Protokoll keine

endgültigen Checklisten gibt, die alle erdenklichen Situationen berücksichtigen. Vielmehr gibt es einige Handreichungen – der Rest
bleibt dem Gespür und der Erfahrung des Mitarbeiters überlassen«, wie es in einem Sammelband über das Berufsbild des Diplomaten heißt. Das Kapitel zum Protokoll ist sinnigerweise mit »Nur
nichts dem Zufall überlassen« betitelt.[95]

Die Regeln zu kennen, ist eine notwendige, aber keine hinreichende Bedingung für eine Verwendung im Protokoll. So steif
und unnachgiebig das Zeremoniell wirken mag, die Zuträger in
der Kulisse dürfen das nicht sein. Insofern sind Ansichten wie die
in dem Witz, den Johannes Rau gern erzählte: »Was ist der Unterschied zwischen Terroristen und Protokoll? Antwort: Mit Terroristen kann man verhandeln«, eher dem Reich der Koketterie als
dem Handeln des Staates zuzuordnen.

Insgesamt darf keine durchgängige Interessenkongruenz aller
Beteiligten unterstellt werden. Ein Bundespräsident hat gelegentlich andere Vorstellungen als sein Gast oder seine Mitarbeiter, die
ihm diese nicht einmal mit den besten Argumenten ausgeredet
bekommen. Oder er verhält sich anders als von der reinen Zere-
monial-Lehre eigentlich vorgesehen, deren Durchsetzung sowieso
nicht immer möglich oder auch nur hilfreich ist. Generell sei »die
Unsicherheit in Protokollfragen oft groß, so dass es einen geben
muss, der sagt, wo es langgeht – auch wenn man selbst oft unsicher
ist. In Situationen, in denen es ›kein richtig und kein falsch‹ gibt,
ist mit das wichtigste, dass einer entscheidet«, fasst Bernhard von
der Planitz seine Erfahrungen zusammen. Das alles gilt selbstverständlich mindestens genauso für den Gast und dessen Entourage.
Nicht gegen spontane Neugestaltung von Programmteilen gefeit
zu sein, dürfte einer Formulierung aus einer Abschiedsmail eines
Protokollchefs zugrunde gelegen haben, in der er seinen Kollegen
und Wegbegleitern »immer eine Handbreit Tischdecke unter dem
Staatsbankett« wünschte.

Richtige Pannen sind selten, zumal im Zuge von Präsidenten-
begegnungen. Immer mal wieder werden an nachgeordneter Stelle

Flaggen verwechselt, gern das belgische längsgestreifte Schwarz-Gelb-Rot mit dem deutschen quergestreiften Schwarz-Rot-Gold. Roman Herzog musste 1995 auf Staatsbesuch in Brasilien bei einem Termin in Porto Alegre der DDR-Hymne »Auferstanden aus Ruinen« lauschen, was er mit Fassung trug.

Noch seltener als sie vorkommen, wird über Pannen berichtet. Erstens hat niemand der Beteiligten ein Interesse daran, zweitens ist Protokoll generell ein diskretes Metier, und drittens ist nicht gesagt, dass mögliche Zeugen einer zeremoniellen Betriebsstörung diese wirklich erkennen. Die Grande Dame des frühen Bonner Zeremoniells, Erica Pappritz, rühmte ihre Vorgesetzten mit der Behauptung, dass Vorfälle solcher Art »stets vom Protokollchef selbst, nie aber vom Gast bemerkt« worden seien.

Hingegen wird vereinzelt der Protokollchef höchstselbst Akteur einer Panne. Dem oben zitierten Bernhard von der Planitz gelang – oder eher: widerfuhr – ebendieses. Widrigen Umständen geschuldet, verpasste er auf Staatsbesuch in China im November 1996 nach dem letzten Termin die Abfahrt der Kolonne zum Flughafen. An Bord der abflugbereiten Maschine bemerkte dessen mitreisende Ehefrau, dass ihr Mann, der schon wegen seiner stattlichen Größe kaum zu übersehen ist, fehlte, und wendete sich damit an den Bundespräsidenten. Roman Herzog entgegnete ihr daraufhin mit dem ihm eigenen Humor: »Machen Sie sich keine Sorgen, der Verlust eines Protokollchefs bei einem Staatsbesuch ist doch das Normalste aller Dinge.« Der wiederum hatte es in der Zwischenzeit geschafft, trotz fehlender Sprachkenntnisse chinesischen Polizisten klarzumachen, dass sie ihn hinterherfahren müssten. So geschah es, und von der Planitz erreichte das Flugzeug, das gewartet hatte.*

---

* Weniger Fortune – was aber wohl für sein gesamtes politisches Wirken gilt – hatte Rudolf Scharping, als er im Juni 2000 zu einem EU-Gipfel nach Portugal reisen wollte, die Flugbereitschaft der Luftwaffe aber am Flughafen Köln-Wahn vergaß, ihren obersten Dienstherrn mitzunehmen. Die Verlustmeldung erging erst nach Abflug, als jemand aus der Delegation des Verteidigungsministers »Wo ist

28 Deutsch-monegassischer Fauxpas am 9.7.2012

In die Öffentlichkeit gelangen in aller Regel Petitessen, die zwar ärgerlich sind – vor allem für diejenigen, die sie zu verantworten haben –, aber sie lösen keine Staatskrisen aus. Bezeichnenderweise nannte Daniela Schadt, die als Lebensgefährtin von Bundespräsident Joachim Gauck zu dessen Amtszeit die Rolle der First Lady einnahm, eine Lappalie auf die Frage, ob es mal eine Panne gegeben habe: »Nur eine, aber was für eine! Für den Bruchteil einer Sekunde bin ich der Fürstin von Monaco während ihres Deutschlandbesuchs auf die Schleppe getreten. Das war vor gefühlten 380 Fotografen.«[96] Das Bild wurde zwar gedruckt, aber sogar die *Bunte* wollte darin bloß einen Fauxpas erkennen – richtigerweise, denn mehr als ein Fehltritt war das wirklich nicht.

Nicht wesentlich bedeutsamer nahm sich der Umstand aus, dass der österreichische Bundespräsident Alexander van der Bellen bei einem von ihm gegebenen Bankett zu Ehren des britischen Thron-

eigentlich Rudolf?« fragte. Die Maschine der Luftwaffe kehrte daraufhin um und sammelte Scharping ein. Wie der Inhaber der Befehls- und Kommandogewalt das Ganze kommentierte, wollte danach keiner der Beteiligten verraten ([o. V.]: Wo ist Rudolf?, in: *Der Tagesspiegel* vom 19. Juni 2000).

139

29 Bundespräsident Karl Carstens und sein Staatsgast aus Tonga am
18.11.1979 in Schloss Augustusburg

folgers Charles und dessen Frau zwar angemessen einen Smoking
trug, den er aber, mutmaßlich den Dresscode »Black Tie« miss-
verstehend, unpassend mit einer schwarzen Krawatte kombinierte.
Großes Rauschen im bunten Blätterwald war die Folge, zumindest
online. Ohne moderne elektronische Medien wäre die Resonanz
vermutlich verhaltener ausgefallen, denn dass im März 1989 der
ägyptische Präsident Hosni Mubarak im Anzug underdressed zum
Staatsbankett bei dem korrekt im Smoking gewandeten Richard
von Weizsäcker erschien, hinterließ hingegen weder in Pressearchiven noch den bilateralen Beziehungen negative Spuren. Selbiges galt, protokollarisch eigentlich höherklassig, zehn Jahre zuvor
im Falle des smokingtragenden Königs von Tonga, Taufaʼahau To-
pou IV., während sein Gastgeber Karl Carstens den einem Monarchen angemessenen Frack angelegt hatte. Und bei normalen
Gästen von Staatsbanketten kommt dergleichen unterklassige Bekleidung in Einzelfällen bis heute vor.

30 »Ist das nicht eine etwas merkwürdige Farbe für ein Pferd?« – Frage von Königin Elizabeth II. an Bundespräsident Gauck

Ebenso wenig skandalträchtig nahm sich ein angeblicher Regenwurm im Salat eines Gastes bei einem Staatsbankett zu Ehren von Christian Wulff im Kreml aus. Vielmehr schien das deutsche Staatsoberhaupt davon zu profitieren, dass der Gast ein Bild von dem vermeintlichen Wurm in seinem Salat twitterte, denn einem dpa-Bericht zufolge hatte erst diese Episode »den in Russland bisher kaum bekannten Bundespräsidenten schlagartig zur Berühmtheit gemacht. Bisher war Wulffs noch bis Freitag dauernde Tour durch das größte Land der Erde kaum einem Russen aufgefallen.«

Als symbolträchtig erwies sich hingegen die Szene, in der sich der damalige US-Präsident George Bush im Januar 1992 bei einem Abendessen in der Residenz des japanischen Ministerpräsidenten Kiichi Miyazawa vor laufender Kamera übergeben musste und kurz das Bewusstsein verlor. Der Grund war kein Ungeziefer im Essen, sondern eine abrupt auftretende Grippe. Der Kollaps markierte den negativen Höhepunkt einer misslungenen Reise, die eigentlich den Auftakt in das anstehende Wahljahr sein sollte –

und versinnbildlichte, wie angezählt der in Umfragen trostlos dastehende Präsident war, der dann im November 1992 tatsächlich seinem Herausforderer Bill Clinton unterliegen sollte. In der Folge der präsidialen Unpässlichkeit wurde die japanische Sprache um den Begriff »Busshu Kaze« (»Bush-Grippe«) bereichert, mit dem solch heftige Erkrankungen beschrieben werden. Als sich Bushs Sohn und Nach-Nachfolger, George W. Bush, 2007 auf dem G-8-Gipfel in Heiligendamm wegen einer Magenverstimmung vorübergehend entschuldigen ließ, kommentierte das einer von dessen Beratern mit den Worten: »Er wollte wohl nicht in die Fußstapfen seines Vaters treten.«[97]

Pannenträchtig sind Geschenke, das Bild mit dem blauen Pony für die britische Königin 2015 wurde schon erwähnt. Über Geschmack kann man streiten, doch die kubanischen Zigarren, die Gerhard Schröder Bill Clinton 2000 schenkte, erwiesen sich in anderer Hinsicht als verzwickt. Der Hinweis einiger Beobachter, die darin eine Reminiszenz an die Lewinsky-Affäre erkennen wollten, mutet übertrieben an, nicht aber der, dass die Einfuhr kubanischer Produkte in die USA damals noch strikt untersagt war. Hier handelte es sich nicht um ein Versehen des Protokolls, sondern der Bundeskanzler persönlich hatte sich vergriffen und hatte dem US-Präsidenten versehentlich eine Kiste überreicht, die ihm kurz vorher selbst von der kubareisenden Entwicklungshilfeministerin Heidemarie Wieczorek-Zeul mitgebracht worden war. Ob und wie das Importproblem gelöst wurde, ist nicht überliefert. Über ansonsten nicht immer stilsichere Gaben wird noch an anderer Stelle berichtet.

Ansonsten schwindeln sich ab und an Menschen auf Staatsbankette, die nicht eingeladen sind, was insbesondere Fragen an das für die Sicherheit verantwortliche Personal weckt. In Deutschland ist in diesem Kontext die Vorfahrt von Hape Kerkeling alias Königin Beatrix vor Schloss Bellevue zu nennen, aber dazu später mehr. Zu internationaler Bekanntheit gelangte der Franzose ar-

31 In der zweiten Reihe zwischen François Mitterrand und Jacques Chirac
steht Claude Khazizian, am rechten Bildrand Helmut Kohl

menischer Abstammung Claude Khazizian, der es am 8. Mai 1995
fertigbrachte, sich ohne Einladung in den Élysée-Palast zur Feier des 50. Jahrestages des Endes des Zweiten Weltkrieges einzu-
schleichen. Nachdem er auf dem Erinnerungsfoto hinter François
Mitterrand und Jacques Chirac stehend entdeckt wurde, machte
die Presse den Unbekannten ausfindig. Mit seinem Hobby, dem er
über Jahre gefrönt hatte – womit er es, wie dann festgestellt werden
musste, auf noch einige andere offizielle Bilder gebracht hatte –,
war es fortan vorbei, denn er wurde nun wiedererkannt.

Die Teilnahme an den Feierlichkeiten am 8. Mai 1995, nach denen er aufflog, brachte ihn immerhin in den Genuss des dort ausgeschenkten Mouton Rothschild 1945, eines der besten Bordeaux
aller Zeiten, von dem »Monsieur Claude«, wie er in der Öffentlichkeit genannt wurde, unumwunden zugab, ihn sich selbst nicht leisten zu können. Er legte allerdings Wert darauf, mit seinen Steuern
den staatlichen Pomp mitzufinanzieren. Dass der ungeladene Gast

143

32 Der dreimalige Wimbledon-Sieger Boris Becker und seine Frau Barbara in Schloss Augustusburg anlässlich des Staatsbanketts für die Queen am 19.10.1992

den zum Essen ausgeschenkten Mouton überhaupt ins Glas bekam, lag daran, dass einer der Geladenen offenbar nicht erschienen war, so dass Khazizian dessen Platz an der Festtafel einnehmen konnte.[98]

Für die das Placement gestaltenden Protokoller sind kurzfristige Absagen Alltagsgeschäft; ohne Absage nicht erscheinende Gäste können sich manchmal als echte Herausforderung erweisen, weil die Lücken elegant geschlossen werden müssen. Noch einmal anders erging es 1984 dem in Paris lebenden deutschen Schauspieler Horst Buchholz, der im Rahmen des ersten ausgehenden Staatsbesuchs von Richard von Weizsäcker zum Bankett in den Élysée-Palast geladen war – seltsamerweise ohne seine Ehefrau. Seine insistierende Eingabe beim Protokoll blieb erfolglos, die Sitzordnung sei nicht mehr zu ändern, lautete die Antwort. Was hinter dieser Begebenheit steckte, die es in den *Spiegel* schaffte, bleibt rätselhaft, denn von der Einladung hätte nicht nur ein Signal der französisch-deutschen Freundschaft, sondern sogar eines noch weiter gehender Versöhnung ausgehen können. Denn die Ehefrau von Horst Buchholz, Myriam Bru, war Französin jüdischen Glaubens, deren Vater in Ausschwitz ermordet worden war.

Gäste

Neben Gästen, deren Biographie, Beruf, Expertise oder Prominenz sich als symbolträchtige Verbindung des Gastlandes und der Bundesrepublik interpretieren lässt, sind hierzulande zu einem Staatsbankett neben dem Staatsgast und dessen Gefolge Teile der Funktionselite des Landes geladen. Die Einladungspraxis hat sich im Lauf der Jahrzehnte etwas verändert. Zunächst lag der Schwerpunkt auf Staat, Politik und Verwaltung sowie als Ausdruck der föderalen Verfasstheit bei Vertretern der Bundesländer. Ergänzt wurde dieser Kernbestand an Gästen durch Militärs, Vertreter der Wirtschaft, der Kirchen und aus Kultur und Medien. Bei den damals noch sehr großen Empfängen trafen oft dieselben Teilnehmer aufeinander. Die meisten gehörten zum Bonner Kosmos, die »Komparserie war jene Society aus Ministern, Volksvertretern, Universitätsintelligenz, Industrie, Handel und Amüsieraristokratie, die sich für Einigkeit und Recht und Freiheit in Frack und große Garderobe wirft. Jeder Statist wird nahezu zur Vordergrundfigur«, protokollierte Walter Henkels.[99]

33 Der italienische Präsident Carlo Ciampi begrüßt Loki und Helmut Schmidt am 28. 3. 2006 in Schloss Bellevue, dahinter Bundespräsident Horst Köhler

Während der Präsidentschaft Gustav Heinemanns wurden die Verteiler um eine sozialdemokratische Klientel erweitert, hauptsächlich Gewerkschaftsvertreter, nachdem lange ein gewisser Überhang aus Wirtschaft und Industrie geherrscht hatte. Ebenfalls in den 1970er Jahren trat Prominenz aus der Welt der Kultur stärker auf den Plan, dazu Berühmtheiten aus Funk und Fernsehen, später Spitzensportler. Noch heute entspricht das Publikum bei Staatsbanketten einem Abbild der etablierten Gesellschaft, wobei der Bezug zum Heimatland des Gastes stärker geworden ist. Wenn sie nicht zur Klasse der »üblichen Verdächtigen« gehören sollen, ist es beinahe eine Kunst, passende Gäste aufzutun. Denn auch hier gilt wie bei allen Formen von Ehrungen das Matthäus-Prinzip (»Denn wer da hat, dem wird gegeben«, Matthäus 25,29) – und eine solche stellt eine Einladung vom Bundespräsidenten schließlich dar.

Das Procedere vor dem Essen sieht folgendermaßen aus. Als letzte Teilnehmer werden der Staatsgast und sein Ehepartner vor

Schloss Bellevue vorgefahren, wo sie vom Bundespräsidenten-
paar an der Treppe des Schlosses begrüßt werden. Den Aperitif
nehmen sie gemeinsam – gegebenenfalls mit weiteren Ehrengäs-
ten – im Amtszimmer des Bundespräsidenten ein. Im Falle des italienischen Präsidenten Ciampi 2006 waren beispielsweise noch
Altbundespräsident Herzog allein und die beiden Altbundeskanz-
ler Schmidt und Kohl samt Ehefrau beziehungsweise Partnerin zugegen.

Defilee

Alle anderen Gäste verweilen derweil beim Aperitif im in der ersten Etage des Schlosses gelegenen Langhanssaal. Sie wurden zuvor
mit Dienstfahrzeugen des Bundespräsidialamtes vor dem Schloss
abgesetzt und haben unten an der Treppe ins Obergeschoss ihre
Führ- und Vorstellkarten erhalten. Schließlich fahren die Ehrengäste mit dem Fahrstuhl ins Obergeschoss, wo sich die beiden Prä-
sidentenpaare im an den Langhanssaal angrenzenden Salon Luise zum Defilee aufstellen. Dabei werden alle Gäste vom Chef des
Protokolls des Auswärtigen Amtes – oder gegebenenfalls dessen
Stellvertreter – vorgestellt. Zu Anfang dieser Art Protokollstrecke
händigen die Gäste einem Mitarbeiter des Protokolls ihre Vorstell-
karte aus, die fließbandartig an den Protokollchef weitergegeben
wird, der dann den darauf notierten Namen vorliest. Das Defilee
zeigt den Wandel der Etikette im Lauf der Zeit, denn selbst bei gekrönten Häuptern ist ein normaler Handschlag mittlerweile üblich geworden.

In die Kategorie von Zwischenfällen, die sich zu einem Eklat hätten
auswachsen können, zählte die Gästevorstellung vor dem Staatsbankett beim Besuch des chinesischen Staatspräsidenten Jiang Zemin im April 2002. Bei der Vorbereitung hatte die chinesische Seite

34 Willy Brandt, Regierender Bürgermeister von Berlin, und seine Frau Rut im Defilee vor dem Staatsbankett zu Ehren von Königin Elizabeth II. am 18.5.1965 auf Schloss Augustusburg

deutlich zu verstehen gegeben, dass sie unbedingt vermeiden wollte, dass der Präsident mit Vertretern der oppositionellen Falun-Gong-Bewegung in Berührung käme. Ein Anhänger der Oppositionsbewegung schaffte es jedoch bis in das Defilee, wo der Mann nach einem kurzen, den chinesischen Staatsgast sichtlich irritierenden Zwiegespräch diskret von Sicherheitskräften aus dem Verkehr gezogen wurde. Wie es zu der Situation kommen konnte, ob es sich um eine gefälschte Einladung handelte, der chinesischen Botschaft bei der Erstellung der Gästeliste ein Fehler unterlaufen war oder es einen anderen Grund gab, wusste der Protokoller, der diese Geschichte berichtete, nicht zu sagen. In die Öffentlichkeit gelangte sie seltsamerweise nie, obwohl hinreichend viele Menschen das Geschehen mitbekommen hatten. Dafür wurde im Zuge des Aufenthalts von Jiang Zemin über zwei harmlosere Vorfälle berichtet.[100]

Sind alle Gäste vorbeiparadiert, ziehen sich in Schloss Bellevue die beiden Paare kurz in den angrenzenden Salon Ferdinand zurück, wo feuchte Tücher gereicht werden – es soll ja niemand mit verklebten Händen zum Essen gehen müssen. Von dort aus betreten sie den Großen Saal, in dem alle anderen Teilnehmer des Abendessens sich vorher am auf der Führkarte vermerkten Tisch hingesetzt haben. Sobald der Staatsgast und der Bundespräsident und ihre Partner, vom Hausintendanten angekündigt, den Saal betreten, erheben sich alle noch einmal, bis die vier an ihrem Tisch in der Mitte des Saales Platz genommen haben.

Placement

Eine der Etikette entsprechende und den Unterhaltungs- und Geltungsbedürfnissen aller Gäste gerecht werdende Tischordnung zu komponieren, ist ein kniffeliges Unterfangen. Einerseits folgt das Placement festen, an der Rangfolge orientierten Regeln, die anderseits nicht vollkommen statisch gehandhabt werden dürfen, wenn Vorlieben oder Abneigungen oder Sprachfertigkeiten berücksichtigt werden sollen. Mühe können zudem mit ihrer Platzierung unzufriedene Gäste machen. »Freigehaltene Tische für den Gastgeber, die Ehrengäste und eventuell sonstige Prominenz bedürfen der Markierung und Beaufsichtigung durch das Protokoll. Hierfür sind geeignete Herren zu bestimmen. Die beauftragten Beamten sind auf die dabei stets auftretenden Schwierigkeiten aufmerksam zu machen«, fasste der frühzeitige Anhänger der Loriot'schen Schule Horst von Rom nach den ersten Staatsbesuchen ein bis heute real existierendes Problem des staatszeremoniellen Veranstaltungsmanagements zusammen.[101] Die Tische zur Sicherheit abzukordeln geht schließlich nicht. So braucht es viel Fingerspitzengefühl, um nötigenfalls Tischkarten zurückzutauschen und damit bedeutenden Persönlichkeiten zu eröffnen, dass man zumindest nicht in erhoffter Weise ihren Unterhaltungsbedürfnissen nachzukommen gedenkt, wenn man ihnen damit nicht sogar signalisieren muss, dass sie nicht ganz so bedeutend sind, wie das von ihnen eigenhändig nachgebesserte Placement zwischenzeitlich zum Ausdruck brachte. Vicco von Bülow (alias Loriot) hätte zweifelsohne einen ausgezeichneten Protokollbeamten abgegeben.

»Ein gutes Placement ist häufig eine Gratwanderung zwischen einer protokolltechnisch korrekten und einer sinnvollen Platzierung der Gäste«, sagt Bernhard von der Planitz, man sei in aller Regel gut beraten, »einen Mittelweg zu beschreiten«. Hierfür liefert er ein anekdotisches Beispiel. Als er zum ersten Mal Protokollchef des Auswärtigen Amtes werden sollte, musste er sich – da für die Auslandsreisen von Bundespräsident und Bundeskanzler mitverantwortlich – bei Letzterem vorstellen. Dabei wurde von der Planitz Zeuge, Gegenstand oder gar Opfer eines langanhaltenden Monologs von Helmut Kohl. Es sei um zwei Themen gegangen, berichtet er, »den Verfall der Sitten und die Frage, was sinnvolles Protokoll ist. Kohl erwähnte in diesem Zusammenhang das Staatsbankett für den israelischen Präsidenten Chaim Herzog 1987, bei dem seine Frau zwar rangmäßig angemessen zwischen einem Fraktionsvorsitzenden und einem Ministerpräsidenten platziert gewesen sei, aber sie wegen ihrer guten englischen Sprachkenntnisse sinnvollerweise besser neben einem Mitglied der israelischen Delegation gesessen hätte.« Der Termin hatte ursprünglich fünf Minuten dauern sollen, dehnte sich aber wegen der Ausführungen Kohls auf eine Dreiviertelstunde aus, von denen der Redeanteil desjenigen, der sich eigentlich vorstellen sollte, bei deutlich unter einem Zehntel der Zeit lag. Noch bevor er das Kanzleramt verließ, wurde ihm jedoch bedeutet, dass er den Job bekommen habe, »ich habe wohl an den richtigen Stellen genickt«, berichtet von der Planitz in freundlicher Selbstironie.

Bei Staatsbanketten in Schloss Bellevue, an denen bis zu 150 Personen teilnehmen, sitzen die Gäste in der Regel zu acht an runden Tischen, an der Ehrentafel des Bundespräsidenten gelegentlich bis zu zwölf. »Wie man es schafft, durch die Zusammensetzung eines Tisches eine angenehme Atmosphäre und ein gutes Gespräch zu ermöglichen«, bezeichnete Daniela Schadt als »eine Wissenschaft für sich«. Persönlich habe sie darauf verzichtet, bei der Sitzordnung mitzureden, weil ihr nach Eigenaussage »dafür die protokollarischen Kenntnisse fehlen«. Die entsprechenden Mitarbeiterinnen und Mitarbeiter des Präsidialamts seien in diesen Gestaltungsdingen jedoch »außerordentlich geübt«.[102]

Recht einfach gestaltet sich dieses Unterfangen am Tisch des Bundespräsidenten, denn dort finden die protokollarisch am höchsten eingestuften Personen Platz, wobei neben den beiden Präsidentenpaaren für die Platzierung der anderen Gäste etwas Spielraum verbleibt. Nachgerade untrennbar sitzen die Staatsoberhäupter, flankiert von ihren Partnern, zusammen. Danach entscheiden Rangfragen und Beziehungsstatus, denn Ehepartner werden in aller Regel nicht nebeneinander gesetzt. Dass so dem klassischen Knigge nicht entsprechende Placements entstehen, demzufolge Damen und Herren stets abwechselnd platziert sein sollten, wird in Kauf genommen. Bei dem schon vielfach beispielhaft herangezogenen letzten Staatsbesuch der britischen Königin saßen um den runden Tisch zehn Personen entgegen dem Uhrzeigersinn: Bundespräsident, Elizabeth II., Daniela Schadt, Eva Luise Köhler, Joachim Sauer, Horst Köhler, David Cameron, Angela Merkel sowie Prinz Philip, zwischen dem und Joachim Gauck die Dolmetscherin ihren Platz hatte – mit eigenem Gedeck übrigens.

Ob alle an der Ehrentafel immer wirklich viel miteinander anfangen können, bleibt fraglich. Bei dem oben genannten Bankett für den italienischen Präsidenten 2006 beispielsweise saßen am Tisch des Bundespräsidenten neben dessen Frau, dem Ehepaar Ciampi noch Bundespräsident a. D. Roman Herzog, die ehemaligen Bundeskanzler Schmidt und Kohl samt Gemahlin beziehungsweise Freundin, Bundestagspräsident Norbert Lammert und Außenminister Frank-Walter Steinmeier sowie ein italienischer Senator. Während sich Helmut Kohl und Hannelore Schmidt

35 Staatsbankett zu Ehren des italienischen Präsidenten Carlo Ciampi am 28. 3. 2006 in Schloss Bellevue

angeregt zu unterhalten schienen, wollte das zwischen Helmut Schmidt und Kohls Begleitung Maike Richter nicht so recht gelingen – was vermutlich nicht allein daran lag, dass Schmidt schlecht hörte. Und die Kringel, die unmittelbar nach dem Hauptgang über seinem Kopf aufstiegen, waren ebenfalls keine konversationstauglichen Rauchzeichen.

Protokollbeamte

Die vorstehenden Seiten lassen erkennen, dass Protokoll entgegen landläufiger Meinung eine vergleichsweise unglamouröse Aufgabe ist. Nicht das Betreuen von Staatsgästen ist das tägliche Geschäft, sondern es ähnelt eher dem Betrieb einer Veranstaltungsagentur. Die Protokollchefs sind dabei stärker exponiert, weshalb sie manchmal gar »als wichtigste Person bei einem Staatsbesuch und dessen Dirigent« erachtet werden. Das kann aber daran liegen, dass diese Einschätzung von einem Österreicher stammt.[103]

Zweifelsohne sind die Leiter des Referates Z4, wie das Protokoll im Bundespräsidialamt ausweislich des Organisationsplans heißt, bisweilen nah dran an Gastgeber und Staatsgast – aber so eng die Zusammenarbeit sein mag: Für die Staatsbesuche, eingehende wie ausgehende, ist das Protokoll des Auswärtigen Amtes zuständig. Aus dessen Etat werden sie schließlich bezahlt, die Zeche für die Getränke eigentlich eingeschlossen, die das Auswärtige Amt übernimmt, sofern eine Rechnung dafür gestellt wird. Das Präsidialamt, das bei den Winzern den normalen Einkaufspreis für Kunden aus der Gastronomie bezahlt, scheint darauf aber zu verzichten, wenn die Flaschen aus dem vorhandenen Bestand im Schlosskeller stammen.

Im Titel 532 14-029 »Kosten von Staatsbesuchen in der Bundesrepublik Deutschland« in Kapitel 0502 »Bilaterale Zusammenarbeit und Pflege der Auslandsbeziehungen« des Bundeshaushaltsplans 2017, Einzelplan 05, Auswärtiges Amt, wurden als Soll 2,4 Millionen Euro angesetzt, das Ist wurde für 2015 mit 2,154 Millionen Euro beziffert. In den Etatposten fallen »alle Besuche von Staatsoberhäuptern und Regierungschefs sowie von gleichrangigen Vertreterinnen und Vertretern internationaler Organisationen und von Vertreterinnen und Vertretern fremder Staaten, die nach Stellung und Rang mindestens einem Regierungschef gleichzusetzen sind.« Mehr Wortwiederholung geht kaum. Auffällig ist, dass im Sinne des Haushaltsplans unter Staatsbesuche auch Regierungschefs fallen.

Abgedeckt werden mit dem Titel die Ausgaben der beiden bei ein- wie ausgehenden Staatsbesuchen entscheidenden Arbeitseinheiten in der für Protokoll zuständigen Abteilung 7 des Auswärtigen Amtes, nämlich Referat 700 (»Besuche von Staatsoberhäuptern, Regierungschefs und Außenministern sowie Auslandsreisen des Bundespräsidenten, der Bundeskanzlerin und des Bundesministers des Auswärtigen«), und dem mit der Ausrichtung von

Essen befassten Referat 704. Letzteres wird intern meistens als »Frühstücksreferat« bezeichnet. Man mag darin eine gewisse Geringschätzung erkennen, aber der offizielle Name »Gesellschaftliche Veranstaltungen, Veranstaltungsräume, VIP-Betreuung an Flughäfen, Empfangsgebäude Tegel, Geschenke, Kalligraphischer Dienst« ist dann doch etwas sperrig. Kostenträchtig in der Abteilung erweist sich zudem das für »Internationale Konferenzen, multilaterale Veranstaltungen und Gipfeltreffen« zuständige Referat 702. Gemessen an den Gesamtausgaben für »Bilaterale Zusammenarbeit und Pflege der Auslandsbeziehungen« im Jahr 2015 in Höhe von 140 867 435,98 Euro sind das vernachlässigbare Beträge, die zudem je nach Reiselust der Würdenträger stark schwanken.

Das Protokollreferat im Bundespräsidialamt ist heute zuständig für die entsprechende Betreuung aller Termine jenseits der offiziellen Visiten im Rahmen internationaler Beziehungen des Staatsoberhauptes. Mit betreut werden zudem die Ehe- oder Lebenspartner und der Chef des Bundespräsidialamtes. Im Kern bedeutet dies viel kleinteiliges und redundantes Organisationshandwerk. Eine der Grundvoraussetzungen für diese Tätigkeit ist ein gutes »Nervenkostüm, das nötig ist, wenn man mit tausend Imponderabilien, Änderungen, Sonderwünschen, Eitelkeiten fertig werden muß«.[104]
Äußerlich überwiegt unauffällige Ministerialratsoptik, wobei einige Vertreter, insbesondere wenn es sich um Diplomaten von Stand handelt, wirken wie von einer übergeordneten Zeremonialinstanz im Lastenheft für Protokollchefs skizziert. Bei aller sie einenden Fähigkeit zur höflichen Verbindlichkeit stellen sie unterschiedliche Typen dar, etwa der Bürokrat, der im Zeremoniell vor allem eine technisch-organisatorische Herausforderung sieht. Kommunikativ vorsichtig sind sie fast alle, Extrovertiertheit und Protokoll an führender Stelle vertragen sich nicht so recht – bei der Aufarbeitung historischer Themen kommt noch das Problem des vergesslichen oder der Aktenlage widersprechenden Zeitzeugen hinzu. Dann gibt es den ironischen Feingeist, dem die ein Staats-

bankett begleitende Musik sehr am Herzen liegt und der sich in vielerlei Hinsicht von dem alerten Karrierejuristen mit dem Hang, das eigene Tun besonders erstrahlen zu lassen, abhebt. Doch hinsichtlich der über die »geläufigen selbstverständlichen Tugenden eines Staatsdieners« hinausgehenden Anforderungen, nicht zuletzt der Fähigkeit zur Hintanstellung der eigenen Person, hält »zu deren Gegenteil gerade die Protokolltätigkeit reichlich Versuchungen bereit«, wie der interne Leitfaden des Protokollreferates des Auswärtigen Amtes mahnt.[105]

Generell kann man sich nicht des Eindrucks erwehren, dass manch ein Protokoller in einer recht eigenen Welt lebt – wie die meisten Menschen, die sich einer Aufgabe vollkommen verschrieben haben, und/oder, wie im Öffentlichen Dienst üblich, in starren Hierarchien arbeiten. Hingegen tut man dem karikaturenzeichnenden ehemaligen Kommandanten eines Fallschirmjäger-Bataillons, der über eine Verwendung im Protokoll des Bundesverteidigungsministeriums auf eine zivile Verwendung umsattelte, nicht unrecht, bezeichnete man ihn als Exoten. Ehemalige Bundeswehrsoldaten waren in Bonner Zeiten übrigens einige der Hausintendanten. Im Regelfall verstanden sie mehr vom Wein als die Protokollchefs, unter denen in dieser Hinsicht bislang keine besonderen Experten auffällig wurden.

Erica Pappritz

In den Anfangsmonaten der Bonner Republik, die bis zur Wiedererlangung der Zuständigkeit für ihre auswärtigen Angelegenheiten durch eine erste Revision des Besatzungsstatuts im März 1951 zunächst ohne Außenministerium auskommen musste, war der Protokollchef gleich Diener zweier Herren. Hans von Herwarth, der sich als Leiter des Arbeitsstabes Protokoll, der die erste Wahl des Bundespräsidenten wie die des Bundeskanzlers organisierte, für weitere protokollarische Aufgaben nachdrücklich empfohlen hatte, war sowohl stellvertretender Chef des Bundespräsidialamtes als auch Protokollchef im Bundeskanzleramt. Bezahlt wurde er entsprechend aus den Etats beider Häuser. Seine hohe Position im Bundespräsidialamt ist Ausweis des großen Stellenwerts protokollarischer Fragen für die nicht souveräne Republik. Seit Jahrzehnten ist dort kein Protokollbeamter mehr hierarchisch über den Posten eines Referatsleiters hinausgekommen.

Das bundesdeutsche Protokoll, das kaum auf eine Tradition staatlichen Zeremoniells zurückgreifen konnte, nahm verschiedentlich Anleihen in europäischen Ländern. Herwarth absolvierte ein je einwöchiges Praktikum beim britischen, französischen und italienischen Protokoll. Trotz des Systemwechsels gab es im Protokoll ein hohes Maß an personeller Kontinuität, etwa die Hälfte der Beteiligten war bereits vor 1945 im Auswärtigen Amt tätig gewesen, Herwarth seit 1927.

Zu der Gruppe zählte die seit 1919 in diplomatischen Diensten stehende Erica Pappritz. Nachdem sie, Tochter eines Rittmeisters bei den Dragonern, schon zu Weimarer Zeiten von der Sekretärin zur Leiterin des Referats für Zeremoniell und Rangfragen aufgestiegen war, avancierte sie 1952 zur stellvertretenden Protokollchefin im Range einer Vortragenden Legationsrätin. Zu verdanken war diese zur damaligen Zeit vollkommen ungewöhnliche weibliche Ministerialkarriere enormem Fleiß und der Förderung durch von Herwarth. Mit ihm zusammen prägte sie das protokollarische Antlitz des neugegründeten Staates. Da sie ebenso wenig wie ihre Kollegen über Unterlagen aus zeremoniellen Vorzeiten verfügte, schöpfte sie in diesen Fragen eigenem Bekenntnis nach »aus der Tiefe meines Gemüts«.

Dass sie zu einer Art persönlich-protokollarischem Synonym der frühen Bonner Republik wurde und bis heute in vielen Stil- und Etikettebüchern zitiert wird, liegt insbesondere in ihrer Co-Autorenschaft eines Benimmratgebers begründet, der Mitte der

36 Hans von Herwarth, Protokollchef des Auswärtigen Amtes, in einer Besprechung mit seiner Stellvertreterin Erica Pappritz im März 1952

1950er Jahre erschien. *Das Buch der Etikette*, so der Titel, erwies sich in seinem Detailierungsgrad als nicht ganz peinlichkeitsfrei.[106] Neben Ratschlägen zur korrekten Benutzung der Toilettenspülung fanden sich Hinweise in Sachen Herrenunterwäsche – »Lange Unterhosen bleiben unmännlich und häßlich, auch wenn sie kaum jemand sieht« –, die Konrad Adenauer dazu animiert haben sollten, Besucher bei der Begrüßung zu fragen, ob sie denn keine lange Unterwäsche trügen.

Die Veröffentlichung sorgte für gehöriges Aufsehen im Bonner Betrieb, entsprechendes mediales Echo inklusive. Das Auswärtige Amt sah sich nach einer Kleinen Anfrage der SPD-Abgeordneten Annemarie Renger genötigt, darauf hinzuweisen, dass Frau Pappritz rein privat schriftstellerisch tätig gewesen und ihr Ratgeber nicht Grundlage der Diplomatenausbildung sei – an der sie als Referentin mitgewirkt hatte.

Für den Bonner Hofchronisten Walter Henkels »war ihr Buch

zum Sinnbild der Epoche des deutschen Knaben Wirtschafts-
wunderhorn, der Wohlstands- und Wegwerfgesellschaft der Ade-
nauer-Erhard-Ära, geworden«.[107] Nicht falsch, denn der nach zunächst schleppendem Verkauf mit den öffentlichen Diskussionen
einhergehende große Erfolg des Ratgebers reflektierte den Ori-
entierungsbedarf der bundesdeutschen Nachkriegsgesellschaft in
systemwechselbedingten Zeiten der Unsicherheit und einer lang
anhaltenden Sehnsucht nach einer geordneten und prunkvolleren
Welt. Dafür spricht die Begeisterung für die quasi-monarchi-
sche Pracht, die insbesondere die Deutschlandaufenthalte des iranischen Schahs mit seiner deutschstämmigen Gattin Soraya 1955
und des griechischen Königspaars im Jahr darauf entfachte. Die
überschwänglichen Reaktionen deuten darauf hin, dass sich die
Westdeutschen Habitus und Wirken ihrer Repräsentanten bei den
Staatsbesuchen allem Mangel zum Trotz durchaus feudal wünsch-
ten – gemäß der 20 Jahre später vorgenommenen Definition der
Selbstdarstellung des Staates als »die bewußte Repräsentation des
gewünschten eigenen Seins«.[108]

Ob das ähnlich für die Person Erica Pappritz galt, ist nicht zu
sagen. Mit ihrer ungewöhnlichen Karriere – nach ihrer Pensionie-
rung 1958 verdingte sie sich bei Unternehmen als Beraterin und
Vortragsreisende in Sachen Etikette – hätte sie durchaus zum Rol-
lenmodell emanzipierter Frauen taugen können. Lange Zeit war
sie die ranghöchste Beamtin des Auswärtigen Amtes, und sie wurde angeblich als Botschafterin in Luxemburg gehandelt. Ihr Name
blieb jedenfalls im Gegensatz zu vielen anderen bis zuletzt auf den
Gästelisten der Staatsempfänge, noch nachdem unter Gustav Heinemann die Ära Adenauer sogar in der Einladungspraxis ihr Ende
gefunden hatte. So zählte Erica Pappritz in Bonn bis zu ihrem Tod
1972 zum zeremoniellen Inventar.

DER SPIEGEL

11. JAHRGANG • NR. 12
20. MÄRZ 1957
AUSGABE BERLIN 80 Pfg
ERSCHEINT MITTWOCHS
POSTVERLAGSORT BERLIN

DER FLUCH DER ETI-KETTE
Zweiter Protokollchef Erica Pappritz (siehe „Bonn")

37 Erica Pappritz auf dem Titel des *Spiegel* Nr. 12/1957

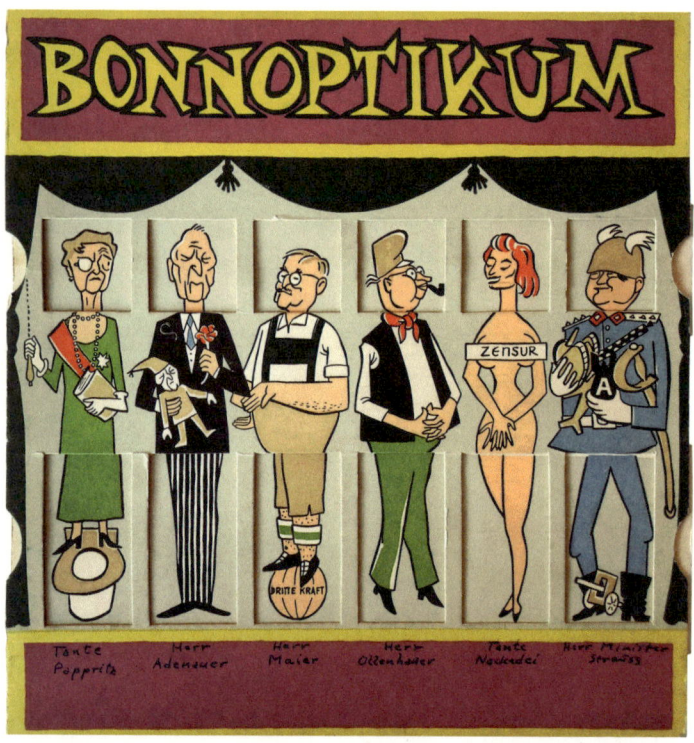

BONNOPTIKUM

Tante Pappritz — Herr Adenauer — Herr Maier — Herr Ollenhauer — Tante Nackedei — Herr Minister Strauss

38 Dass Erica Pappritz auf einer Toilette stehend karikiert wurde, erklärt sich aus einer Passage in ihrem Benimmbuch, in der »zur diskreten Neutralisierung unerwünschter Geräuschkulissen« empfohlen wurde, schon während der Toilettenbenutzung die Spülung zu betätigen. Die Kette der Wasserspülung mutierte im Bonner Jargon darauf zur »Eti-Kette«

MEHR DEMOKRATIE WAGEN

Gustav Heinemann

Von einem »Stück Machtwechsel« sprach Gustav Heinemann, der dritte Bundespräsident, einige Tage nach seiner Wahl am 5. März 1969 in einem Interview. Seine Wahl im dritten Durchgang mit der bislang kleinsten Mehrheit einer Bundesversammlung bahnte endgültig den Weg für die sozial-liberale Koalition, die nach der Bundestagswahl im Herbst des Jahres unter Bundeskanzler Willy Brandt und Außenminister Walter Scheel knappe Wirklichkeit werden sollte. Heinemann, der eine politisch wechselvolle Geschichte hinter sich hatte – seine Karriere begann in der Nachkriegszeit noch bei der CDU –, galt als puritanisch, obgleich sich dies nicht auf alkoholische Getränke erstreckte. Vor seiner Wahl porträtierte ihn der *Spiegel*-Reporter Hermann Schreiber erstaunlich alkoholorientiert: »Nüchtern also ist er, gewiß; aber eben nicht im Sinne von trockener Abstinenz. Er versteht was vom Wein, hat auch welchen im Keller und nennt sich, wenn das passende Stichwort fällt, ein ›Flaschenkind‹. Im Kreise der Genossen darf's Bier sein, und den Steinhäger läßt Heinemann eigentlich bloß deshalb weg, weil er sich als Student so gründlich damit behandelt hat, daß er das Zeug nun nicht mehr sehen kann. […] Nüchternheit bedeutet in seinem Falle also etwas anderes, bedeutet eher: Verzicht auf das bloß Dekorative, Abwesenheit von jeglichem Aufwand. […] An kostspieligem Hausrat liegt ihm nichts, ein Gourmet ist er auch nicht gerade, und abgesehen von ein paar hellgrauen Westen kleidet er sich so unauffällig wie nur möglich.«[109]

In der szenischen Beschreibung desselben Journalisten über Heinemanns ersten Abend in der Villa Hammerschmidt am 1. Juli 1969 kommt ebenfalls Alkohol vor: »Der Wein, den Frau Siebert, der dienstbare Hausgeist, im Keller zu fassen bekommt, stammt aus Rheinhessen und hat ein Staatswappen auf dem Etikett.«[110] Der kam noch vom Vorgänger, von dem, wie schon berichtet, größere Bestände, dafür aber keine liquiden Mittel zurückgeblieben waren. Vermutlich fand es der erkennbar mit Heinemann sympathisierende Autor passend, mittels der Flaschenbeschreibung seinem Artikel eine staatstragende Note mitzugeben. Die vielzitierte Kommentierung Heinemanns über sein Verhältnis zum Patriotismus stand schließlich in dem eben zitierten Porträt; auf die Frage, ob er die Bundesrepublik denn liebe, antwortete der damals als möglicher Kandidat für das Bundespräsidentenamt Gehandelte seinem Hagiographen: »Ach was, ich liebe keine Staaten, ich liebe meine Frau; fertig!«

Tatsächlich fallen vielen Menschen zum Thema Staat und Wein als Allererstes die Staatsweingüter ein. Die Flasche, die in der Villa Hammerschmidt an dem besagten Abend geleert wurde, muss von der Staatlichen Weinbaudomäne Oppenheim, dem einzigen dieser Weingüter in Rheinhessen gestammt haben. Diese Betriebe gehören, die Bezeichnung sagt es, dem Staat, die Weinbaudomäne Niederhausen-Schlossböckelheim an der Nahe wurde 1998 privatisiert, Marienthal an der Ahr 2004. Heute noch befinden sich diverse Staatsweingüter im Besitz der Bundesländer Baden-Württemberg, Rheinland-Pfalz und Hessen, wo sie im repräsentativen Landesdienst eingesetzt werden. Gegründet wurden sie ursprünglich ab dem 19. Jahrhundert als Musterweingüter zur Erprobung und Verbreitung moderner Weinbaumethoden. Damals gehörten die Betriebe zu den besten Weinproduzenten Deutschlands. Trotz der Tatsache, dass das seit dem Ende des Zweiten Weltkrieges nicht mehr in dem Maße gilt, besteht ihr Renommee fort. Ihre Erzeugnisse finden sich zumindest bei der Bundeskanzlerin bis heute auf der staatsoffiziellen Tafel.

Den Leitsatz der Regierungserklärung Willy Brandts, mehr Demokratie wagen zu wollen, setzte Heinemann um, indem er vom strengen Protokoll abrückte. Die Bekleidungsvorschriften wurden gelockert, mehr normale Bürger und Menschen verschiedener Berufe fanden sich auf den Gästelisten wieder, beim Essen gab es weniger Gänge. In dieser Hinsicht wurde bei Staatsbanketten nicht abgespeckt, doch es reichte fortan für denjenigen, der keinen Frack besaß, der dunkle Anzug. Damit kam man insbesondere den vermehrt eingeladenen Gewerkschaftsvertretern entgegen. Das Motto der Kleiderordnung lautete »Anzug beliebig, aber erwünscht«. Bekleidungstechnisch warf damit die Neue Ostpolitik ihre Schatten voraus, denn bei den Staatsbanketten zu Ehren der Generalsekretäre der kommunistischen Parteien, die nicht zwingend Staatsoberhaupt sein mussten, galt für alle Teilnehmer der dunkle Anzug als angemessen.

Einen egalitäreren Ausschank, die vinophile Entsprechung des erwünschten Wagnisses von mehr Demokratie, bewirkte das Staatsoberhaupt jener Jahre nicht. Schlechteren Wein anzubieten, wäre kein Weg gewesen, Volkes Willen, und sei es bloß der, der sich im Konsum ausdrückt, stärker zu berücksichtigen. Überhaupt stellt sich die Frage, wie repräsentativ Wein sein kann. Um die besten Seiten eines Landes zu repräsentieren, reicht es nicht aus, Durchschnittliches zu servieren. Und nach innen gerichtet, waren Heinemanns Einladungen an einfache Bürger sicherlich wirkungsvoller im Sinne einer demokratischen Integrationsmaßnahme als volksnahe Speisen und Getränke anzubieten, zumal bei Staatsbanketten.

Andererseits erzeugt weniger Protokoll weniger Glanz, die Staatsspitze wirkt weniger abgehoben – wobei sich Heinemann mit diesem Ansinnen nur rudimentär durchsetzen konnte, und fraglich ist, ob die Bürger sich nicht doch – getreu einem Spiegelbild – etwas Prunk wünschen. In diesem Sinne lässt sich einer der bekanntesten Sätze Heinemanns auf die Staatsrepräsentation anwenden: »Wer mit dem Zeigefinger allgemeiner Vorwürfe auf den oder die vermeintlichen Anstifter oder Drahtzieher zeigt, sollte daran denken, daß in der Hand mit dem ausgestreckten Zeigefinger zugleich drei andere Finger auf ihn selbst zurückweisen«, lautete die Mahnung zur Besonnenheit des damaligen Justizministers in einer Fernsehansprache am 14. April 1968, als es nach dem Attentat auf Rudi Dutschke zu Ausschreitungen gegen den Springer-Verlag kam. Diese Rede war mit ursächlich dafür, dass Heinemann Kandidat für das Amt des Bundespräsidenten wurde. Und der Hinweis auf die drei Finger beinhaltet eine Facette der staatlichen Repräsentation, nämlich den deutlichen – und vielleicht sogar alles andere überlagernden – Rückverweis auf den Einzelnen im Anblick des Zeremoniells.

Sein eigenes Verhältnis zum Protokoll beschrieb der dritte Bundespräsident als ein »Gemisch von Sieg und Niederlage«, er fühlte sich ausgeliefert, was in seiner Klage gipfelte, dass er nicht lebe, sondern gelebt werde. Dergleichen Aussagen gibt es ähnlich von anderen Bundespräsidenten; es scheint beinahe so, als gehörte eine gewisse Distanzierung vom Protokoll zum guten präsidialen Ton. Allerdings hätte sich Heinemann derlei Gedanken besser gemacht, bevor er in die Kandidatur für das höchste Staatsamt einwilligte, wobei noch in jüngerer Zeit einige seiner Nachfolger weitaus schwerwiegenderen Irrtümern über ihre Rolle als Bundespräsident aufsaßen. Der Blick des Schriftstellers Siegfried Lenz auf Heinemann wiederum schien nicht ganz frei von Vorurteilen gegenüber dem Berufsbild des Staatsoberhauptes, selbstredend nicht zutreffend beim Objekt seiner Beschreibung: »Schon seine Fortbewegung läßt zu wünschen übrig: nicht die schicksalhafte Gemessenheit des Staatsmannes, keine gespreizte Würde, nicht ein zeremonieller, ermüdender Tanzschritt […]. Nichts ist getarnt oder burgundisch kostümiert […]. Unangreifbare Geschmeidigkeit ist ebensowenig seine Sache wie zeremonieller Selbstgenuß.«[111] Na denn.

Idiosynkrasie

An der Güte des Weines änderte sich – wie schon bemerkt – indes wenig, Heinemann scheint in einem Zwiespalt zwischen seiner bildungsbürgerlich-wohlsituierten Herkunft und der sozialdemokratischen Orientierung gesteckt zu haben. Höflichkeit kam dazu, die sogar den im Rufe eines Puritaners stehenden dritten Bundespräsidenten, Heinemann, dazu brachte, aus Rücksicht auf die Vorlieben des Gastes Champagner auszuschenken. Und das kam so: Im Zuge der Vorbereitungen des Staatsbesuchs der niederländischen Königin Juliana Ende Oktober 1971 ließ der damalige Außenminister Walter Scheel per Notiz seines Protokollchefs die Abneigung des Gemahls der Königin gegenüber deutschem Sekt überbringen:

»Der Herr Minister, der die Gewohnheiten von Prinz Bernhard kennt und mit ihm befreundet ist, bittet dringend 1. daß bei dem Essen Frankenweine serviert werden, und zwar Spitzenqualität 2. daß dem Prinzen bei offiziellen Essen, evtl. nur ihm allein, Champagner und nicht Sekt angeboten wird. Er hat eine Idiosynkrasie gegen deutschen Schaumwein.«

Der zweiten Bitte des Außenministers leistete man bei dem Abendessen in Augustusburg am 26. Oktober 1971 mit Pommery & Greno Brut Folge, ersterer hingegen lediglich zur Hälfte. Mit Serriger Vogelsang Riesling, Steinberger Riesling Cabinet und Dernauer Hardtberg Spätburgunder – allesamt aus dem überzeugenden und wie üblich noch sehr jungen Jahrgang 1969 – gab es zu Hummerkrabben in der Pampelmuse, Artischockencrème, Fasanenbrust »Lucullus« und Hibiscuscrèmebordüre mit frischen Brombeeren in Portweingelee zwar so weit als möglich die erbetene Spitzenqualität, aus Franken stammte jedoch keines der Gewächse. Die mittels des schäumenden Franzosen zum Ausdruck gebrachte Courtoisie entsprach dem ausgezeichneten Verhältnis der Heinemanns zum Königspaar der Niederlande, das sie bei ihrem dortigen Be-

39 Bundespräsident Heinemann und Außenminister Scheel auf dem
Flughafen Köln-Bonn in Erwartung eines Staatsgastes

such zwei Jahre davor knüpfen konnten. Seltsamerweise verband
sie unter anderem die Übereinkunft, protokollarische Zwänge auf-
lockern zu wollen; Heinemann und Prinz Bernhard hätten für den
Gegenbesuch in Bonn ein »Kartell des Widerstandes gegen das
Protokoll«[112] vereinbart. In seiner patriotischen Unkorrektheit tat
der Champagner diesem Ansinnen Genüge.

Der Widerwille Prinz Bernhards gegen deutschen Schaumwein
war verständlich. Mehrere Jahrzehnte erwies er sich als kleines
Hindernis im diplomatischen Getränkeeinsatz. Falls die Geschichte wahr ist, die der Produzent seitdem zu Werbezwecken einsetzt,
bestimmte Konrad Adenauer 1956 Kessler Hochgewächs, das jahrgangslose Spitzenprodukt der ältesten Sektkellerei Deutschlands,
nach einem Besuch dort zum Schaumwein für die Empfänge der
Bundesregierung. Tatsächlich wurde dieser Sekt bei vielen Staatsbanketten bis in die 1980er Jahre gereicht. Obwohl es zuletzt vor
fast drei Jahrzehnten ins Glas kam, wird das Hochgewächs in der

Staatsbankettausschankstatistik den Spitzenplatz bis auf weiteres behaupten können, es gibt mittlerweile zu viel Abwechslung, als dass der Kessler-Sekt eingeholt werden könnte. Alternativ wurden – von den sehr seltenen Ausnahmen, bei denen es Champagner gab, abgesehen – die vergleichbaren Premiumprodukte der großen Hersteller ausgeschenkt. Diese Sekte, etwa Deinhard Senior, Kupferberg Schwarz-Gold und Söhnlein Rheingold oder »Alte Excellenz«, bedeuteten bis Mitte der 1980er Jahre mit das Beste aus bundesdeutscher Schaumweinproduktion.

Sie waren zwar günstiger als Champagner, aber um ein Mehrfaches teurer als die Billigsekte, die seit Anfang der 1960er Jahre den Markt überschwemmten. Damals wie heute dominierte in Deutschland, und zwar in West wie Ost, industriell gefertigte Massenware. In westdeutschen Kellereien beruhten sogar nach Aufkommen der Winzersekte an die 90 Prozent der Abfüllungen auf sehr billigen ausländischen Grundweinen, oftmals von zweifelhafter Qualität. 98 Prozent der Abfüllmenge wurde mittels Tankvergärung produziert, bis 1986 musste »Deutscher Sekt« dem Gesetz nach keinen einzigen Tropfen aus deutschen Trauben enthalten. Und auch danach änderte sich wenig am Ursprung der Grundweine, man eliminierte vielmehr das Wort »Deutscher« auf dem Etikett.

Somit gab es aus deutschen Landen tatsächlich wenig Besseres als das epidemische Kessler Hochgewächs, das sich – wie seine Klassenkameraden – in Tests selbst im Vergleich zur ausländischen Konkurrenz durchaus wacker schlug. Trotzdem blieben diese Schaumweine ohne positiv hervorstechende Eigenschaften. Eine Verkostungsnotiz aus dem Jahr 1967 bescheinigte dem staatsoffiziellen Standardsekt zwar einen weinigen Charakter und eine harmonische Abstimmung, er zeigte sich »aber etwas zu plump im Geschmack«. Dieses Urteil entstammt einem von der Stiftung Warentest Anfang 1967 veranstalteten Schaumwein-Vergleich, durchgeführt unter Mithilfe des Instituts für Wein-Chemie und Getränkeforschung in Geisenheim. Im Ergebnis der Blindprobe stand für das Kessler Hochgewächs – Kaufpreis damals 14,50 DM – wie die meisten anderen Sekte der gehobenen Preisklasse nur das Prädikat »Mittlere Qualität«. Keine einzige der getesteten Abfüllungen, darunter einige der großen Markenchampagner, verdiente sich die Note »sehr gut«.[113]

Egal, wie man das Ergebnis dieses Tests, bei dem am Ende zwei Produkte der unteren Preiskategorie ganz vorn landeten, bewerten mag – er belegt, wie austauschbar die deutschen Schaumweine dieser Zeit waren. Und zwar unabhängig davon, ob sie im Tank aus ausländischen Billigweinen produziert oder als Flaschengärung aus heimischem Grundgemisch komponiert wurden. Zu beiden genannten Produktionsarten muss noch als eine Art kritischer Dosage hinzugefügt werden, dass die damaligen Abfüllungen zumeist in die süßliche Richtung tendierten. Otto Normalverbraucher schätzte es gefällig, Champagner war »zu heftig im Geruch und oft auch zu herb im Geschmack«, so die Warentester.

Das Besondere an dieser Verkostung war, dass allein sensorische Kriterien – Farbe, Klarheit, Geruch, Geschmack – das Ergebnis bestimmten. Eine wirkliche Auseinandersetzung mit validen Qualitätskriterien blieb bis in die 1990er Jahre unterbelichtet, nicht nur beim Schaumwein. Symptomtisch dafür ist das von Helmut Arntz, viele Jahre die Autorität in Sachen Sekt, mitverfasste Grundlagenwerk *Champagner und Sekt* von 1962: In dem Buch wird zwar die Geschichte dieses Getränks ausführlich gewürdigt und die Hersteller werden wortreich vorgestellt, es hapert aber an Konkretion und Verkostungsnotizen. Zum Geschmack finden sich lediglich unspezifische Oberflächlichkeiten (»fruchtige Würze und ein blumiges Bukett«) oder Aussagen wie »tendiert der Geschmack immer mehr zu den flüchtigen Sekten mit dem typischen Riesling-Bukett«.[114]

Als selbstbestätigendes Signal an die Bundesbürger genügten Kessler und Konsorten in den frühen Jahren der Republik jedoch absolut. Gleich dem Klassiker der Fresswelle Toast Hawaii ging von

40 Bundespräsident Horst Köhler und der italienische Präsident Carlo Ciampi prosten sich beim Staatsbankett in Schloss Bellevue zu

ihnen ein für jedermann einfach verständliches gustatorisches Zeichen aus – vergleichbar der Losung »Achtung: Südfrucht!«. Ob das analogiebildende Gericht der kulinarischen Weisheit letzter Schluss darstellte, ist vernachlässigbar. Selbst Billigsekt war damals codiert als glamouröses Ausnahmegetränk, weshalb sich die wichtigsten Hersteller – auf die fünf größten zusammen entfiel Mitte der 1960er Jahre ein Marktanteil von über 50 Prozent – mit erheblichem Marketingaufwand mühten, ihr Produkt nach der Devise »Keine Umstände – nur Sekt, bitte« von einem Fest- zu einem Alltagsgetränk umzuwidmen.

Dem französischen Renommiergetränk Champagner entsprechende Winzersekte, die heute zuhauf existieren, kamen erst in den 1980er Jahren auf den Markt. Vorher dürfte es sich für die Winzer aus Kostengründen – Investitionen in entsprechende Technik auf der einen, eigenen Seite, mangelnde Zahlungsbereitschaft auf der anderen, der Kunden-Seite – nicht gelohnt haben, charaktervollen Sekt zu produzieren. Und das, obwohl die Produktion von

Schaumwein gerade in den üblicherweise wenig sonnenreichen Jahrgängen in Deutschland nahegelegen hätte, die Grundweine vertragen nämlich höhere Säuregrade als Stillweine. Die wenigen Jahrgangs-Winzersekte, die vor Mitte der 1980er Jahre auftauchten, stammen von Winzern, die für Stillweine nicht hinreichend reife Partien zum Versekten an einen der großen Markenhersteller gegeben haben dürften.

Neben dem Qualitäts- oder vielmehr: Geschmacksproblem des deutschen Sektes weckt noch ein weiterer Umstand Zweifel an seiner repräsentativen Eignung: nämlich dass die Abfüllungen international weitgehend unbekannt waren. Keine zwei Prozent der Produktion gingen bis in die 1970er Jahre in den Export, wobei die Produkte kaum für Spitzenqualität gerühmt worden sein dürften. Insofern konnte von dem Schaumwein für den Gast, der ihn nicht trinkt, kein gustatorisches Signal ausgehen – außer, dass welcher hierzulande produziert wurde. Und derjenige Staatsbesucher, der ihn probierte, wusste danach, warum er mutmaßlich noch nie davon gehört hatte. Das Problem fehlender Bekanntheit haben die Winzersekte zwar ebenfalls, aber sie sind, sofern angegeben, über die Lage immerhin geographisch eindeutig zuzuordnen.

Falls auf der Menükarte vermerkt, was bis in die jüngere Zeit die Regel war, stand der Sekt an letzter Stelle, unter den früher meist mehreren, später einem Weißwein und dem Rotwein. Mit dem Sekt wird nach der Tischrede des Bundespräsidenten angestoßen, die normalerweise nach dem Hauptgang gehalten wird. Ein Ende fand die Epoche der ausdrucksschwachen Schaumweine in der zweiten Amtszeit von Richard von Weizsäcker.

Beliebigkeit

Zwischen den Bundespräsidenten Heuss und Heinemann sind gewisse Parallelen zu erkennen. Nicht allein waren sie Protestanten, sondern sie teilten genauso die Zurückhaltung gegenüber Protokollarischem. Zudem waren beide eher genügsam, was die kulinarischen Ansprüche anging. Heinemann erwarb sich den Ruf des Kostverächters, am liebsten aß er laut einer in der Presse zitierten Erinnerung eines Mitarbeiters »was er mit einem Gerät bewältigen konnte«, was auf Suppe oder Hühnerfrikassee hinauslief. Im Unterschied zu seinem Vor-Vorgänger trank Heinemann allerdings eher Bier als Wein, das es nach offiziellen Essen beim anschließenden Empfang gab.

Den Worten von Geert Müller-Gerbes zufolge, Heinemanns damaligem Pressereferenten, war dem die Herkunft des Kellerinhalts »ziemlich egal, aber er fügte sich dem Protokoll. Hauptsache flüssig. Er legte keinen besonderen Wert auf Wein«, der sei nebensächlich gewesen, und »dass er von deutschen Trauben stammte, war Sache des Protokolls.« Heinemanns Skatbruder Walter Henkels zufolge lagerte in der Villa Hammerschmidt Champagner, den man zum Kartenspiel trank, vorweg einen alten Mosel. Eine klare Präferenz des Bürgerpräsidenten großbürgerlicher Herkunft scheint es nicht gegeben zu haben. Immer noch im offiziellen Getränkeportfolio befand sich gelegentlich der Heuss'-sche Lieblingswein, Lemberger vom Brackenheimer Zweifelberg. Häufiger ausgeschenkt wurde laut Müller-Gerbes Riesling aus der Lage Wehlener Sonnenuhr, »die war einfach da«, wie er sich erinnert.

In den Genuss dieser erstklassigen Lage, zudem aus einem überzeugenden Mosel-Jahr, kam der schwedische König Gustav VI. Adolf. Als erster Staatsgast konnte er am 8. Mai 1972 die neue protokollarische Versuchsanordnung im restaurierten Schloss Augustusburg samt Staatsbankett mit fortan über 300 Gästen in Augenschein nehmen. Zu der besagten Lage, Abfüller war das hervorragende Weingut Zach. Bergweiler Prüm-Erben, gab es einen weiteren 1969er in Gestalt eines Steinberger Riesling Kabinetts vom Staatsweingut in Eltville. Damaligen Verkostungsnotizen zufolge dürften beide leicht und lieblich gewesen sein. In Rot gefolgt von einem Bordeaux, Château Paveil de Luze 1966, zu der Zeit noch der A. C. Haut Médoc und nicht dem edleren Margaux zugeschlagen, von Michael Broadbent zeitgenössisch mit »Voll, erdig. Ein Wein, den man am besten jung trinkt« begutachtet. So weit, so gut, wirklich, und zum Schluss, wenigstens vom Namen her einem Monarchen angemessen, Henkell Royal.

Die Menükarte listet anders als üblich Winzer und Herkunft der Weine in aller Ausführlichkeit auf. Bis dahin also weitgehende Formvollendung, doch warf der Hauptgang nach einer Vorspeise mit italienischem Einschlag (Spargelspitzen mit Parmaschinken) und einer außerhalb von Europa angesiedelten Suppe (Beeftea »Oriental«) Fragen auf. Der vor dem abschließenden Baumkuchen servierte Hirschkalbsrücken »Peer Gynt« führt zwar in den Norden Europas, allerdings nicht nach Schweden, sondern in das Nachbarland Norwegen.

Für einen peniblen Pflichtmenschen, als der Heinemann galt, sind solche genealogischen Irrtümer eigentlich unverzeihlich. Doch gemessen an dem »Selbstmord mit Messer und Gabel«, wie er Staatsbankette zu bezeichnen pflegte, zumal mit erweiterter Gästeschar, blieb für derlei Spitzfindigkeit wenig Raum. Der Bundespräsident war nun mal kein Feinschmecker. Die Eile im unstaatsmännischen Gang, die man aus der eingangs zitierten Charakterisierung von Siegfried Lenz ableiten kann, ließ sich auf die Heinemann'sche Essgeschwindigkeit übertragen. Er »ist ein schneller Esser, die kulinarischen Freuden sind ihm weniger wichtig als das nachfolgende Gespräch«, wie sein Biograph Joachim Braun noch während der Amtszeit aufschrieb.[115]

41 Defilee im Treppenhaus von Schloss Augustusburg: Bundespräsident
Heinemann, der schwedische König Gustav VI. Adolf, Hilda Heinemann
und Außenminister Scheel

Auch bei anderen Staatsbanketten hätten die Speisenfolgen, die
bundesrepublikanische Bezüge nur in Spurenelementen aufwiesen, überzeugten Patrioten Anlass zur Beanstandung gegeben. Für
den Rumänen Nicolae Ceaușescu, das nominell erste die Bundesrepublik besuchende Staatsoberhaupt eines Ostblocklandes, wurde im Juni 1973 mit Lachsforelle in Dillgelee mit Kaviarschaum-
sauce, Indischer Schildkrötensuppe, dem eher der französischen
Küche zuzurechnenden Lammsattel »Soubise« und Eisparfait
von frischen Preiselbeeren ein international zusammengemixtes

Menü aufgetischt. Die dazu kredenzten Weine indes waren durchweg deutsch und außer dem jahrgangslosen Deinhard Senior alle aus dem exzellenten Jahrgang 1971 stammend. Qualitativ überzeugend, wenn auch zu jung, der Serriger Vogelsang Riesling Kabinett von der Saar, und immerhin originell, dass es zwei Spätburgunder gab, einen allerdings sehr mäßigen Kaiserstühler Tuniberg und nicht ganz so mäßig Waldporzheimer Pfaffenberg – dafür mit Schreibfehler, die Lage an der Ahr schreibt sich ohne »d«.

Geschenke

Aber dies sind Feinheiten, die der Öffentlichkeit verborgen blieben. Einzig in dem von Werner Höfer moderierten »Internationalen Frühschoppen« des WDR spielte Wein eine unübersehbare Rolle in der politischen Öffentlichkeit. Sonst schaffte er es lediglich als protokollarische Kuriosität in die Medien wie im Falle eines Gastgeschenks für den japanischen Kaiser Hirohito, dem 1971 bei einem Besuch gleich 100 Flaschen deutsche Gewächse überreicht wurden samt einer Pergamentrolle, in der die am Rhein gelegenen Weinlagen aufgeführt waren – für einen grundsätzlichen Abstinenzler ein gewagtes Geschenk.

Solche Unüberlegtheiten kommen heute nicht mehr vor, zumindest für Weingeschenke wird höherer gedanklicher Aufwand betrieben. Für US-Präsident Barack Obama versuchte das Land Berlin zum Menü die Weinauswahl zusammenzustellen, die es 50 Jahre zuvor für John F. Kennedy beim Mittagessen im Schöneberger Rathaus – unmittelbar im Anschluss an seine dortige »Ich bin ein Berliner«-Rede – gegeben hatte. Aus der Überraschung wurde nichts, den Weingütern waren die entsprechenden Flaschen ausgegangen. Immerhin eine Flasche des damaligen Rotweins – leider nur ein Moulin-à-vent, dafür aus 1959, abgefüllt von Patriarche Père et Fils – wurde aufgetrieben und Obama überreicht – damals vermutlich halbwegs trinkbar, heute sicher nicht mehr.

Die zu Heinemanns Zeiten vorhandene Unsicherheit, welcher Aufwand den Besuchern angemessen wie der Öffentlichkeit zumutbar sein könnte, spiegelt der Umgang mit einem Ansinnen des WDR wider, der 1970 einen Film über Staatsgeschenke drehen wollte. Obwohl der Sender vorab zusicherte, kein skandalisierendes Stück daraus zu machen, lehnte die Bundesregierung ab, die Öffentlichkeit sei zu diesem Thema durch zwei Bundestagsanfragen hinreichend informiert. Vermieden werden sollte wohl der Eindruck, zu sehr aus den Vollen zu schöpfen beziehungsweise selber zu wertvoller Aufmerksamkeiten teilhaftig zu werden. Dabei sollte eines der teuersten aller Präsente erst noch gemacht werden: Willy Brandt übereignete dem passionierten Automobilisten Leonid Breschnew bei dessen Arbeitsbesuch am Rhein 1973 einen Mercedes 450 SLC. So werbewirksam das an der Spitze des deutschen Automobilbaus rangierende Coupé gewesen sein mag – Schlagzeilen machte vor allem, dass der Generalsekretär der KPdSU den Wagen auf den Serpentinen am Petersberg in den Graben fuhr.

Die Angemessenheit von Geschenken bewegt die für Staatsbesuche hinter den Kulissen Verantwortlichen seit langem. Schon nach dem ersten Staatsbesuch in der Weimarer Republik machte man sich im Auswärtigen Amt Gedanken dazu, das Thema nimmt in der Zusammenfassung der dabei gemachten Erfahrungen breiten Raum ein: »Alles in allem kann gesagt werden, dass der König in Deutschland in zu reichem Masse mit Geschenken bedacht worden ist. Er war von dem ständigen Beschenktsein derartig übersättigt, dass er kein Wort des Dankes fand«, resümiert der Verfasser.[116]

Wenig überraschend verwahrte sich eine Republik später Theodor Heuss gegen allzu viel Großzügigkeit bei Geschenken. 1956 schrieb das Staatsoberhaupt an den Kanzler, dass er keines der amtlichen Präsente als Privateigentum ansehen werde, sondern

dass sich nutzloserweise »das seltsamste Raritäten-Kabinett an-
sammeln« werde. Eine von ihm in dem Brief angeregte Konferenz
der Protokollchefs zur Ausarbeitung von generellen Richtlinien,
»um den leidigen Wettbewerb [...] auf dem Gebiet der Staatsbesuche auch im Interesse der Kostenersparnis zu unterbinden«, sollte tatsächlich stattfinden. Sie erbrachte aber nur wenige greifbare
Ergebnisse.[117]

Behalten dürfen die Beschenkten die Gaben nicht, üblicherweise
werden sie nach dem Ausscheiden des Amtsinhabers an Museen
oder politische Stiftungen gegeben. In einem Fall forderte die Bundesrepublik von den Erben Bundespräsident Lübkes die Heraus-
gabe einer flämischen Tapisserie aus dem Jahr 1700, einem Gastgeschenk von Charles de Gaulle, schätzungsweise 16 000 DM wert.
Vor dem Oberlandesgericht Köln obsiegten die Erben in der Frage,
wer das Eigentum erworben hatte, denn der Wandteppich war, so
die protokollarische Absprache vorab, ausdrücklich für die Privat-
wohnung Lübkes gedacht gewesen.[118] Die Angelegenheit blieb aber
eine Ausnahme, sowohl was die Schönheit des Geschenks wie die
Eigentumsübertragung und die juristische Streiterei anging. Wegen der Kategorie »für persönlichen Gebrauch bestimmt« erwies
es sich als unproblematisch, dass Gerhard Schröder in seiner Zeit
als Bundeskanzler mehrfach Rotwein, den er vom französischen
Präsidenten geschenkt bekommen hatte, bei abendlichen Gesprächen ausschenkte.

Theodor Heuss sollte recht behalten; die Asservatenkammern von
Bundespräsidialamt und Kanzleramt erweisen sich als Schau von
diversen Kuriositäten. Ab und an werden diskret und nach hinreichend langer Verweildauer im Regal das ein oder andere Stück
über die bundeseigene Treuhandgesellschaft Vebeg versteigert,
der Erlös fließt der Bundeskasse zu. Bis in die jüngste Zeit werden aufwändige Geschenke gemacht, wie beispielsweise die Sta-
tuette eines goldenen Rennkamels nebst Jockey, die Horst Köhler
aus Saudi-Arabien bekam. Zumeist jedoch sind es Porzellanfigür-

42 Ein goldenes Kamel für Bundespräsident Köhler

chen, kolorierte Stiche, Skulpturen, Blumenvasen oder Lackscha-
tullen. Manche Mitbringsel sagen mehr aus über die Eigenheiten
des Schenkers als dass sie Wertschätzung signalisieren, wie beispielsweise der golden eingeschlagene Prachtband *The President of
Courage – Ronald Reagan*, den ebendieser Präsident mutig Richard
von Weizsäcker zueignete. Dass der sich, der wenige Tage später
am 8. Mai 1985 nach allgemeiner Auffassung eine der größten Reden eines Bundespräsidenten überhaupt halten sollte, mit einem
Stammbaum derer von Weizsäcker revanchierte, ist auszuschlie-
ßen.

Willy Brandt

Doch zurück zu Tisch. Auf die Präferenzen der Gäste wurde dort nicht immer in gleicher Weise Rücksicht genommen. Selbst wenn man in Sachen Gleichbehandlung damals generell noch nicht so weit war, würde wohl noch heute die Idiosynkrasie eines Prinzgemahls aus einer westlichen Demokratie die Vorlieben der Ehefrau eines östlichen Diktators übertrumpfen. Daher musste sich das Ehepaar Tito aus Jugoslawien im Juni 1974, Heinemanns letzte Staatsbesucher in der Woche vor seinem Ausscheiden aus dem Amt, mit Fürst von Metternich Prädikatssekt begnügen. Immerhin konnten die beiden das Abendessen noch in Schloss Augustusburg einnehmen, das anschließend für vier Jahre wegen Restaurierungsmaßnahmen seine Pforten schließen musste. Die Botschaft in Belgrad hatte nach einem Gespräch des Botschafters mit dem Protokollchef von Josip Broz Tito über die Gewohnheiten des Staatschefs vermerkt, »Champagner möge er im Gegensatz zu Frau Broz nicht sehr; Rotwein schätzt er, ebenfalls deutschen Weißwein, dieser müsse allerdings so trocken wie möglich sein.«

Vermutlich macht es einen Unterschied, ob wie im Falle von Prinz Bernhard der Außenminister auf die Neigungen des Gastes hinweist oder dies Beamte aus dem Apparat tun. Hinsichtlich möglicher Speisen hieß es, »er esse besonders gern Speiseeis«, müsse jedoch »eine gewisse Diät halten« und würde sich aber »sicherlich über deutsche Spezialitäten freuen. Er schätze Eisbein mit Sauerkraut ganz besonders, das ihm vielleicht in der Provinz serviert werden könnte.« Neben dem genannten Sekt gab es zwei Rieslinge und einen weiß gekelterten Kaiserstuhl Tuniberg Spätburgunder Weißherbst, allesamt aus dem Jahrgang 1971, wobei der letztaufgeführte Rosé nicht eben das ist, was man unter einem trockenen Wein verstehen würde. Der patriotischen Getränkeauswahl zum Trotz bekamen die Gäste zur Vorspeise, très français, getrüffelte

43 Willy Brandt gratuliert Gustav Heinemann zu dessen Wahl zum Bundespräsidenten am 5.3.1969

Gänseleberpastete vorgesetzt. Anschließend Hummerkraftbrühe, Kalbsrückensteak und – auf der Vorlage einem weitverbreiteten Rechtschreibfehler entsprechend falsch geschrieben – Eisbisquit mit heißer Sherry-Brandy-Sauce. Titos Gusto dürfte dieses international exquisite Menü samt Rosé kaum entsprochen haben.

Titos knapp vier Jahre zurückliegende inoffizielle Stippvisite in Westdeutschland war dagegen zwar von Sicherheitsbedenken geprägt gewesen, das Essen dafür regionaltypisch und dem Gast mutmaßlich mehr behagend. Zusammenfassend hieß es in den Medien: »Aus Furcht vor kroatischen Attentätern versteckten sich Präsident Tito und Kanzler Brandt, Frau Rut im Kosakenlook, bei rheinischem Reibekuchen und gekühltem Steinhäger hinter den Mauern des 4711-Schlößchens Röttgen bei Köln.«[119]
Der mittlerweile etwas aus der Mode gekommene Wacholderschnaps befand sich zu der Zeit in seinem Absatzzenit. Dem entsprachen die Trinkgewohnheiten des gastgebenden Bundeskanz-

179

lers, über die diverse Geschichten existieren. Wie seinerzeit die Bundesbürger war er harten Getränken und Bier mehr zugetan als dem Wein – der dem Regierungschef der ersten sozial-liberalen Koalition lediglich zu einem Kalauer gereichte: »Wer nur vier oder fünf Flaschen Wein im Keller hat, hat relativ wenig, wer aber vier oder fünf Flaschen im Kabinett hat, hat relativ viel.«

Dass Brandt, der sowieso kein Genussmensch war, weder gastrosphisch, noch – entgegen dem landläufigen Urteil – künstlerisch interessiert, bis in seine späten Jahre mit Wein wenig anfangen konnte, war seiner Sozialisation geschuldet. Das Trinken hatte er im norwegischen Exil gelernt; Wein, weil kaum erhältlich, war in den 1930er Jahren dort nicht Mittel der Wahl und die Verbindung von Arbeiterbewegung und Alkohol war sowieso nie sublim. In der Berliner Zeit brachte zuerst sein parteiinterner Gegenspieler Franz Neumann den Begriff »Weinbrand-Willy« in Umlauf, dessen sich später zwecks Diffamierung sowohl DDR-Propagandist Karl-Eduard von Schnitzler im »Schwarzen Kanal« wie die Junge Union im Wahlkampf bediente.

Doch so hart es Brandt traf, dass er sich in einer gesundheitlichen Krise im Umfeld der Bundestagswahl 1972 generell beim Alkohol zurückhalten und von Bier auf Wein umsteigen musste – schlimmer war, dass er, der notorische Kettenraucher, seinen Tabakkonsum einschränken sollte. Es ist unbestritten, dass der Sozialdemokrat viel, zu viel trank, und sich wegen seiner depressiven Verstimmungen wiederholt vor anderen Menschen zurückzog. Legendär ist die Szene, nach der Horst Ehmke als Kanzleramtschef im Schlafzimmer des Bundeskanzlers »Willy, aufstehen, wir müssen regieren« rief. Inwieweit diese Phasen im Zusammenhang mit erhöhtem Alkoholgenuss standen, bleibt Spekulation. Brandts ältester Sohn Peter räumt ein, dass sein Vater viel trank, er sei aber kein Alkoholiker gewesen – welche definitorische Abgrenzung dem immer zugrunde lag.[120]

Aus den 1970er Jahren existieren interne Bestellzettel aus der SPD-Parteizentrale für Sitzungen unter Leitung des Parteivorsitzenden Brandt, die zu normalen Bürozeiten, teils sogar zum Frühstück, mit jeweils um die zehn Teilnehmern stattfanden, auf denen als Sonderwunsch jeweils »1 Fl. Kognak« vermerkt ist. So waren die Bonner Sitten in dieser Zeit. Wein blieb für den ersten sozialdemokratischen Bundeskanzler bestenfalls ein Schmiermittel diplomatischer Konversation, nicht jedoch repräsentativer Selbstdarstellung. Darin waren sich Brandt und Heinemann, deren Amtsan- wie -abtritte jeweils nur kurze Zeitspannen auseinanderlagen, ähnlich.

MEHR PROTOKOLL WAGEN

Walter Scheel

Den wohl deutlichsten Unterschied zwischen zwei Amtsinhabern markiert protokollarisch der Wechsel vom dritten zum vierten Staatsoberhaupt. War die Öffentlichkeit durchaus geneigt, Gustav Heinemann ein gutes Zeugnis auszustellen, zeigte man sich Walter Scheel gegenüber sehr viel ungnädiger. *Der Spiegel* überschrieb eine Bilanz kurz vor dessen Abschied aus der Villa Hammerschmidt mit einem anonymen Insider-Zitat: »Zufall, daß er das Amt nicht ruiniert hat.« Nicht zuletzt Scheels Hang zu öffentlich zur Schau gestellter Lebensfreude wurde darin spöttisch kommentiert: »Sir Walter, dem vierten Amtsinhaber, schien es an der Zeit, die Verfassung voll auszuschöpfen und außer Macht- auch Prachtentfaltung zu betreiben. Ganz demokratisch sollte alles sein, wirkte dann aber nur peinlich: schöner wohnen, essen und trinken.«[121]

Ob angemessen oder nicht, die kritische Bewertung Scheels reflektiert einerseits die generelle Skepsis der Deutschen – oder vielmehr: vieler Journalisten – gegenüber staatlichem Zeremoniell. Einer der wenigen diesem Staatsoberhaupt zugeneigten Journalisten, Rolf Zundel, sah die Ursache weniger im Betrachteten als bei den Betrachtern, denn es seien »Klatschkolumnisten und politische Fundamentalisten«, die »gleichermaßen den Eindruck einer formschönen, aber aufwendig-oberflächlichen Amtsführung« vermittelten. Recht machen konnte man es sowieso niemandem, denn ausgerechnet *Der Spiegel* mokierte sich noch einige Jahre nach der Abrechnung mit Scheel darüber, dass »die Bonner Eß- und Trinkkultur allenfalls Mittelmaß« sei.[122]

Zum anderen dürften spätere Urteile nicht ganz ungetrübt von mancher Verhaltensweise sein, die nach dem Ausscheiden aus dem

Amt in Erscheinung traten. Dass der zweifache Witwer für seine dritte und letzte Eheschließung 1988 beim Generalbevollmächtigten des Moët-Hennessy-Konzerns um – nennen wir es – Sponsoring bat, war ein gefundenes Fressen selbst für liberale Medien. Gleichfalls erfüllte das Safranrisotto mit Blattgold, einer der zwölf Gänge, den Tatbestand der üblen Nachrede, hätte es sich dabei um reine Kolportage gehandelt.[123]

Scheel, der kurz vor seinem 60. Geburtstag die Villa Hammerschmidt verließ, an den Jahren danach zu messen, heißt ihm Unrecht tun, nicht nur in repräsentativer Hinsicht. Zweifelsohne wies sein Leben einige Ambivalenzen auf, doch es sei die These gewagt, dass der rhetorisch hochbegabte Multi-Parlamentarier, zweifache Minister, FDP-Parteivorsitzende und Mitautor der »Freiburger Thesen« und schließlich Bundespräsident als einer der wichtigsten bundesdeutschen Nachkriegspolitiker in die Geschichte eingegangen wäre, wenn seiner politischen Biographie nicht noch ein langer, insbesondere gesellschaftlich schillernder Lebensabschnitt gefolgt wäre. Seine Ernennung zum »Feinschmecker des Jahres« (1981) und Präsidenten des »Direktoriums für Vollblutzucht und Rennen« (1982), diverse aufsehenerregende Weinproben sowie die dritte Hochzeit kamen jedenfalls nach Beendigung seiner politischen Laufbahn. So jedenfalls waren bei der Trauerfeier, als Scheel 2016 im Alter von 97 Jahren zu Grabe getragen wurde, unter anderen die Promi-Köche Eckart Witzigmann und Hans-Peter Wodarz zugegen. Sie ließen gemeinsam mit dem Winzer Fritz Keller einen Trauerkranz fertigen, auf der Schleife stand »In kulinarischer Dankbarkeit«. Ebenfalls mit einem Kranz vertreten war die französische Kochlegende Paul Bocuse, der gemeinsam mit seinem Drei-Sterne-Kollegen Marc Haeberlin ein »Merci« übermittelte.

Sicherlich, Scheel baute das protokollarische Zeremoniell aus; ab 1978 begrüßte der Bundespräsident ausländische Staatsgäste nicht mehr am Bahnhof oder Flughafen, sondern auf dem Gelände der Villa Hammerschmidt, und er rehabilitierte den Frack, den er bei

Staatsbesuchen von Monarchen wieder zum Standard erhob. Ansonsten genügte für gewöhnliche Staatsoberhäupter der Smoking, bei Generalsekretären kommunistischer Parteien aus dem Ostblock ein dunkler Anzug.

Zu dieser Kaste gehörte Scheels erster höchstoffizieller Gast, der Vorsitzende des Staatsrates von Bulgarien, Todor Schiwkow. Dessen Visite Ende November 1975 hinterließ kaum Spuren in Pressearchiven. Die servierten Weine waren gleichermaßen nicht weiter bemerkenswert. Beim Abendessen, das wegen der Renovierung von Schloss Augustusburg unglamourös im Hotel Königshof stattfinden musste, kamen Gewächse auf die Tafel, die es genauso bei Heinemann hätte geben können. Das Beste war der erste Riesling zu Mittag, eine 1971er Serriger Vogelsang Auslese, die Weißen sonst eher aus nicht ganz hochklassigen Lagen, Prädikatsstufen und Jahren. Ob die Limberger Spätlese aus dem Weinsberger Schemelsberg trotz des ausgezeichneten Jahrgangs 1971 wirklich so herausragend war, dass sie mittags wie abends hätte ausgeschenkt werden müssen, bleibt dahingestellt. Immerhin sorgte diese Spätlese für eine gewisse repräsentative Kontinuität, denn Scheels Vorgänger Heinemann hatte sie auch schon bei Staatsbesuchen im In- wie Ausland anbieten lassen. Die Speisen kamen ziemlich französisch und keinesfalls frugal daher, mittags gab es unter anderem Trüffelkraftbrühe und mit Gänseleberparfait gefülltes Stubenküken. Abends mit im Angebot waren laut der Aufstellung des Königshofes Helgoländer Hummer kalt »en Bellevue« (was immer das heißt) und Suprême von Vierländer Ente à l'orange mit Duchesse-Kartoffeln und Kaiserschoten mit Morchel, beschlossen von Omelette Surprise flambiert mit Williams-Birne.

Befremdliche Bilder

Anders als bei Gästen aus sozialistischen Staaten, war der Frack bei Monarchen noch erwünscht. Orden, die insbesondere bei royalen Staatsbesuchen großzügig getauscht wurden, kamen auf ihm bestens zur Geltung. Weil mittlerweile allerdings sogar bei gekrönten Häuptern zeremoniell-bekleidungstechnisch abgerüstet wurde, befremden die Bilder von solchen Staatsbanketten aus Bonner Zeiten.* Ihrem für heutige Augen irritierenden Prunk setzte der Fotograf und Schriftsteller Lothar-Günther Buchheim mit einem Bildband über den Staatsbesuch des spanischen Königs Juan Carlos I. im April 1977 ein fotografisches Denkmal. Auf den Bildern von einer Opernvorstellung in der Bonner Beethovenhalle – gegeben wurde die *Entführung aus dem Serail* – und dem anschließenden Bankett in der Bad Godesberger Redoute sind bei den Befrackten reichlich Orden erkennbar, darunter diverse aus dem Zweiten Weltkrieg. »Eiserne Kreuze waren gut vertreten«, wie der ehemalige Frontberichterstatter Buchheim im Begleittext anerkennend schreibt.

Das Tragen des vollen Ordensornats – außer der im Rahmen des Staatsbesuchs höflichkeitshalber getauschten Ehrenzeichen, einer rückläufigen Praxis – kam mit dem Amtswechsel von Scheel zu Carstens aus der Mode. Vorher galt, dass der erwünschte Glanz erst durch Orden entstand. Außerdem: »Wer ohne Dekoration erscheint, läuft Gefahr, mit einem Kellner verwechselt zu werden«,

---

* Bei Staatsbanketten selbst zu Ehren von gekrönten Häuptern wird mittlerweile auf den Frack verzichtet – wie bei den anderen hierzulande stattfindenden Staatsbanketten lautet die Bekleidungsformel »Smoking/Abendkleid«. Geht der Bundespräsident seinerseits auf Reisen, sollte er beim Besuch von Monarchien nach wie vor einen Frack im Gepäck haben, während bei Republiken und anderen Staatsformen der Smoking ausreicht, teilweise sogar ein dunkler Anzug.

44 Ein Toast auf den spanischen König in Uniform mit Bundesverdienstorden nebst Eisernem Kreuz, mehr als 30 Jahre nach dem Ende des Zweiten Weltkriegs

wie es in einem Buch über die Bonner Gesellschaft Ende der 1960er Jahre heißt. Der Bildband wiederum, zu dessen Verfertigung Buchheim vom Bundespräsidialamt eingeladen wurde, kann als Indiz für den Drang Scheels dienen, den Glanz seiner Präsidentschaft dokumentiert zu wissen.[124]

Beinahe so absonderlich wie die Ordensprache wirkt aus heutiger Perspektive die auf Bildern der Bonner Republik ersichtliche Selbstverständlichkeit des öffentlichen Rauchens. Tabakwaren gehörten dort zu einer gelungenen Abendveranstaltung, weshalb sie zu den auf den Auftragsbestätigungen der anliefernden Hotelküchen vermerkten Produkten zählten. Der Hinweis lautete hier analog zum Wein, dass der Veranstalter sie bereitstellt. Dass die Zigarre zu einem Wiederaufstiegssymbol des Wirtschaftswunderlandes avancierte, personifizierten an der Staatsspitze der leidenschaftlich qualmende Theodor Heuss und vor allem Ludwig Erhard.

Tabakkonsum war eine gesellschaftlich anerkannte Übung. Beim ersten Staatsbesuch in der Bundesrepublik, dem von Haile Selassie, hieß es in einem vorbereitenden Vermerk: »Der Herr Bundespräsident hält seine Rede nach dem Braten, sobald der Sekt eingegossen ist, worauf der Kaiser erwidert. (Da sehr schnell serviert wird, kann Rauchen unterbleiben.)« Angemessenen Verkostungsbedingungen von Weinen war der Tabakqualm keinesfalls zuträglich – aber dazu suchte sowieso niemand eine staatsoffizielle Veranstaltung auf.

Von Willy Brandt existieren vermutlich mehr Fotografien mit Zigarette oder anderen Tabakwaren als ohne, bei Helmut Schmidt dürfte es sich um eine gesicherte Erkenntnis handeln. Beim Frönen seiner Sucht erhielt er von höchsten Stellen Unterstützung, selbst als der Qualm schon aus dem öffentlichen Raum verbannt war. Bundespräsident Horst Köhler schickte dem Altkanzler im Dezember 2007 zu seinem 89. Geburtstag, unmittelbar bevor zum 1. Januar 2008 das Nichtraucherschutzgesetz in Kraft trat, einen kleinen Aschenbecher als Geschenk. Schmidt bedankte sich höflich. Der Chef des Bundespräsidialamtes hatte zum Umgang mit der neuen Vorschrift in einer internen Runde noch verkündet, dass im Schloss fortan nur noch eine Person rauchen dürfe, nämlich Helmut Schmidt.

Im schriftlichen Teil seiner Staatsgala vertat sich Bestsellerautor Buchheim, sonst eher für U-Boot-Expertise bekannt, in der Beurteilung seines Gastgebers. Angeblich sollte es bei dem Bankett »so inländisch spartanisch zugehen wie gewöhnlich in der Villa Hammerschmidt: schlichtes Essen, mäßiger Wein – schlicht um schlicht, wie es der Hausherr verlangt.« Damit dichtete er Scheel eine übermäßige Bescheidenheit an, die – unbeachtet der Qualität des offensichtlich opulenten Menüs, aufgetischt wurden unter anderem Hummerterrine, gegrillte Ente und Eisauflauf mit frischen Waldhimbeeren – die Fotos in dem Bildband auch nicht wiedergeben.

Der auf dem Bankett zu Ehren des jungen spanischen Königs

45 Willy Brandt, Herbert Wehner und Helmut Schmidt auf einem SPD-Parteitag 1968

offerierte Wein erweist sich in der Kombination indes als kurios: Der Weiße ein Ockfener Geisberg 1974 – um die Jahrhundertwende einer der besten, dann aber verkommenen Lage, zudem ein miserabler Jahrgang –, der Rote wieder die 1971er Limberger Spätlese. Hier erwies sich einmal der Rotwein besser als der Weiße.

Ambivalenzen

»Die Schwierigkeit war der Rotwein, Weißwein ging immer«, sagt Heinrich Seemann, der sich als außenpolitischer Berater Walter Scheels und Karl Carstens' bis 1982 ebenfalls um protokollarische Dinge kümmerte. Dementsprechend waren es öfters französische Weine, die Scheel anlässlich von Staatsbesuchen auftischen ließ – aber anders als in der Presse insinuiert, keine, mit denen sich besonders viel Eindruck hätte schinden lassen. Und weniger Bordeaux als behauptet, sondern eher Burgund, dazu meistens ohne präzise Lagen- und Produzentenangabe und häufig aus mediokren Jahren.

Château de Pommard aus dem grausigen Jahrgang 1974 für seinen letzten Staatsgast etwa, den finnischen Präsidenten Urho Kekkonen im Mai 1979. Dazu Riesling Kabinett vom Eitelsbacher Kronenberg – einem Bereich im noblen Karthäuserhofberg, wobei es, um das zu wissen, aber gehobener Kenntnisse der Lagengeographie an der Ruwer bedarf – aus dem nicht minder furchtbaren 1977. Zum Anstoßen nach den Reden das sogar für Scheel unumstößliche Kessler Hochgewächs – aber der Finne war aus deutschen Gläsern Schlimmes gewohnt, wie sich im weiteren Verlauf zeigen wird. Denselben Sekt für US-Präsident Jimmy Carter im Juli 1978, dazu nicht weiter bezeichneter Nuits »Les Vaucrains« aus dem minderen 1973er Jahrgang. Dessen Bezeichnung erwies sich als ungeschickt, da der Burgunder immerhin ein Premier Cru war, und das »Nuits« den korrekten Zusatz »St.-Georges« hätte vertragen können – eventuell wurden enzyklopädische Kenntnisse bei den Gästen vorausgesetzt.

Vorneweg eine Spezialität der liberalen Angebotspolitik unter dem ehemaligen FDP-Parteivorsitzenden, 1976er Auggener Schäf Gutedel Kabinett von der dortigen Winzergenossenschaft. Dieser leichte, süffige Wein avancierte zum Standardweißen dieser Präsidentschaft, er wurde auch bei anderen Staatsbesuchen querbeet ausgeschenkt, unter anderem an den sudanesischen Präsidenten Dschafar Muhammad an-Numairi und Hafez al Assad aus Syrien, jeweils in einer ähnlichen Kombination mit weitgehend anonym bleibenden Burgundern. Bei dieser Abfüllung handelte es sich zwar um einen der besseren Gutedel, was aber nicht viel hilft. Mit der Rebsorte machen sonst vor allem Skiurlauber im Wallis beim Käsefondue unter dem Namen Fendant Bekanntschaft, ihr Anteil an den deutschen Rebflächen hält sich seit Jahrzehnten bei knapp über einem Prozent. Das simple Gewächs, noch heute für unter fünf Euro erhältlich, könnte als Ausdruck vinophiler Binnenpluralität unter Scheel verbucht werden. Allerdings war der Lieblingsstillwein des Staatsoberhauptes der gleichermaßen unglamouröse Elbling, aus derselben Klasse »unkomplizierter Durstlöscher für Sommertage« stammend.

Und ja, Scheel trank gern Champagner. Trotzdem ließ er ihn nicht ständig servieren, wie die Presse behauptete und worüber sich Winzerverbände entrüsteten – zumindest nicht bei Staatsbanketten, von Einzelfällen, von denen noch die Rede sein wird, abgesehen. Gleiches galt für wirklich hochklassige ausländische rote Gewächse in der Klasse eines Château Gruaud Larose 1970, der für König Hussein I. von Jordanien im November 1978 aufgefahren wurde. Für ihn machte man ebenfalls eine Ausnahme vom Standard-Gutedel, es gab Oestricher Lenchen Riesling Spätlese aus dem ausgezeichneten 1976er Jahrgang. Der ergänzend gereichte Deutz & Geldermann 1975, nicht der aus der Champagne, sondern aus Deutschland, war in der ausgehenden sozial-liberalen Phase häufiger dabei.

Nicht einmal die Weinbegleitung für offizielle Essen unterhalb des höchsten Zeremoniells entsprach den Annahmen über die Scheel'sche Ausschankliberalität. Zwar erscheinen auf den Speisekarten durchaus noblere Kompositionen wie 1975er Würzburger Stein/Harfe Riesling Spätlese, Château Talbot 1970 und Champagne Deutz Blanc de Blancs, aber im Gegenzug genauso Abfüllungen wie 1971er Ardent de Paradour Côtes du Rhône AC oder Domaine des Ravatys, ein Beaujolais aus dem schwachen Jahrgang 1973. Und gab es ausnahmsweise mal Scharzhofberger Kabinett, dann aus dem grauenhaften 1974er Jahrgang. Insgesamt belegen die Menükarten dieser Zeit einen nicht nachvollziehbaren Hang zu miesen Jahrgängen.

Der dem Bundespräsidenten nicht vollkommen zu Unrecht unterstellte gehobene Lebenswandel befremdete sogar manchen Parteifreund: Kubanische Zigarren, Schuhe vom Prominenten-Schuhmacher Julius Harai und Maßanzüge von Max Dietl – ohne Hinweis auf Letztere kam kaum ein Nachruf auf den Liberalen, der schon

1969 als »Krawattenmann des Jahres« geehrt worden war, aus. Dem allem haftete etwas Maßloses und Halbseidenes an – Überschriften wie »Wir haben auch Champagner«, unter der *Der Spiegel* nach zehn Monaten Scheels im höchsten Amte eine erste Bilanz zog, waren die Folge, wie die Ironisierung durch dasselbe Magazin als »Ihre Bürgerliche Hoheit im Dienste der Völkerverständigung« auf einer seiner letzten Auslandsreisen.[125] Das entbehrte nicht einer gewissen Süffigkeit, doch die fortgesetzte Fokussierung auf Gebaren und Stil des Bundespräsidenten zeichnete ein unvollständiges Bild. Es wurde gespeist von deutlichen Kontrasten in verschiedenen Dimensionen – und war gerade wegen seiner Einseitigkeit dennoch nicht scharf. Bei keinem anderen Bundespräsidenten wird so deutlich wie bei Scheel, dass das Image des jeweiligen Amtsinhabers die Annahmen über die Ausschankpolitik bestimmte. Befördert wurden sie von der Vorstellung, dass deutscher Rot- und Schaumwein nicht edel genug sein könnte, um ihm zu genügen.

Dieses Phänomen wird ähnlich im Politischen deutlich. Es stimmt, dass Scheel versuchte, die Rolle des Staatsoberhauptes auszudehnen, was ihm gelegentlich angekreidet wurde. Das hatten schon seine Vorgänger probiert. Doch beim ehemaligen Außenminister war die Fallhöhe größer, nachdem er wenige Monate vor seiner Wahl in einem Gastbeitrag die Frage aufgeworfen hatte, ob der Bundespräsident fortan nicht politischer wirken könne, insbesondere bei der Außenvertretung des Bundes nach Art. 59 des Grundgesetzes und als »Präsident in Europa«.[126] Andererseits bekam manche politische Deutung nicht die Aufmerksamkeit, die sie verdient gehabt hätte – oder sie kam zu früh. Ein Beispiel dafür ist eine Rede zum 30. Jahrestag des Endes des Zweiten Weltkrieges, in der Scheel den im Gedächtnis der Bundesrepublik alleinig seinem Nach-Nachfolger zugeschriebenen Gedanken entfaltet, der 8. Mai 1945 sei nicht nur eine Niederlage, sondern auch eine Befreiung gewesen.

Dieses Urteil gilt für die Qualität vieler Reden des vierten Bundespräsidenten. Sogar seine »Hoch auf dem gelben Wagen«-Gesangseinlage, über die bis heute gespottet wird, sollte fairerweise im Kontext von Zeit und Zweck beurteilt werden. Der Aktion Sorgenkind brachte die Platte unstreitig viel Geld ein, und Scheel, damals noch Außenminister, konnte wirklich singen. Staatszeremoniell erlangte das Lied Bedeutung, weil es bei einem Besuch Scheels in Mali anstelle der bundesdeutschen Nationalhymne intoniert wurde. Ob es jedoch auf dem Staatsakt zu Ehren des vierten Bundespräsidenten wirklich hätte gespielt werden müssen, bleibt dahingestellt, allein die zur Extrovertiertheit neigende Witwe wollte es wohl so.

Nicht zuletzt wurde Scheel politisch hin und wieder wegen seiner Lebensfreude unterschätzt. Seine Heiterkeit kaschierte die Härte, zu der er fähig war, nicht zuletzt sich selbst gegenüber. Geflissentlich übersehen wurden Zeichen von Bescheidenheit. Scheel ließ sich in einer Mercedes S-Klasse der Baureihe W116 kutschieren und nahm damit Abstand von einem 600er als Staatskarosse. Als Außenminister hatte er noch vergeblich versucht, seinen Vorgänger Heinemann zu diesem Dienstwagen zu überreden, um in der Folge zwecks Exportbeflügelung einige Botschafter damit ausstatten zu können. Ebenfalls ließ er die Diplomatenjagd mit der lapidaren Begründung einstellen, man müsse sparen, obwohl er persönlich den Jagdschein unmittelbar vor seinem Einzug in die Villa Hammerschmidt erworben hatte. Der wahre Grund dürfte allerdings in heftiger Kritik von Tierschützern zu suchen gewesen sein.[127] Die DDR sollte an dem postfeudalen Jagd-Brauchtum übrigens länger festhalten als die des Imperialismus geziehenen Brüder und Schwestern im Westen.

Helmut Schmidt

Der Eindruck einer prunkvollen Amtsauslegung mag sich nicht nur aus dem Kontrast zu Scheels Vorgänger eingestellt haben, sondern ebenso im Vergleich mit dem fast zeitgleich ins Amt ge-

46 Walter Scheel und Helmut Schmidt mit Cola-Flasche hinter dem Rücken in einer Anzeige für das Magazin *Esprit,* karikiert von Klaus Böhle

langten Bundeskanzler Helmut Schmidt. Mit Protokollarischem konnte der Sozialdemokrat wenig anfangen, mit Gaumenfreuden erst recht nicht, »er ernährte sich von Coca-Cola, Eiscreme und achtzig Menthol-Zigaretten pro Tag«, wie es der vormalige *Stern*-Chefredakteur Peter Koch in Worte fasste. Die von Schmidt in einer späteren Lebensphase herausgegebene *Zeit* bemerkte 1977 seine Neigung zu Eintopf, bei dem er löffelnd »notfalls auch das Aktenstudium fortsetzen« kann, und dass der Bundeskanzler »oft die Besucher – manchmal sogar Staatsoberhäupter – spüren läßt, daß sie ihm Zeit für Wichtigeres wegnehmen«.[128]

Der von Heuss und Adenauer her bekannte Antagonismus zwischen Präsident und Kanzler, wurde in der zweiten Hälfte der 1970er Jahre unter umgekehrten Vorzeichen offensichtlich. Auf eine fehlende Achtsamkeit für das Protokollarische lassen, wenig

47 Walter Scheel

überraschend, die unter Schmidt – laut Eigenauskunft »kein guter Weintrinker«, er bevorzugte Whisky, »und den durchaus auch zur Zigarette«[129] – servierten Gewächse schließen. Um es kurz zu machen: Ein Konzept ist nicht erkennbar, das Motto könnte »bunte Mischung« gelautet haben.

Im Angebot befanden sich rein deutsche Zusammenstellungen wie für Königin Elizabeth II. im Mai 1978, mit dabei neben deutschem Sekt Kaseler Kehrnagel Riesling 1975 und Oberbergener Baßgeige Spätburgunder 1976, beide zwar im Kabinettsrang, aber sehr günstig zu erwerben. Oft wurden die Weißweine aus heimischen Landen jedoch ergänzt von rotem Bordeaux, umflort vom gemeinschaftlichen Band zweifelhafter Qualitäten, was die Jahrgänge und teilweise die Lagen anging.

Der im Juni 1980 dem König von Saudi-Arabien beim Abendessen offerierte Château Saint Paul, ein »kleiner« Haut-Médoc, aus dem unterirdischen 1977 ließe sich ironisch damit rechtfertigen, dass der Muslim offiziell ohnehin keinen Alkohol trinken durfte. Insofern wird ihm das fehlende »e« bei der Bezeichnung des Weißweins – 1978er Kallstadter Kreidkeller Riesling Silvaner Kabinett,

194

nicht wirklich Bundesliganiveau – egal gewesen sein, der Sekt immerhin Schloss Vaux Favorit 1977, was aber irgendwie nach DDR-Provenienz klang. Minderwertigen Rotwein hätte es aus deutschen Landen zur Genüge gegeben.

Der Gruaud Larose für Khalid bin Abdul Aziz al Saud am Vorabend stammte mit 1974 zwar aus einem marginal besseren Jahr, aber wenigstens von einem Deuxième Cru. Literarischen Connaisseuren ist das Château aus Thomas Manns *Zauberberg* bekannt, auf dem Hans Castorp eine Flasche Gruaud Larose nicht benannten Jahrgangs zu einem vorzüglichen Essen bestellt. Dank der schriftstellerischen Phantasie sollte ein erfreulicherer vorstellbar sein als der 1974er, den es damals häufiger im offiziellen Bonn gab.

Vielleicht lag die Ehrerbietung gegenüber dem Saudi in der subtilen Demonstration, dass den Trinkern nichts wirklich Überzeugendes vergönnt war. Der Avelsbacher Altenberg Riesling Qualitätswein 1978 und Deutz & Geldermann Brut 1976 jedenfalls bewegten sich auf ähnlichem Niveau. Passenderweise überschrieb *Die Welt* ihre »Bonn Soir«-Kolumne über das Staatsbankett mit »Alkohol – nur wenn Majestät wegschaut«. Die sehr anständige Auswahl beim vorhergehenden eher intimen Mittagessen im Haus des Bundespräsidenten inklusive Champagne Moët et Chandon Brut, einem hochklassigen Riesling vom Karthäuserhofberg 1979er Eitelsbacher Sang Riesling Kabinett halbtrocken und dem nicht näher ausgewiesenen Aloxe Corton AC aus dem im Burgund überzeugenden 1976 lässt indessen vermuten, dass dort die Formulierung »Alkohol – nur wenn keiner hinschaut« passender gewesen wäre. Die Menüs der drei Verköstigungen in anderthalb Tagen waren – gut aufeinander abgestimmt – sämtlich recht gehaltvoll, der Gewichtigkeit des Gastes somit angemessen.

Wie aus dem Bundestagswahlkampf der CDU 1969 bekannt, kommt es auf den Kanzler an – und bei Schmidt war die fehlende protokollarisch-kulinarische Vision charakteristisch. Protokollchefs hielt er für »notwendig«, manche davon jedoch für »größenwahnsinnig. Die muss man ablösen.« Die Großmannssucht

machte er daran fest, dass sie »[…] nicht nur die Tischordnung bestimmen [wollen], sondern auch das Essen und welcher Wein getrunken werden soll. Der Wein ist mir egal, das Essen ist mir auch
egal. Aber mir ist nicht egal, wer zum Essen eingeladen wird.«[130]
Immerhin. Insgesamt erweckt die Getränkewahl bei den Bundeskanzlern den Eindruck größerer Freiheit, während es bei Staatsoberhaupts bloß bei Veranstaltungen jenseits des hochoffiziellen
Anstrichs möglich schien, eigenen Präferenzen zu folgen. Um Details kümmerte sich der pflichtbesessene Bundeskanzler alleinig
im Politischen, während der lebensfrohe Präsident dies im Protokollarischen tat. Er änderte schon mal eine Menüfolge, wie etwa
beim Besuch seines portugiesischen Kollegen Ende 1977, weil er
ihm, da von der Küste kommend, den vorgesehenen Hummer er-
sparen wollte. Mit Hasenrücken und Steinpilzen fand sich dann
ein regional wie jahreszeitlich halbwegs passender Hauptgang.[131]

Bei allem Spott über Scheels Vorlieben – diese entsprachen dem
Zeitgeist. Mit Beginn der 1970er Jahre erfolge eine kulinarische
Wende: In München öffnete das Restaurant Tantris, mit dem die
Westdeutschen auf den Geschmack der Nouvelle Cuisine kamen;
die ersten Gourmetzeitschriften erschienen, 1972 *Essen & Trinken*,
drei Jahre danach *Der Feinschmecker*. Der Weinkonsum stieg in
Westdeutschland bis Mitte der 1970er Jahre stetig an, seitdem liegt
das Niveau mit um die 20 Liter pro Kopf und Jahr in etwa konstant, wobei die Bundesdeutschen für ihre Ernährung einschließlich von Genussmitteln damals noch fast ein Viertel ihres Einkommens aufwenden mussten. Persönlich beschrieb Scheel zwei Jahre
nach Amtsende seine Motivation folgendermaßen: »Ich wollte
doch nur der deutschen Küche internationale Geltung verschaffen
und trat mit Erfolg für naturreinen Wein ein, und ich wünschte,
daß wir wieder schmunzeln, ich demonstrierte Lebensbejahung,
die Tiefe ja nicht auslassen muß, wohl aber Sauertöpfigkeit.«[132]

Qualitätshindernis Weingesetz

In einem Punkt vertat sich Scheel in dem zuvor zitierten Gespräch mit dem Schriftsteller Ben Witter – das »naturrein« war mit dem deutschen Weingesetz von 1971 als Gütezeichen perdu. Die Abschaffung aller Begriffe rund um das Wörtchen »natur« führte unter anderem dazu, dass sich der »Verband der Deutschen Naturweinversteigerer« in »Verband der Deutschen Prädikatsweingüter« umbenannte. Da das moderner klingt, hatte das neue Weingesetz wenigstens ein Gutes. Nunmehr setzte der Gesetzgeber als Qualitätsprinzip vor allem auf den Zuckergehalt der Trauben bei der Lese – je mehr und süßer, desto besser. Neben dieser Fixierung auf den Oechsle-Grad taten Ertragsmaximierung und Rationalisierung ein Übriges. Eine Welle von klebrigen Billigweißweinen schwappte auf den globalen Markt, die einst zu den besten Weißweinen der Welt zählende Liebfrauenmilch ist seitdem ein Synonym für pappig-süße Lurke. »Das Pferd ist tot, toter geht's nicht«, ließ sich die Geschäftsführerin des Deutschen Weininstitutes, Monika Reule, im Frühjahr 2017 zitieren, als der rheinland-pfälzische Weinbauminister Volker Wissing die Renaissance der Liebfrauenmilch zur Wiedererweckung früherer Ausfuhrerfolge anregte. Andere Beobachter empfanden die Idee als »Wiederkehr des Grauens in Flaschen«.[133]

Ursprünglich durften für den 1744 erstmals erwähnten Markenwein ausschließlich Trauben aus den Weingärten des Kapuzinerklosters »Stiftskirche Liebfrauenkirche« in Worms verwendet werden. Mitte der 1990er Jahre machte die Liebfrauenmilch, degeneriert zu einem lieblichen Gemisch großzügigen Herkunfts- und Rebsortenzuschnitts – unglaublich, aber wahr – die Hälfte des deutschen Weinexportes aus. In Rheinhessen, dem größten Weinbaugebiet, entfielen zeitweilig 55 Prozent der Gesamtproduktion auf diese Plörre.

Die per Gesetz 1971 eingeführten Großlagen ermöglichten es, die Grenzen von bisher qualitätsversprechenden Gemarkungen auf angrenzende Flächen zu erweitern, selbst wenn dort vorher lediglich Kartoffeln prächtig gediehen waren. Die rheinland-pfälzische Durchführungsverordnung erlaubte sogar den sogenannten »bezeichnungsunschädlichen übergebietlichen Verschnitt«.[134] Die Aus- und Überdehnung der Lagennamen fügte dem Image deutschen Weins nachhaltigen Schaden zu. Die neuen Großlagen trugen Namen, die oft den traditionellen Lagenbezeichnungen ähnelten, Piesporter Michelsberg und Piesporter Goldtröpfchen, Niersteiner Gutes Domtal und Niersteiner Pettenthal und dergleichen semantischer Anlehnungen mehr. Dass diese Bezeichnungen für den mit der Lagengeographie nicht eng vertrauten Verbraucher kaum zu unterscheiden waren, dürfte Absicht gewesen sein.

In repräsentativer Hinsicht war der Niedergang besonders traurig, da die wirklich qualitätsorientierten hiesigen Winzer im Gegensatz zu den meisten ihrer ausländischen Kollegen übermäßigen Eingriffen im Keller überaus zurückhaltend gegenüberstehen. Gerade deutsche Rieslinge weisen eine hohe Typizität auf und sind unverwechselbar, während stärker im Keller »gemachte« Weine oft regional schwer zuzuordnen sind.

Faktisch sollte es noch einige Jahre dauern, bis das Urteil über deutsche Weine diesseits der absoluten Qualitätsspitze zum Guten gewendet werden konnte. Das Negative über Walter Scheel dürfte heute kaum mehr zu korrigieren sein. Wenigstens würdigte ihn Rolf Zundel nach einem Jahr im Amt als ein »Naturtalent in allen Belangen nationaler Repräsentation« und rechnete Scheel unter anderem als Verdienst an, »den Vormarsch der allzu süßen Weine auf den Staatsbanketts gestoppt [...] zu haben«. Das Gesamturteil war nicht minder anerkennend: »Allmählich hat das deutsche Protokoll, so scheint es, eine Mischung gefunden, die gar nicht so schlecht ist: großzügig, aber nicht prunkvoll; locker und unaufdringlich, aber nicht ohne Stil.«[135]

NEUE OSTPOLITIK

Brandt in Erfurt

Den spektakulären Auftakt der Annäherung der beiden deutschen Staaten bildete das erste deutsch-deutsche Gipfeltreffen in Erfurt am 19. März 1970. Das Mittagessen zu Ehren von Bundeskanzler Brandt, gegeben vom Vorsitzenden des Ministerrates der DDR, Willi Stoph, erwies sich wiederum selbst von brückenbauendem Charakter – die für den Realsozialismus typische Getränkeauswahl scheint dem nicht im Wege gestanden zu haben. Die als Vorspeise servierte Harzer Bachforelle gab Anlass zu einer Plauderei von Egon Franke, dem Bundesminister für innerdeutsche Beziehungen, und Gastgeber Stoph über ein gemeinsames Hobby, das Angeln. Zur Forelle gab es »Meißner Fürstenberg« Müller-Thurgau mit überaus seltenem Jahrgangshinweis, 1968, gefolgt von Lindenblättrigem zum passenden, den ungarischen Herkunftsort aufnehmenden »Dummersdorfer Mastkalbkotelett Debröi«. Danach Rotkäppchen-Sekt, drum herum diverse Spirituosen aus DDR-Produktion.

Das Essen »verlief nicht ganz so unterkühlt, wie zu erwarten gewesen wäre«, erinnerte sich Karl Seidel, der als Leiter der »Abteilung BRD« im Außenministerium der DDR daran teilnahm. Die Mühen von Protokoll und volkseigener Küche hatten sich gelohnt. Minister Franke fasste in Anspielung auf die flapsige Bemerkung des bundesdeutschen Regierungssprechers Conrad Ahlers, Erfurt sei »eine halbwegs zivilisierte Gegend«, zusammen: »Das Essen war nicht halbzivilisiert, sondern vollkultiviert.« Die sich anschließenden Verhandlungen blieben zwar ohne konkretes Ergebnis, das Treffen erwies sich dennoch als symbolträchtig – und das gemeinsame Essen diente wie so oft in der Weltgeschichte der Entspannungspolitik.[136]

Wein in der DDR

Die Anbauflächen der DDR, in der bis zuletzt kein Weingesetz existierte, waren winzig. Unmittelbar nach dem Zweiten Weltkrieg machten sie gerade einmal 0,2 Prozent der gesamtdeutschen Anbaufläche aus. In den beiden bedeutenden Weingebieten Saale-Unstrut und im Elbtal betrugen sie Ende der 1980er Jahre lediglich etwas mehr als 400 beziehungsweise 300 Hektar. Kultiviert wurde vor allem der kaum zu Qualitätsweinen taugliche Müller-Thurgau; an der Elbe bedeckte er fast 40 Prozent der Flächen, an Saale und Unstrut sogar weit mehr als die Hälfte. Überhaupt war der Weinbau erst nach einem Beschluss des Ministerrates, mit dem 1963 neue Flächen ausgewiesen wurden, wieder in Schwung gekommen.

98 Prozent des Weinbedarfs mussten eingeführt werden, vornehmlich Massenware aus Bulgarien, Ungarn und Rumänien sowie in geringerem Maße aus der UdSSR und der ČSSR. Weitere Importe kamen aus dem kapitalistischen Westen, sogar aus Westdeutschland. Insbesondere der saarländische Ministerpräsident Oskar Lafontaine hatte sich für Lieferungen in die DDR stark gemacht. Der für Wirtschaftsfragen im ZK zuständige Günter Mittag hatte dem saarländischen Ministerpräsidenten im September 1987 mitgeteilt, dass »[...] die DDR hier an den Bezug hochwertiger Weine [denke]«. Die Lieferung belief sich auf einen Wert von 1,1 Mio. DM, die saarländische Delegation vermerkte, »das sei sehr viel«.[137] Der gebürtige Saarländer Erich Honecker hatte sich persönlich dafür eingesetzt, dass Weine aus seiner Herkunftsregion nach Ostdeutschland geliefert wurden. Auf westlicher Seite machte sich insbesondere der später mit dem Saarländischen Verdienstorden und dem Titel »Ökonomierat« geehrte Winzer Alfons Petgen in Perl um den deutsch-deutschen Weinhandel verdient. Er belieferte sowohl Lafontaine als auch den DDR-Staatsratsvorsitzenden;

der *Spiegel* zitierte Petgen im Juni 1989 mit den Worten: »Die Zahlungsmoral ist bei beiden ausgezeichnet.« Der SED-Generalsekretär bestelle »beachtlich und Oskar noch um etliches mehr«. Ausweislich der Erinnerungen von Franz Josef Strauß war Honecker »ein Liebhaber guter trockener Weine«. Zum 75. Geburtstag, zwei Wochen nach dessen Bonn-Besuch 1987, schickte der bayerische Ministerpräsident ihm eine »Kiste mit 50 Flaschen der besten fränkischen Weißweine«. Honecker – der anders als »manche seiner Biographen ihn darstellten, daß er nämlich ein Asket sei, der nur Wasser, gelegentlich ein Glas Bier trinke« – habe sich sehr darüber gefreut.[138]

Besserer Wein ostdeutscher Provenienz blieb Bückware. Nicht einmal für Hans Otto Bräutigam, von 1982 bis 1989 Leiter der Ständigen Vertretung der Bundesrepublik bei der DDR, wie die Bezeichnung korrekt lautete, fiel es leicht, DDR-Weißwein für seinen Privatgebrauch zu beschaffen. Zudem war dieser, obwohl subventioniert, kein billiges Vergnügen. So ist es in Kombination mit der fragwürdigen Qualität der Importweine – trotz Werbesprüchen wie »Trinke nicht wahllos – greife zum Wein« kein Wunder, dass der Pro-Kopf-Verbrauch 1987 gerade einmal bei 11,7 Litern lag – was immerhin mehr als eine Verdoppelung gegenüber dem Beginn der 1970er Jahre darstellte. 25 Jahre davor waren es schmale 1,7 Liter gewesen. Das Weinlexikon des Bibliographischen Instituts Leipzig fasst zusammen: »In der DDR ist der Wein weder Durstlöscher noch täglicher Begleiter der Mahlzeiten, sondern vornehmlich ein Genußmittel, das aus besonderen Anlässen wie Feiertagen, Empfängen, Ehrungen, zu anspruchsvollen Essen in Restaurants, aber auch in gemütlicher Runde und zu feucht-fröhlichen Veranstaltungen getrunken wird.«[139]

Demgegenüber konnte die DDR bei den Spirituosen zwei Jahre vor dem Fall der Berliner Mauer mit einem Konsum von fast 16 Liter je Einwohner einen Spitzenplatz für sich verbuchen, ebenso waren die über 140 Liter Bier höchst beachtlich. Mag die Menge überraschen, die proletarischen Getränke taten es nicht – Bier und

Schnaps passten zum Arbeiter-und-Bauern-Staat. Auch staatsoffiziell machte das Land seinem Ruf als sozialistisches Spirituosenparadies alle Ehre. Bei Staatsbanketten, die in aller Regel im Staatsratsgebäude stattfanden, gab es stets harten Alkohol. Und zwar nicht allein als Digestif: »Zur kalten Vorspeise gehört eine klare Spirituose (Wodka, Korn)«, empfahl das einzige ostdeutsche Werk, das sich mit protokollarischen Fragen beschäftigt.[140] Zu diesem Gang, oft mit Kaviaranteil, wurde gern Korn oder Wodka gereicht, zumeist aus DDR-Produktion.

Gleichfalls angeboten wurde fast immer Bier, meistens Radeberger. Der Sekt stammte aus der Rotkäppchen-Kellerei, unter anderem deren Marken »Freyburg 1856« oder »Grand Mousseux« – mal versehen mit dem Warnhinweis »halbtrocken«, mal ohne. Auf den Menükarten finden sich gelegentlich andere Schaumweine, etwa Abfüllungen von Schloss Wackerbarth oder dem VEB Weingroßkellerei Berlin. Von letzterem Hersteller stammte die Marke »Linden-Palais«, die es sowohl in der trockenen weißen Variante gab wie als halbtrockenen roten Sekt.

Bei der Provenienz der Getränke wurden die Gesetze der diplomatischen Höflichkeit nur partiell beachtet. So bekam der Außenminister der UdSSR, Andrej Gromyko, bei seinem Besuch im Juni 1972 zur gemischten Vorspeise – darunter Kaviar, Räucheraal und Känguruhschwanzsuppe – zwar Wodka aus seinem Heimatland. Aber so bunt wie das Potpourri auf dem Vorspeisenteller erwies sich die Weinbegleitung: Lindenblättriger aus Ungarn – Hárslevelű, eine autochthone ungarische Rebsorte, die vor allem für Süßwein verwendet wird – zur Lachsschnitte, gefolgt von nicht weiter bezeichnetem Beaujolais Supérieur. Ungewöhnlich für die Menükarten von offiziellen Essen der Staatsführung war die Nennung des Jahrgangs, in diesem Fall allerdings der vermutlich schon arg reife 1967er.

Dass es französischen Wein gab, ist Walter Ulbricht, nach seiner Entmachtung 1971 immer noch Vorsitzender des Staatsrats der DDR und damit faktisch Staatsoberhaupt, zu verdanken. Ulbricht, eigentlich bekannt als Abstinenzler und Kämpfer gegen den Alkoholismus, hatte eine Vorliebe für Beaujolais und trank laut Aussage von Untergebenen wenn überhaupt nur diesen Wein.[141] Anschließend gab es zum Obstsalat Schloss Wackerbarth halbtrocken, ohne weitere Angaben, und zum Schluss, wiederum aus der UdSSR, einen »Kognak«, in dieser deutschen Schreibweise nicht der seit 1920 gültigen geschützten französischen Herkunftsbezeichnung unterliegend.

Die größte Herausforderung für das Ost-Berliner Protokoll war der Rotwein, der fast vollständig importiert werden musste. Meistens stammte er standesgemäß aus den sozialistischen Bruderstaaten, »Rosenthaler Kadarka« aus Bulgarien etwa. Dass er meistens nur unter dem Ladentisch zu bekommen war, kam jedoch keinem Qualitätsversprechen gleich – der laut Etikett »Naturreine Rotwein« war das reinste Zuckerwasser. Trotzdem war er begehrt, seiner Knappheit sei Dank. Falls übrigens für Staatsbankette der Küche eine Zutat fehlte, wurde ein Mitarbeiter mit Dauervisum beauftragt, im Ullrich-Supermarkt am Bahnhof Zoo entsprechend einzukaufen.

Zeitzeugen zufolge soll der einzig annehmbare Import-Rotwein Pinot Noir aus Ungarn gewesen sein. Ob dieser Umstand das DDR-Protokoll im April 1977 dazu veranlasste, diesen Wein dem Genussmenschen Fidel Castro zu offerieren, bleibt ungeklärt. Ausweislich der Erinnerungen des damaligen deutschen Botschafters auf Kuba, Bernd Wulffen, wusste der kubanische Staatschef, ein ausgewiesener Weinkenner, noch Anfang der 2000er Jahre nicht, dass es überhaupt deutschen Rotwein gab. Castro selber ließ zumeist spanische Weine ausschenken, zuweilen sehr hochklassige, sogar Vega Sicilia Único, einen der teuersten Roten aus Ribera del Duero. Den empfand der brasilianische Präsident Fernando Henrique Cardoso, von Haus aus Professor für Soziologie, so beeindruckend nobel wie einer Mangelwirtschaft unangemessen, dass er ihn in seinen Memoiren erwähnt.

Dort berichtet Cardoso, dass die begleitende Konversation zu-

48 Fidel Castro beäugt eine Flasche Chablis während einer Visite in Frankreich 1995

nächst höflich verlaufen sei, eine Themenspanne von Handels-politik bis zu den individuellen Lieblingsgetränken umfassend. Dann sei es etwas hitziger geworden, wozu möglicherweise der Wein beigetragen habe, möglicherweise aber doch eher die tradi-tionell komplizierte politische Situation in Lateinamerika.[142] Wie dem auch sei, der Gesprächseröffnung war das spanische Nobel-gewächs unzweideutig dienlich. Der Máximo Líder ließ sich of-fenkundig mehr von seinem persönlichen Gusto leiten als von den sozialistischen Geboten der Bescheidenheit und Egalität. Einmal mehr wird die These bestätigt, dass es auf die Interessen, Kennt-nisse und Präferenzen derjenigen ankommt, die über die Wein-auswahl bestimmen – was in der Karibik noch stärkere Gültigkeit besitzen dürfte als in Weinbaunationen, wo mehr Akteure wie bei-spielsweise Erzeugerverbände potentiell an der Auswahl mitwir-ken könnten.

Doch zurück in die DDR: Im Gegensatz zum Rotwein stammte der Weißwein im staatsoffiziellen Einsatz meist aus volkseigener Produktion. Oft wurde auf den Menükarten nur die Rebsorte angegeben, manchmal durch einen Ortsnamen wie beispielsweise »Meißner Weißburgunder« ergänzt, teilweise wurde die Rebsorte allein in Anführungszeichen gesetzt. Bezeichnungen wie »Meißner Domherr« ließen nicht auf einen Lagenwein hoffen, sondern hierbei handelte es sich um einen sogenannten Typenwein, wobei der als Spitzenprodukt aus dem Elbtal galt. Produziert wurde die Cuvée aus Traminer, Weißburgunder, Riesling und Morio Muskat in Kooperation der VdgB Sächsische Winzergenossenschaft Meißen und der VEG (Z) Weinbau Radebeul, welche die Stadtweingüter von Dresden, Meißen und Radebeul sowie einige enteignete Privatbetriebe umfasste und ab 1957 auf Schloss Wackerbarth residierte. Dieser Betrieb stand tatsächlich an der Spitze des DDR-Weinbaus.

Armseliger als die bulgarische »Targowischter Eselsmilch«, die der finnische Präsident Urho Kekkonen im September 1977 verdammt war zu trinken, kann kaum ein DDR-Wein gewesen sein. Dieses Menü markierte weinprotokollarisch einen realsozialistisch-tafelkulturellen Tiefpunkt, der Rotwein wird unter ferner liefen bloß als »Rotwein« bezeichnet. Warum man dem Finnen, der zwei Jahre davor durch seine Vermittlungstätigkeit auf der Konferenz über Sicherheit und Zusammenarbeit in Europa (KSZE) in Helsinki der DDR einen Höhepunkt in den Bemühungen um internationale Anerkennung beschert hatte, eine derart üble Auswahl zumutete, bleibt ein Rätsel. Wollte man Kekkonen, in dessen Tagebüchern sich verschiedentlich Hinweise auf diverse Zechgelage finden, jetzt mit minderer Qualität davon abhalten? Ebenso bleibt ungeklärt, ob spätere Staatsgäste mit der zypriotischen roten »Dark Lady« mehr Glück hatten. Dass man dem griechischen Präsidenten Christos Sartzetakis im September 1986 diesen Rotwein von der geteilten Insel Zypern ersparte und sich auf eines der raren heimischen Erzeugnisse besann, war diplomatisch höflich. Der servierte »Seußlitzer Rotwein« war ein Typenwein aus dem Elbtal, der aus verschiedenen Rebsorten, unter anderem Blauer Portugieser, Spätburgunder und St. Laurent, gekeltert wurde.

Obwohl laut der raren ostdeutschen Weinliteratur in der DDR »bei günstigem Witterungsverlauf [...] meist trockene, sorten- und lagenreine qualitativ sehr gute Weißweine produziert« wurden, deuten zeitgenössische Beschreibungen darauf hin, dass der Wein, der im Land zu kaufen war, größtenteils eher verhaltenen Genuss versprach. Der Diplomat Hans Otto Bräutigam sagt zwar über die Qualität, sie sei nicht überragend, aber gut gewesen. Allerdings sei der Wein »für unseren Geschmack eher süßlich«; trockene Abfüllungen seien damals generell seltener als heute gewesen.

Weniger weitherzig als der offiziellen Interessen verpflichtete westdeutsche Diplomat äußerte sich der Saale-Winzer Werner Born, der vor 1989 primär für den eigenen Bedarf produzierte: »Er schmeckte nicht«, kommentierte der die DDR-Gewächse rückblickend. Die Planwirtschaft erwies sich als Qualitätshindernis, es mangelte an Dünger und Spritzmittel, Reben zum Ersatz alter Stöcke und modernem technischen Gerät. Beim Rotwein räumt selbst die DDR-Weinliteratur ein, dass »der Geschmack zu den samtigen, nicht so stark gerbstoff- und alkoholreichen wuchtigen, sondern mehr restsüßen Weinen [tendiert]«, weshalb osteuropäische Abfüllungen wie Kadarka sehr gefragt seien.[143]

Insgesamt bleibt das Bild diffus, und eine Strategie für den offiziellen Weinausschank scheint es nicht gegeben zu haben, wobei der Wahrnehmung Bräutigams nach »sich die DDR bemüht hat, in ihrer Repräsentation ihren eigenen Charakter zu verdeutlichen. Dazu gehörte die Aussage: ›Wir verfügen über guten Wein‹«. Der Sekt im offiziellen Ausschank kam wie das Bier immer aus volkseigener Produktion, die Spirituosen weitgehend, genauso der Weißwein. Rotwein gab es nicht immer, und wenn, dann stammte er meist aus dem Ausland, wobei erstaunlicherweise nicht zwingend aus sozialistischen Bruderstaaten.

Natürlich gilt auch für die DDR, dass es auf diejenigen ankam, die für die Getränke protokollarisch verantwortlich zeichneten.

Doch selbst wenn die Mitarbeiter im DDR-Protokoll vinophil gewesen sein sollten, waren ihrer Phantasie Grenzen gesetzt, nicht zuletzt ideologische, denn Weine insbesondere klassenfeindlich-westdeutscher Herkunft wären auf der realsozialistischen Staatstafel kontraproduktiv gewesen. Man fuhr schließlich auch Volvo, nicht Mercedes. Ob der zumeist wenig aussagekräftigen Bezeichnungen senden die eingesetzten Gewächse über ihre reine Herkunft – heimisch oder nicht – keine klaren Signale, beispielsweise im Sinne von Status. Im Sozialismus, zumal in einem Schnaps- und Biertrinkerland wie der DDR, ist das durchaus konsequent, ein Ausdruck von Egalitarismus. Das Ansinnen, ob der minderen Qualität der Getränke zwar nicht für den eigenen Staat werben zu können, sich aber auf diese Art egalitär und bescheiden zu repräsentieren, konnte umso wirkungsvoller umgesetzt werden, als dass viele der Staatsgäste, sogar oder gerade die aus dem Ostblock, Besseres gewohnt gewesen sein dürften.

Drinnen dinieren, draußen demonstrieren

Die Jahrestage der Gründung der Republik bedeuteten jeweils Höhepunkte der Staatsrepräsentation. Seit 1959, dem zehnten Geburtstag der DDR, dienten dem SED-Regime insbesondere die »runden« und »halbrunden« Jubiläen für aufwändige Inszenierungen, um die staatliche Legitimität ihrer Republik zu beglaubigen und die Loyalität der Bevölkerung einzufordern. Bei der Henkersmahlzeit der DDR, dem Gala-Dinner zum 40. Jahrestag der Republik am 7. Oktober 1989 im Palast der Republik verzeichnete die Menükarte DDR-Sekt, DDR-Weine von Saale-Unstrut und aus Meißen, Kasoff-Wodka, Wilthen Feiner Alter Weinbrand, Wilthen Edelliköre und Spezialbiere aus der DDR. Den Gästen, allen voran Raissa und Michail Gorbatschow – der ausweislich seiner Memoiren unmittelbar davor in einem Vier-Augen-Gespräch zu

49 Anlässlich des 40. Jahrestages der DDR am 7.10.1989 hatte Erich
Honecker verdiente Bürger und ausländische Staatsgäste in den Palast der
Republik geladen

Erich Honecker den epochemachenden Satz »Wer zu spät kommt,
den bestraft die Geschichte« gesagt hatte –, wurden Zuchtwachtel-
brüstchen, Forellenröllchen, Filetensemble Trianon bestehend aus
Kalbsfilet mit Schinkenduxelles, Rinderfilet mit Gemüsebukett
und Hühnermedaillons mit Pfirsichhälfte samt Madeirasauce und
Kartoffelspezialitäten serviert. Zum Nachtisch Eis auf Schoko-
laden-Marzipan-Biskuit, auf der Menükarte als Dessert »Surprise«
benannt, was Klaus Taubert, der Chefreporter der Nachrichten-
agentur ADN, für einen makabren Scherz des Chefkochs hielt.

Alles in allem Luxus auf DDR-Niveau also. Dazu wurden als
musikalisches Rahmenprogramm Werke von Händel, Bach und
Wagner unter anderem von Knaben des Leipziger Thomanercho-
res angestimmt, während draußen mehrere tausend Menschen
»Freiheit«, »Wir sind das Volk« und »Gorbi, hilf uns« skandierten.

Einer der Teilnehmer an dem Bankett, Carl-Heinz Janson, Mitglied der Wirtschaftskommission des Politbüros der SED, verglich

die Stimmung mit der auf der Titanic, ein »Hauch von Götterdämmerung« habe geherrscht: »Jeder spürte, dass es fünf Minuten nach zwölf war.«[144] Von dieser Veranstaltung sind vielfältige Impressionen überliefert – ein Begriff, der die Stimmung auf diesem letzten Bankett vor dem Fall der Berliner Mauer zusammenfassen könnte, lautet »ernüchtert«. Später am Abend ging die Volkspolizei vor allem auf dem nahen Prenzlauer Berg mit großer Brutalität gegen Demonstranten vor, aber erst nachdem der Generalsekretär der KPdSU vorzeitig das Staatsbankett beziehungsweise die Hauptstadt der DDR verlassen hatte. Der Kontrast zwischen drinnen und draußen, zwischen Dinner und Demonstration, erzeugt eine Dissonanz, die für sieche Systeme aller Art symptomatisch scheint. Das offizielle Essen als verdichtetes repräsentatives Hochamt verursacht angesichts der Agonie des Staates unweigerlich Übelkeit.

Insgesamt erwies sich der Weg zum 9. November 1989 als friedlich-nüchterne Revolution, denn der reichliche Schnapskonsum ging seit dem Frühjahr 1989 deutlich zurück. Mit dem Ende der DDR erkaltete die Liebe ihrer Bewohner zum Hochprozentigen zunehmend, und ein Jahrzehnt nach der Wende ist die Angleichung der Lebensverhältnisse in Ost und West zumindest beim Schnapskonsum mit jeweils etwa 6 Liter pro Kopf und Jahr bei anhaltend leicht fallender Tendenz vollendet. Ähnlich glich sich der Weinkonsum mit heute etwas mehr als 20 Litern pro Einwohner an. Mit gewissen regionalen Ausreißern, vor allem in Süddeutschland wird mehr – und insbesondere mehr heimischer – Wein gebechert als im Rest der Republik. In Ostdeutschland einschließlich Berlins dagegen liegt der Verbrauch niedriger, speziell bei deutschen Erzeugnissen. Im Westen wird, der höheren Kaufkraft entsprechend, mehr Geld für Wein ausgegeben.

Schmidt am Werbellinsee

Der nach dem oben erwähnten Erfurt-Besuch von Willy Brandt nächste Bundeskanzler, der offiziell in die DDR reiste, war Helmut Schmidt, mehr als ein Jahrzehnt nach seinem Vorgänger. Weder die west- noch die ostdeutsche Seite knüpfte vorab große Erwartungen an den Besuch im Dezember 1981. Schmidt wollte vor allem ein Vertrauensverhältnis zu Honecker aufbauen, und das Treffen verbesserte tatsächlich die Atmosphäre zwischen den beiden Politikern. Vorausgegangen waren umfangreiche Vorbereitungen, in die das Protokoll des Auswärtigen Amtes einbezogen wurde, obwohl die diplomatischen Kontakte zwischen den beiden deutschen Staaten auf westdeutscher Seite formal im Verantwortungsbereich des Bundesministeriums für innerdeutsche Beziehungen lagen.

In der Praxis jedoch war das Bundeskanzleramt maßgeblich. Sogar die Mahlzeitenplanung veranschaulicht, wer Regie führte. Das Protokollreferat des Außenamtes unterrichtete seinen Staatssekretär – Kategorie Verschlusssache/Nur für den Dienstgebrauch, die unterste Geheimhaltungsstufe – eine Woche vor der Reise: »Das Gegenessen und ein Frühstück des Bundeskanzlers in seiner Residenz für GS Honecker kann das Protokoll nur sehr beschränkt selbst gestalten, weil sich StM Huoncker bereits vor Eintreffen der Vorausdelegation für das Catering durch die DDR (bei Devisenbezahlung) entschieden hatte.« Dabei schrieben die Protokoller den Namen des für die Order verantwortlichen Staatsministers im Bundeskanzleramt Gunter Huonker konsequent falsch, nämlich mit »ck«. Bei dem Abendessen, das der bundesdeutsche Regierungschef für seinen realsozialistischen Kollegen am 12. Dezember 1981 im Jagdhaus Hubertusstock ausrichtete, lieferte der volkseigene Caterer laut Menükarte Schinkenmedaillons, Gemüserahmsuppe, Gespickte Kalbsnuss und Orangencreme.

Der Wein wiederum entstammte offensichtlich einem West-

50 Das Bild des Besuchs: die Abschiedsszene am Güstrower Bahnhof

paket. Den Worten von Delegationsmitglied Hans Otto Bräutigam zufolge, der kurze Zeit später der Ständige Vertreter der Bundesrepublik bei der DDR werden sollte, spielte er für den Bundeskanzler aber »keine Rolle«. Tatsächlich wäre bei den Gewächsen symbolisch mehr möglich gewesen, die Menükarte listete Deutz & Geldermann Brut 1975, 1976er Meddersheimer Rheingrafenberg Riesling Auslese trocken, 1975er Château Bergat St. Emilion grand cru classé sowie 1976er Wachenheimer Gerümpel Riesling Auslese auf. Die Rieslinge überzeugten zwar qualitativ in den Kategorien Lage, Jahr und Prädikatsstufe, doch sie stammten nicht von der Saar, was ob der Herkunft des DDR-Staatsratsvorsitzenden nahegelegen hätte. Unklar bleibt, warum sich der mittelprächtige Bordeaux in die innerdeutschen Angelegenheiten mischte. Sollte die bundesrepublikanische Seite mit der ganzen Pracht der kapitalistischen Weinproduktion imponiert haben wollen, hätte es eines anderen Gewächses bedurft. Die Erklärung wird in der Existenz umfangreicher bundeseigener Bestände zu suchen sein, der Wein

211

wurde gleichermaßen bei anderen Gelegenheiten in Augustusburg ausgeschenkt, was genauso für den Sekt galt.

Diesmal übersahen die Schmidt'schen Mannen die flaschenweise zu vermittelnde Symbolik. Im ost-westlichen Getränkeverkehr ist dies insofern auffällig, weil Honeckers sowjetischem Chef Breschnew bei einem Abendessen drei Wochen vorher in der Bad Godesberger Redoute vom Bundeskanzler ausnahmslos deutsche Weine serviert wurden, als Rotwein eine 1971er Lemberger Auslese aus der Lage Gündelbacher Wachtkopf. Der Erzeuger, das Weingut Sonnenhof, wirbt bis heute damit: »Die Sowjetunion ist Geschichte, aber der Gündelbacher Wachtkopf bringt immer noch hervorragende Weine hervor. Dieser ruhige Süd-Südwesthang des Strombergs hat somit nicht nur den Kalten Krieg unbeschadet überstanden, sondern ist auch heute noch gut gegen kalte Ostwinde geschützt.«

In die Ikonographie der delikaten deutsch-deutschen Beziehungen ging von Schmidts DDR-Reise gleichwohl etwas Konsumierbares ein. Das Foto, wie Honecker dem erkälteten Bundeskanzler bei dessen Abfahrt am 13. Dezember 1981 auf dem Bahnsteig in Güstrow ein Hustenbonbon durch das Zugfenster reicht, avancierte zu dem Bild des Besuchs. Es vermittelte einen recht versöhnlichen Eindruck am Schluss dieses sowohl hinsichtlich der politischen Großwetterlage wie des Mikroklimas unter schwierigen Bedingungen veranstalteten Treffens.

Die Komposition am Werbellinsee entsprach in etwa dem, was die Ständige Vertretung in Ost-Berlin bei ihren Veranstaltungen anbot. Hans Otto Bräutigam zufolge, bis 1989 der Bonner Statthalter in Ost-Berlin, war es in der StäV gängige Praxis, einen westdeutschen Weißwein, in der Regel einen Riesling von der Mosel, auszuschenken. Der Rote dagegen stammte aus Frankreich. »Wir wollten damit verdeutlichen, dass es in Westdeutschland guten Wein gab, und unseren Gästen aus der DDR etwas bieten, was sie in ihrem Land so nicht bekamen. Bei dem französischen Rotwein spielte zudem die Nähe zu Frankreich eine Rolle sowie die Qualität, die die westdeutschen Rotweine damals noch nicht aufwiesen«, erinnert sich Bräutigam im Gespräch. Der Wein wurde in Westberliner Weinhandlungen besorgt, es war für die Mitarbeiter der StäV, wegen seines Anstrichs das »Weiße Haus in Ost-Berlin« genannt, keine Schwierigkeit, in den Westteil der Stadt zu pendeln. Bräutigam sagt, dass er mit der für das Protokoll verantwortlichen Mitarbeiterin an der Ständigen Vertretung durchaus darüber gesprochen habe, »welchen Wein wir ausschenken, aber das war eher ein Randthema«.

Honecker in Bonn

Ein Resultat des Ausflugs an den Werbellinsee kurz vor Weihnachten 1981 war die Einladung an Erich Honecker zu einem Gegenbesuch nach Bonn. Als der Vorsitzende des Staatsrats der DDR 1987 damit seinen größten diplomatischen Triumph feierte, war Bräutigam wieder mit von der Partie. Im Vorfeld der Visite erwiesen sich die innenpolitischen Diskussionen in der Bundesrepublik als noch umfangreicher als die Verhandlungen mit der ostdeutschen Seite über das Programm. Protokollarische Fragen standen dabei im Zentrum, die DDR-Vertreter wollten so hochrangig wie möglich empfangen werden, ihr Planziel war das einem normalen Staatsbesuch gleiche Zeremoniell. Die westdeutsche Seite versuchte hingegen, das Ganze so niedrig wie möglich zu hängen – was aber misslang.

Obwohl offiziell nur ein Arbeitsbesuch, kamen Honecker fast alle protokollarischen Ehren gleich einem Oberhaupt eines souveränen Staates zu: Beide Hymnen wurden gespielt, beide Flaggen gehisst, das Wachbataillon der Bundeswehr marschierte auf, obgleich in kleinerer Formation. Dass der SED-Generalsekretär in der Luft ohne Ehrengeleit der Luftwaffe blieb und am Boden nur

51 »An den unterschiedlichen Auffassungen der beiden Staaten zu grundsätzlichen Fragen, darunter zur nationalen Frage, kann und wird dieser Besuch nichts ändern.« Bundeskanzler Kohl in seiner Tischrede am 7. 9. 1987

von sieben statt der üblichen fünfzehn Motorräder eskortiert wurde sowie der Verzicht auf den Austausch von Geschenken, sprang weder der Bevölkerung noch den 2400 akkreditierten Journalisten, darunter 1700 aus dem Ausland, ins Auge. Protokollarisch war fast alles geboten, was das anerkennungheischende ostdeutsche Herz begehrte. Es handelte sich eben doch um eine aufgewertete Variante eines Arbeitsbesuchs: »Hart an die Schmerzgrenze geht etlichen Status-Fetischisten, daß Bundespräsident Richard von Weizsäcker den DDR-Gast nicht nur zum Höflichkeitsplausch sehen, sondern bei einem Mittagsmahl in der Villa Hammerschmidt bewirten will«, notierte *Der Spiegel* vorab.[145]

Für das Abendessen in der Bad Godesberger Redoute – kein Staatsbankett, einer der feinen Unterschiede – zeichnete der Bundeskanzler verantwortlich. Bei diesem Mahl am 7. September 1987 »zu Ehren Seiner Exzellenz des Generalsekretärs des Zentralkomitees der Sozialistischen Einheitspartei Deutschlands und Vorsitzenden des Staatsrates der Deutschen Demokratischen Republik Herrn Erich Honecker«, so die Menükarte, gab es ein für das damalige Bonn typisches Weinangebot. Immerhin kein Bordeaux wie in Hubertusstock, aber mit einem 1986er Oberrotweiler Eichberg Riesling Kabinett vom Kaiserstuhl wiederum keinen Riesling von der Saar. Allerdings ließe sich hinter dem adeligen Winzer Freiherr von Gleichenstein beinahe Ironie vermuten, der nicht übermäßig viel Genuss verheißende weiß gekelterte Spätburgunder Auggener Schäf Weißherbst Spätlese trocken 1985 erschien ob der Winzergenossenschaft als Produzent eher passend. Dazu Kessler Hochgewächs, hier einmal mit dem Zusatz »extra dry« versehen – die dezente Süße dürfte dem Staatsratsvorsitzenden vertraut gewesen sein.

Für die westdeutsche Seite sollte die Zusammenstellung wenigstens ausgereicht haben, um mit gequältem Gesicht ob des Zeremoniells für den ostdeutschen Besucher manche Staatsrecht geglaubte Gewissheit hinunterzuspülen. Das Essen – Wildlachs, Creme vom Petersilienwurz, Kalbsmignons und Zwetschgensorbet – unauffällig, aber wichtiger waren ohnehin die Tischreden. Beide Beiträge wurden live im west- und im ostdeutschen Fernsehen übertragen, womit sie die Statements der nicht vorgesehenen Pressekonferenz ersetzten. Während das Mittagessen, bei dem »sich der Bundespräsident bemühte, das hervorzuheben, was die beiden deutschen Staaten verband«, in »sehr angenehmer Atmosphäre« verlaufen war, »wurden bei dem Abendessen, das Bundeskanzler Kohl ausrichtete, in den Tischreden deutliche Akzente gesetzt – beide Seiten betonten ihre bekannten politischen Positionen«, sagt Hans Otto Bräutigam, der an beiden Veranstaltungen teilnahm.

Was der DDR protokollarisch auch an Zugeständnissen gemacht wurde – in seiner Rede servierte Kohl seinem Gast schwere Kost, gewürzt mit einem unüberhörbaren Hinweis auf die Einheit der Nation. Honecker, dem Kohls Manuskript erst kurz vor dem Essen zugegangen war, antwortete mit seiner bekannten Formel, dass

»Sozialismus und Kapitalismus sich ebensowenig vereinigen lassen wie Feuer und Wasser«. Damit sollte der SED-Generalsekretär in gewisser Weise recht behalten, allerdings anders, als von ihm gedacht. Etwas mehr als zwei Jahre nach seinem Bonner Ansehenserfolg musste Honecker abdanken. Und als wenige Wochen danach am 9. November 1989 die Mauer fiel, erfuhr sein einstiger Gastgeber Helmut Kohl davon, als er auf Visite in Warschau gerade beim abendlichen Bankett zu Tisch saß.

TRINKEN MIT RUSSEN

Leonid Breschnew

In den Beziehungen zwischen der UdSSR und der Bundesrepublik spielte Alkohol wiederholt eine Rolle. Beim ersten Bonn-Aufenthalt von KPdSU-Parteichef Leonid Breschnew im Mai 1973 half Steinhäger unter der Chiffre »Deutscher Wodka«, dass sich Willy Brandt und sein Gast annäherten.[146] Die zum Essen auf Einladung des Bundeskanzlers im Ausschank befindlichen Weine von der Mosel, der Pfalz und der Ahr fanden demgegenüber in der Berichterstattung keine gesonderte Erwähnung. Am meisten in Erinnerung blieb von dieser Visite sowieso das schon an anderer Stelle erwähnte in den Graben gefahrene Gastgeschenk aus dem Hause Mercedes-Benz.

Neben der staatspolitisch wertvollen Wirkung von alkoholischen Getränken belegen die bundesdeutsch-sowjetischen Begegnungen, welche Mythen sich um den Staatsausschank ranken. Einem lobenden Nachruf auf Walter Scheel zufolge soll der vierte Bundespräsident die deutsche Botschaft in Moskau anlässlich seines Staatsbesuches in der UdSSR 1975 angewiesen haben, bei der Gegeneinladung nicht Sekt, sondern den Edelchampagner Dom Pérignon auszuschenken. Scheel habe bei diesem Empfang das Beste präsentieren wollen, was Europa zu bieten hatte. Er habe damit den europäischen Gedanken vor nationale Eigeninteressen gestellt und sich so gleichermaßen als Visionär und Europäer mit Geschmack gezeigt.[147]

Schön formuliert, nur stimmt die Geschichte nicht. Die am 12. November 1975 in der sowjetischen Hauptstadt ausgeschenkte Auswahl verdient ganz im Gegenteil für ihren staatsrepräsenta-

52 Willy Brandt im Gespräch mit Leonid Breschnew im Kanzlerbungalow am 19.5.1973, ganz rechts Walter Scheel

tiven Charakter Anerkennung, deutscher ging es kaum. Zweimal Staatsweingut, in Weiß eine 1971er Ockfener Bockstein Auslese Staatl. Weinbaudomäne Trier, in Rot die öfter entkorkte 1971er Weinsberger Schemelsberg Limberger Spätlese, auf dieser Menükarte erstmals mit vollständiger Angabe des Produzenten, der Staatl. Lehr- und Versuchsanstalt Weinsberg, danach Henkell trocken. Das Essen nicht weniger patriotisch: Helgoland-Hummer, Fasanenessenz, Niederbayerische Gänsebrust, Halbgefrorenes »Rheingold« – voilà, oder vielmehr: da schau an!

Der *Spiegel* – wie schon an anderer Stelle bemerkt, diesem Bundespräsidenten nicht sonderlich zugetan – amüsierte sich über derlei protokollarischen Aufwand, zu dem noch die mit auf die Reise genommene Tischwäsche, passende Kerzen und eine Floristin hinzuaddiert werden müssen. Es mag zwar sein, dass, hinreichend süffisant formuliert, die »unablässigen Bemühungen um den feineren Lebensstil [...] Gesellschaftskolumnisten köstlichen Stoff [lieferten]«.[148] Solche Geschichten trugen einiges dazu bei, Scheels

Ruf nachhaltig zu beschädigen. Der erhöhte Logistikaufwand ließe sich jedoch genauso als besondere Umsicht deuten, die bei der eigentlichen Zielgruppe ankam. Der erste chinesische Botschafter in der Bundesrepublik, Wang Shu, berichtet anerkennend von den Festivitäten anlässlich der Aufnahme diplomatischer Beziehungen beider Staaten in Peking im Oktober 1972. Dort habe Scheel als Außenminister ein »wohlvorbereitetes Erwiderungsbankett« gegeben: »Die Deutschen legten dabei großen Wert auf gutes Essen und Trinken, das sie komplett und tiefgekühlt von zu Hause hatten einfliegen lassen. Mitgebracht hatten sie auch einen deutschen Meisterkoch.«[149] Selbe Geschichte, andere Lesart.

Im Mai 1978 reiste KPdSU-Generalsekretär Breschnew zum zweiten Mal an den Rhein, nunmehr als offizieller Staatsbesucher. Trotz Gästen wie der Queen und dem amerikanischen Präsidenten stellte der Besuch aus dem Osten den Höhepunkt des Jahres dar. 1978 ragt aber nicht allein wegen der Häufung von Prominenz heraus, es erwies sich als das Jahr mit den meisten Staatsbesuchen überhaupt, zehn an der Zahl. Wie gehabt sollte der Alkohol eine große Rolle spielen. Nicht zuletzt ob seiner Neigung zum Wodka war der Kremlchef gesundheitlich ziemlich angeschlagen, wodurch sich nicht allein die Vorbereitungen wegen der einzuplanenden Erholungspausen verkomplizierten. In der Berichterstattung über das Staatsbankett im frisch renovierten Schloss Augustusburg, erstmals in der Amtszeit von Walter Scheel Schauplatz eines solchen Geschehens, wurde über den wahren Inhalt von zwei Flaschen angeblich russischen Tafelwassers spekuliert, dem Breschnew tüchtig zugesprochen hatte. Die Weine hätten nicht zuletzt wegen ihrer qualitativen Widersprüchlichkeit berücksichtigt werden können.

Diesmal ließ Scheel tatsächlich Dom Pérignon auffahren, dazu einen ähnlich hochkarätigen roten Bordeaux, Château Gruaud-Larose 1970, im Alter von acht Jahren Michael Broadbent zufolge wenigstens »halbreif«. Von deutschen Rebflächen stammte der häufig ausgeschenkte 1976er Auggener Schäf Qualitätswein – zweck-

53 Rede nach der Vorspeise: Leonid Breschnew am 4.5.1978 auf Schloss
Augustusburg

mäßig, dass dieses güteanzeigende Substantiv ausnahmsweise mit
auf der Speisekarte stand – sowie aus demselben Jahr, durchaus
passabel, eine Oppenheimer Kreuz Spätlese. Eingang in den Artikel des Bonner *General-Anzeigers* fand lediglich die präzise Bezeichnung des eigentlich nicht bemerkenswerten Gutedels. Erwähnt wurde ebenfalls, dass es Champagner gab, nicht aber, um
welch generöse Sorte es sich handelte. Seltsamerweise ließ aber
schon die Menükarte die Angabe des Jahrgangs missen. Da sich
der Gast jedoch an eigens mitgebrachten Getränken festhielt, war
das zu verschmerzen, und dass nur die Speisenfolge, nicht aber die
Weine in kyrillischer Schrift in der Karte standen, mutet demnach
fast konsequent an.

Nicht minder nobel und französisch wie der Bordeaux und der
Edelchampagner nahm sich das Essen für die 350 geladenen Per-
sonen aus, für das 30 Kilo Gänseleber, je 100 Kilo Seewolf und
Kalbsfilet verarbeitet wurden: Gänseleberterrine, Seewolf mit
Sauerampfersauce, Kalbsfiletmedaillon mit Roquefortschaum. Be-

dauerlicherweise kam der Fisch verkocht auf den Tisch, weil der Gast protokollwidrig seine Tischrede nach der Vorspeise zu halten beliebte. Der Seewolf musste daher von den Vorlegeplatten wieder zurück in den Topf befördert werden. Immerhin war wegen der Programmänderung ihr Initiator noch so nüchtern, dass er seine Rede unfallfrei halten konnte. Für die »Roseneisbordüre mit Erdbeeren« zum Nachtisch benötigte man 50 Liter Eis sowie je 30 Kilo frische Erdbeeren und Schokolade.[150]

Medienberichten zufolge sollte Breschnew der bis dahin teuerste Bonner Staatsgast gewesen sein, der Besuch schlug mit 1,5 Millionen DM zu Buche. Am Wein allein kann es nicht gelegen haben. Der Presse zu entnehmen waren weitere alkoholische Einzelheiten, beispielsweise, dass der Gast dem Bundeskanzler eine tragbare Hausbar als Geschenk mitbrachte und dass es bei der russischen Gegeneinladung – insgesamt eher der Landessitte als der kommunistischen Ideologie entsprechend – neben reichlich Kaviar weißen Krimsekt, georgischen Rotwein, Wodka und diverse Sorten Cognac gab.

Gelockerte Kleiderordnung

Berichtenswert erschienen zudem zeremonielle Details. Der *General-Anzeiger* wies gleich in der Überschrift seines Artikels über das Bankett darauf hin, dass Breschnew im selben einreihigen Anzug erschien, den er am Vormittag schon getragen hatte. Diese Bekleidung an sich stellte jedoch keinen Fehltritt dar, die Formel »Dunkler Anzug. Langes Kleid«, mit der eingeladen worden war, offenbarte eines der geringfügigen protokollarischen Differenzierungsmerkmale gegenüber den offiziellen Besuchern aus dem Ostblock. Hintergrund war, dass diese als Generalsekretäre ihrer jeweiligen Staatsparteien oftmals kein herausgehobenes Staatsamt nach den strengen Regeln des internationalen Protokolls innehat-

54 Empfang in der Godesberger Redoute am 21.3.1979: Bundeskanzler Schmidt, der schwedische König Carl XVI. Gustaf, Bundespräsident Scheel, Königin Silvia und Mildred Scheel

ten und daher keinen Anspruch auf die protokollarische Behandlung gleich einem Präsidenten erheben konnten. Breschnew hingegen amtierte seit 1977 erneut als Vorsitzender des Präsidiums des Obersten Sowjets und war somit sowjetisches Staatsoberhaupt, nachdem er dieses Amt schon einmal ab 1960 für vier Jahre innegehabt hatte. Trotzdem hielt man sich an die Kleiderordnung für Gäste aus Ländern östlich des Eisernen Vorhangs.

Der einstmals strenge Dresscode war ohnehin gelockert worden, Heinemann sei Dank, und nicht mehr jeder Spitzenpolitiker verfügte über einen Frack. Bundeskanzler Helmut Schmidt beispielsweise ließ vor dem Bankett zu Ehren des schwedischen Königs im Jahr nach dem Breschnew-Besuch verlauten, er besitze kein solches Kleidungsstück und erschien im Smoking, obwohl Monarchen genaugenommen allerhöchste Etikette zusteht.

Zu dieser Zeit setzten sich unterschiedliche Maßstäbe hinsicht-

222

lich des formellen Outfits durch, augenscheinlich galt der Frack als Gipfel der Herrenausstattung nur noch für Teilnehmer am Staatsbankett, die repräsentative Aufgaben wahrzunehmen hatten, als einzig angemessene Bekleidung, während für alle anderen Geladenen der Smoking ausreichte.

Hinsichtlich der symbolischen Herrschaftssicherung, die dem Zeremoniell eigentlich zugrunde liegt, hätte das zu Irritationen führen können. Beispielsweise erschien der Bundeskanzler für den Fototermin anlässlich des Staatsbanketts zu Ehren des französischen Präsidenten Valéry Giscard d'Estaing 1980 im besagten Smoking, während alle anderen auf dem Bild abgebildeten Herren – auf deutscher Seite Bundespräsident Karl Carstens und Außenminister Hans-Dietrich Genscher – Frack mit Orden, also das volle Staatsornat, trugen. Glücklicherweise war die bundesrepublikanische Verfassungsordnung schon damals so gefestigt, dass der Bundeskanzler dadurch nicht an Ansehen verlor. Eher dokumentiert sein hanseatisches Unterstatement die wahre Machtstellung gegenüber seinem Stellvertreter Genscher und dem formal höherrangigen Bundespräsidenten, der zwar einiges zu reden, aber im Vergleich zum Bundeskanzler weniger zu sagen hat.

Allen protokollarischen Feinheiten zum Trotz zeigte der Besuch von Breschnew die politischen Grenzen der Gastfreundschaft auf. Die bundesdeutsch-sowjetischen Beziehungen stagnierten damals bestenfalls, Berlin war der Zankapfel. Unter der Überschrift »Wie schafft man Vertrauen?« war im *Spiegel* zusammenfassend über den Deutschland-Aufenthalt des Sowjets zu lesen, dass von »der Aufbruchsstimmung des ersten Breschnew-Besuchs vor fünf Jahren [...] wenig geblieben [war]. Gastgeberische Artigkeiten und Wodka konnten sie 1978 nicht wieder erwecken.«[151]

Bleibenden Eindruck auf die Beteiligten machte das Ganze trotzdem. Helmut Schmidt, der in seinen Erinnerungen ironischerweise von einem für die Gäste des Staatsbanketts und der sowjetischen Gegeneinladung erkennbaren »Grad von Nüchtern-

55 Aufstellung zum Defilee anlässlich des Staatsbesuchs von Valéry Giscard d'Estaing am 7. 7. 1980

heit« gegenüber der früheren Euphorie in Sachen Neue Ostpolitik schreibt, antwortete dreißig Jahre später auf die Frage, ob es ein Klischee sei, dass russische Politiker gerne trinken:

»Es mag ein Klischee sein. Außerdem ist es die Wahrheit.«

»Kann man da mithalten, wenn man kein Russe ist?«

»Nicht ewig. Ich erinnere mich an ein Essen, das wir in Bonn für Breschnew gaben. Links von Breschnew saß Walter Scheel, der war Bundespräsident. Rechts von Breschnew saß ich als Regierungschef. Breschnew trank den Wodka aus Wassergläsern. [...] Ein Wasserglas voll Wodka haben Scheel und Schmidt mitgetrunken. Das zweite Wasserglas voll Wodka haben wir auch noch mitgetrunken. Beim dritten Glas hat Schmidt gestreikt.«[152]

Boris Jelzin

In etwa wie mit Breschnew dürfte manche Begegnung mit Boris Jelzin verlaufen sein. Das erste demokratisch gewählte Staatsoberhaupt in der Geschichte Russlands ist eine der wenigen Persönlichkeiten, über deren Trinkverhalten sogar aus präsidialer Feder etwas überliefert ist. Roman Herzog schreibt in seinen Erinnerungen über »den legendären Alkoholkonsum« des russischen Präsidenten. Er äußert Verständnis, es seien stets besondere Umstände gewesen, in denen er Zeuge von Jelzins übermächtigem Durst wurde. Bei einem Bankett in der russischen Botschaft anlässlich des Abzugs der russischen Truppen aus Deutschland 1994 beispielsweise habe Jelzin jedem der anwesenden Generäle einzeln die Gründe dargelegt und mit ihm getrunken.[153] Da in den Medien über die Gepflogenheiten des russischen Staatsoberhauptes vielfach berichtet worden war, sind die Aufzeichnungen weder indiskret noch undiplomatisch. Es ist übrigens die einzige Stelle, an der Herzog für seine präsidiale Zeit alkoholische Getränke überhaupt erwähnt, die Heuss'sche Offenherzigkeit weisen die Erinnerungen des siebten Bundespräsidenten nicht auf. Jelzin, an dessen Regierungsfähigkeit aufgrund seiner angegriffenen Gesundheit sowie seines Alkoholkonsums wiederholt Zweifel geäußert wurden, notierte in seinen Memoiren, unter welchem Druck er vor den Augen der Weltöffentlichkeit beim Abzug der Truppen gestanden habe: »Ich erinnere mich, dass die Last nach einigen Gläschen abfiel.« Wie der russische Präsident vor dem Berliner Roten Rathaus aus der Reihe der Ehrengäste ausschert, um zum Taktstock zu greifen und ein Polizeiorchester zu dirigieren, dürfte die Szene dieses historischen Tages sein, die am meisten nachwirkt. In Anbetracht der Trauerstimmung, in der sich die Protagonisten des zusammengestürzten Imperiums befanden, mutet sein Verhalten besonders unpassend an.

Jelzins Vorgänger Michail Gorbatschow wurde noch wegen seines Kampfes gegen den Alkoholismus als »Mineralsekretär« verspottetet. Mit Blick auf das Ende des Kalten Krieges passt jedoch die Analogie zu Julius Caesar, über den der römische Schriftsteller Sueton festhielt: »Wein trank er nur sehr wenig, was selbst seine Gegner zugeben mußten. Darauf bezieht sich auch das Wort des Marcus Cato: als einziger von allen sei Caesar nüchtern an eine Revolution herangegangen.«[154] Die Auflösung der Sowjetunion und die Überwindung des Eisernen Vorhangs verdient die Charakterisierung als Revolution allemal.

TRINKEN IM POLITISCHEN ALLTAG

Tabuthema Alkohol

In Deutschland wird das Thema Alkohol und Politik in der Öffentlichkeit weitgehend ausgeblendet. Allein der Ruf, dem Wein zugetan zu sein, schadet. Der FDP-Politiker Rainer Brüderle, den Gewächsen seines Heimatlandes Rheinland-Pfalz politisch und persönlich verbunden, könnte viel dazu sagen, tut es aber nicht. So bleiben neben diversen Anekdoten ein Foto, das ihn in seiner Zeit als Landesweinbauminister mit 1368 amtierenden und ehemaligen Weinköniginnen zeigt, das ihm einen Eintrag im Guiness-Buch der Rekorde bescherte, und die Folge 1089 der Harald-Schmidt-Show. Unter dem Titel »Saufen mit Brüderle« lässt sich die vinophil-repräsentative Eignung des damaligen Bundestagsfraktionsvizes begutachten. Formvollendet brachte Brüderle je eine Flasche aus allen sechs rheinland-pfälzischen Anbaugebieten mit sowie höflichkeitshalber dem aus Nürtingen stammenden Gastgeber eine Flasche Trollinger aus Württemberg.

Ernstere Schlagzeilen machte im Sommer 2011 das Bekenntnis des CDU-Abgeordneten Andreas Schockenhoff, alkoholkrank zu sein. Nach einer Unfallflucht in alkoholisiertem Zustand blieb dem stellvertretenden Fraktionsvorsitzenden wohl nur der Weg in die Öffentlichkeit. Indes war die Suchterkrankung Schockenhoffs in Berlin und in seinem Wahlkreis Ravensburg ein offenes Geheimnis. Sichtbar wurde, dass die gewählten Volksvertreter nicht weniger anfällig für Sucht und Drogen sind als ihre Wähler – zumal das Berliner Politikerleben mit seinen Begleiterscheinungen Stress, Konkurrenz, Einsamkeit und mannigfachen Gelegenheiten zum Griff nach Weinglas, Bierflasche oder Härterem prädestiniert. Hinzu kommt die Droge Macht, die Sucht nach öffentlicher Auf-

56 Rainer Brüderle auf einem Empfang in Berlin 2014

merksamkeit, der »Höhenrausch«, wie ihn der Journalist Jürgen Leinemann einmal nannte.

Das Thema Alkohol und Politik ist in Deutschland traditionell weitgehend tabuisiert. Nicht einmal Theodor Heuss erreichte die Bekenntnisfreude von Winston Churchill (»I have taken more out of alcohol, than alcohol has taken out of me«). Nach heutigen Maßstäben wäre Churchill jedoch rücktrittsreif wegen seiner nicht immer politisch korrekten Äußerungen. 1946 etwa erwiderte er auf die Bemerkung der Labour-Abgeordneten Bessie Braddock, dass er betrunken sei: »Bessie, Sie sind hässlich. Morgen werde ich wieder nüchtern sein und Sie immer noch hässlich.« Allein seine Neigung zum Champagner – nach Churchill ist die Edelcuvée von Pol Roger, seiner Lieblingsmarke, benannt – würde einen deutschen Politiker für höhere Aufgaben untauglich erscheinen lassen. In der Klassengesellschaft Großbritanniens wirkte sein Verhalten als Spross der Oberschicht nicht weiter anstößig – was mittlerweile vermutlich auch anders beurteilt werden würde.

In den Reden Ciceros lässt sich nachlesen, dass der Vorwurf der Trunksucht in der Antike als Mittel der politischen Auseinandersetzung genutzt wurde. In der Bundesrepublik sind solche Attacken höchst unüblich, zumindest auf offener Bühne. Legendär ist der Zwischenruf von Joschka Fischer, der den bekannt trinkfreudigen FDP-Abgeordneten Detlef Kleinert 1984 in einer Bundestagsdebatte um das Konkursrecht mit dem Satz »Jetzt kommt der schwankende Teil der Regierung« bedachte. Justizminister Hans Engelhard hatte zuvor verkündet, bei diesem Thema schwanke die Bundesregierung nicht. Noch mehr Bekanntheitsgrad erreichte die Einschätzung des grünen Parlamentsneulings aus einem Interview: »Der Bundestag ist eine unglaubliche Alkoholikerversammlung, die teilweise ganz ordinär nach Schnaps stinkt. Je länger die Sitzung dauert, desto intensiver.« Sonst werden solche Bemerkungen individualisiert zumeist hinter vorgehaltener Hand als Mittel der parteiinternen Auseinandersetzung gemacht.

Der grüne Ober-Realo bildete mit der Zeit persönlich allerdings ein ambivalentes Verhältnis zu Genussmitteln heraus und erwarb einen reichlichen Fundus an angetrunkenem Wissen. Nachdem er Mitte der 1990er Jahre arg in die Breite gegangen war, verschlankte sich Fischer auf einem »langen Lauf zu sich selbst« wieder. In einem danach veröffentlichten Büchlein hielt er fest, dass er dafür Ende 1996 sogar eine Weinprobe ausließ, bei der »ausschließlich der göttliche ›Pétrus‹ gereicht wurde«.[155] Mehr Entsagung geht nicht, die raren Flaschen dieses herausragenden Châteaus in Pomerol gehören in die Abteilung Phantomweine, die kaum erhältlich sind, und wenn, dann kosteten sie schon zu Bonner Zeiten mindestens 500 Mark. Zum Glück für die deutschen Winzer beendete Fischer seine Abstinenzphase nach acht Jahren und nahm zum Ende seiner Amtszeit als Außenminister – persönlich wieder weintrinkend – elf deutsche Spitzenwinzer mit in die USA, die dort ihre Gewächse der Presse präsentieren konnten.

Den vielzitierten Satz vom Bundestag als Alkoholikerversammlung nahm dessen Präsident Norbert Lammert in seiner Rede zum

57 Winston Churchill im Gespräch mit dem SPD-Vorsitzenden Erich Ollenhauer am Rande eines Empfangs anlässlich der Aachener Karlspreis-Verleihung 1956

25. Jahrestag der Grünen im Deutschen Bundestag 2008 auf: »Lieber Joschka, das ist definitiv besser geworden. Jedenfalls stinkt es nicht mehr so, was vielleicht auch damit zusammenhängt, dass Holundersekt nicht den penetranten Geruch entwickelt, der früher von dir in Sitzungen des Deutschen Bundestages beobachtet worden ist.« Das bündnisgrüne Parteivolk fand Geschmack an den launigen Worten des schwarzen Festredners. Und Bio-Holundersekt aus der Region wäre im parlamentarischen Festbetrieb allemal geeigneter als italienischer Prosecco, den Lammerts Amtsvorgänger Wolfgang Thierse 2002 anlässlich der Konstituierung des 15. Deutschen Bundestages ausschenken ließ. Darüber befremdet

gründeten Abgeordnete aller Fraktionen, unter ihnen die ehemalige Weinkönigin Julia Klöckner, im Frühjahr 2003 das interfraktionelle »Parlamentarische Weinforum«, um »den Bekanntheitsgrad des deutschen Weins im Bundestag, in den Ministerien, in den Botschaften und in allen denkbaren Institutionen erheblich zu erhöhen«.

Die Erkenntnis, dass hier einiges zu tun ist, bestätigte 2013 der FDP-Bundestagsabgeordnete Erik Schweickert, im Zivilberuf Professor für Weinwirtschaft an der Hochschule Geisenheim, wissenschaftlich. Den Bachelorarbeiten zweier seiner Studentinnen zufolge wird in Berlin bei offiziellen Veranstaltungen von Bundesministerien zwar durchaus viel deutscher Wein serviert, bei sieben Ressorts sogar ausnahmslos, in vier davon existierten explizite Vorgaben. Allerdings verlassen sich die Ressorts mangels eigener Expertise bei der Auswahl der Getränke oft auf Cateringunternehmen. Sind diese dafür alleinverantwortlich, kommt es gelegentlich zu protokollarischen Peinlichkeiten wie etwa beim »Dorffest« des Bundesministeriums für Ernährung, Landwirtschaft und Verbraucherschutz auf der Grünen Woche 2011, bei dem französischer Rotwein ausgeschenkt wurde. Oft erörtert wird in gustatorischer Hinsicht die Flugbereitschaft der Bundeswehr. Da sie von der Firma LSG Sky Chefs beliefert wird, entspricht das Portfolio in den Regierungsfliegern dem der Lufthansa Business Class, deren Weine zu drei Vierteln aus dem Ausland stammen.

Wie überall schadet Wissen nicht – im politischen Berlin wurden umso häufiger deutsche Gewächse aufgeboten, je mehr die Veranstalter von Wein verstanden und die Weinauswahl selbst übernahmen. Obwohl nur bei knapp einem Fünftel der untersuchten Veranstaltungen überhaupt kein deutscher Wein ausgeschenkt wurde, spielte die Herkunft als Entscheidungskriterium bloß in der Hälfte der Fälle eine Rolle. Für hiesige Gewächse sprachen zusätzliche Argumente, wie das Preis-Leistungs-Verhältnis oder der Geschmack. Es krankte am Bewusstsein für den repräsentativen Aspekt des heimischen Weinausschanks.[156]

Föderale Vielfalt

Weiter als der Deutsche Bundestag ist der Bayerische Landtag, der schon im Jahr 2000 den Beschluss fasste, bei seinen Empfängen nur Wein aus Franken anzubieten. 2013 entschied der Landtag zudem, dass dies grundsätzlich bei allen repräsentativen Anlässen des Freistaates gelten solle. Die Staatsregierung verweigerte sich dem allerdings, unter anderem mit dem Verweis auf das Diskriminierungsverbot im EU-Recht. Ein daraufhin von dem Abgeordneten Hans Jürgen Fahn in Auftrag gegebenes Rechtsgutachten kam jedoch zu dem Ergebnis, dass dem exklusiven Ausschank »von Frankenwein (sowie nach Bedeutung Wein aus anderen bayerischen Anbaugebieten) bei Repräsentationsveranstaltungen der Bayerischen Staatsregierung [...] keinen gemeinschaftsrechtlichen Bedenken [begegnet]«.[157]

Krämerseelen und nichtfränkische Winzer aus Bayern werden bemängeln, dass der Weinbau im Rest des Freistaates nicht berücksichtigt wird. Zwar liegt der Löwenanteil der weiß-blauen Rebflächen mit insgesamt etwas mehr als 6200 Hektar in Franken, aber am bayerischen Teil des Bodensees finden sich weitere knapp 50 Hektar, die freilich Württemberg zugeschlagen werden, und um Regensburg rund 5 Hektar.

Dass in Baden-Württemberg wie oft behauptet strikt darauf geachtet werde, den rebenregionalen Proporz zu wahren, indem sich bei offiziellen Veranstaltungen stets ein Wein aus Baden und einer aus Württemberg im Angebot befindet, scheint eine Legende zu sein. Natürlich gilt aber in allen weinanbauenden Bundesländern das ungeschriebene Gesetz, staatsoffiziell regionale Gewächse auszuschenken – was nicht immer glückt.

»Es ist ein großes Ärgernis«, lautete der Kernsatz des Chefs der rheinland-pfälzischen Staatskanzlei, Martin Stadelmaier, in der Antwort auf eine Mündliche Anfrage im Landtag im Nachgang des »Festaktes 60 Jahre Rheinland-Pfalz«. Bei diesem Anlass war im Mai 2007 Wein aus dem hessischen Rheingau ausgeschenkt worden. Was anderswo wie eine Provinzposse anmuten mag, stellte im größten weinbaubetreibenden Bundesland einen Skandal dar, »Katerstimmung nach der Geburtstagsparty« oder »Vergifteter Tropfen« lauteten die entsprechenden Schlagzeilen. Den identitätsstiftenden Charakter des Weinbaus belegt das Landeswappen, das von einer Volkskrone aus Weinblättern geziert wird.

Fast zwei Drittel aller deutschen Rebflächen liegen in dem Bundesland, das mit der Ahr, dem Mittelrhein, der Mosel, der Nahe und der Pfalz sowie Rheinhessen sechs der 13 deutschen Anbaugebiete mit seinen Grenzen umfasst. Dass das Wirtschaftsministerium, das zudem für Verkehr, Landwirtschaft und Weinbau verantwortlich zeichnet, den Begriff Weinbau offiziell im Titel führt, ist ob der vielen Winzer Ehrensache. 2007 existierten in Rheinland-Pfalz etwa 11 000 Betriebe.

Die Panne zum Jubiläum war passiert, weil der Betreiber des Veranstaltungsortes, das Hilton Hotel in Mainz, seine Hausweine offeriert hatte, die offenbar ohne weitere Nachfrage akzeptiert worden waren. Die Staatskanzlei ging wiederum davon aus, dass es sich um die vorab verkosteten rheinland-pfälzischen Gewächse handeln würde. So mussten die Gäste mit einem 2006er Winkeler Hasensprung Riesling trocken aus Oestrich-Winkel vorliebnehmen, dessen Produzent Ulrich Allendorf durchaus Verständnis für die Verärgerung seiner Kollegen äußerte. Wie so oft zeigt sich, dass es in der Politik gilt, alle möglichen Eventualitäten, und seien sie noch so unwahrscheinlich, mitzubedenken – in diesem Falle die Auswirkungen eines Veranstaltungsvertrages mit Getränkepauschalpaket. Immerhin konnte Staatssekretär Stadelmaier auf die Nachfrage, ob der Landesregierung Berichte über gesundheitliche Schäden durch den Genuss von Rheingau-Weinen zu Ohren gekommen seien, antworten, dass ihm nichts dergleichen bekannt geworden sei.

Das sind Probleme, die andere Bundesländer gern hätten. Dass jedes Land, in dem sich Reben anbauen lassen, die Erträge zu repräsentativen Zwecken benutzt, gilt nicht nur für Staaten, sondern ebenfalls für Bundesländer. Die Hamburger Bürgerschaft beispielsweise verschenkt an Ehrengäste Hamburger Stintfang, eine Cuvée aus Phönix und Regent. Die ersten Reben wurden 1995 oberhalb der Landungsbrücken gepflanzt, mittlerweile sind es insgesamt 100. Ausgebaut und abgefüllt wird der Wein vom Stuttgarter Weingut Christel Currle, die Trauben werden dafür aus dem Norden nach Stuttgart transportiert – sofern sie nicht illegal abgeerntet wurden wie im Jahrgang 2010, der deshalb komplett ausfallen musste.

Angesichts der Güte des Gewächses war das verschmerzbar. Eine Verkostungsnotiz des Jahrgangs 2008 lautet: »Trübe Farbe wie Apfelmost – und so schmeckt er auch, wenn jedoch in verdünnter Version. Apfelweinaromen mit lagen- und namenstechnisch absolut angemessenem fischigem Unterton, ob es aber wirklich Stint ist oder ein anderer Fisch, lässt sich nicht näher bestimmen. Der Winzer sagt selbst ›trinkbar‹ dazu (so wird berichtet), ein ›knapp‹ hinzuzufügen, wäre ehrlich.«[158]

Ob der geringen Erträge kann das dünne Säftchen glücklicherweise nicht bei offiziellen Anlässen ausgeschenkt werden, weshalb sich die Freie und Hansestadt Hamburg traditionell bei offiziellen Gelegenheiten eines so unbedachten wie unauffälligen handelsüblichen Weinangebotes bedient – Weißwein aus Deutschland, rot quer durch den ausländischen Rebgarten, Bordeaux, Burgunder, Chianti. Aber bevor die Hanseaten diese Praxis ändern, sollten sie darüber nachdenken, ob der Stintfang als Geschenk wirklich der stolzen Elbmetropole entspricht oder ihren Ruf als Stadt der Pfeffersäcke mehrt.

Andere Länder, andere Sitten, scheint zumindest in den goldenen Zeiten der späten Bonner Republik das Motto im Saarland gelautet zu haben. Landläufigen Annahmen zuwider verfügt das kleinste deutsche Flächenland nur über winzige Rebflächen, lediglich im äußersten Nordwesten in Perl, Oberperl, Sehndorf und Nennig an der Obermosel – und nicht an der Saar, wie oft vermutet – wird Qualitätswein geerntet und hergestellt. Und wer kaum heimische Gewächse hat, braucht auf Herkunft keine Rücksicht zu nehmen. Angeblich finden sich noch heute größere Bestände sehr guter Bordeaux und einiger Super-Toskaner im Geschäftsbereich beziehungsweise Keller der saarländischen Staatskanzlei. Sie wurden von Oskar Lafontaine angeschafft, wobei nach dessen Abschied von der Macht niemand mehr etwas damit anzufangen wusste. Vermutlich trauten sich die Amtsnachfolger nicht, die Flaschen zu öffnen oder zu verschenken, zumal ihr Wert in der Zwischenzeit deutlich gestiegen ist.

Öffentlich hinterfragt wurde die Großzügigkeit des in seiner ersten Parteikarriere bei der SPD an vorderster Stelle zur Toskana-Fraktion gehörenden Ministerpräsidenten, als er Ende 1987 für die Landesvertretung in Bonn nicht allein einen ausgezeichneten Küchenchef anheuerte, sondern diesem ein Ministerialbeamtengehalt bot. Mit den Worten »Ein Spitzenkoch leistet mehr als mancher Sesselfurzer« versuchte der Regierungschef die weit über dem Üblichen liegende Entlohnung einzuordnen. Mit diesem laut Gunter Hofmann, dem zeitlosen Hauschronisten der SPD, »epochalen Satz«[159] ließ der Genussmensch Lafontaine immerhin erkennen, dass er sich der politischen Wirkung gustatorischen Handelns sehr bewusst war.

WANDERJAHRE

Karl Carstens

Bei aller Ambivalenz, die Walter Scheel aufwies – in Sachen Wein wäre dieses Urteil bei seinem Nachfolger Karl Carstens stimmiger gewesen. Hier schwankte die Qualität zwischen überragend und ungenießbar, der Auswahl ermangelte es an jeglichem Konzept. Zudem spiegelt sie in keiner Weise die in seinen Wanderungen quer durch die Republik zelebrierte Heimatliebe, denn bei offiziellen Essen kam der Rotwein in aller Regel aus dem Ausland. Einmal mehr scheint aber das Image des Präsidenten entscheidend gewesen zu sein, weshalb es sogar in *Cotta's kulinarischem Almanach* zu Irrtümern kam. Dass nach Carstens Amtsübernahme »[…] nur noch deutsche Spitzenerzeugnisse auf die Tafel [kamen]«, ist schlicht falsch.[160] Eher war das komplette Gegenteil der Fall. Seinem ersten Staatsgast, dem italienischen Präsidenten Sandro Pertini, ließ er im September 1979 mit einem 1971er Franco Fiorina einen Barolo aus einem exzellenten Jahr auftragen. Dass es ein italienischer Rotwein war, hatte Pertini erbitten lassen – der springende Punkt dabei: Ursprünglich hatte das Protokoll keineswegs einen deutschen, sondern einen französischen Wein vorgesehen. Wenigstens fiel die Wahl auf ein edles Gewächs, denn Carstens sagte über sich selber, er »gehöre zu den Menschen, die wahnsinnig sparsam sind«.[161]

Der Genügsamkeit des Bundespräsidenten entsprechend, geizten die verantwortlichen Beamten beim zweiten Staatsgast, dem König von Tonga, mit weiterführenden gastrosophischen Überlegungen. Auf der Menükarte des Augustusburger Abendessens im November 1979 finden sich, jeweils ohne Herstellerangaben, 1978er Eich-

58 Der italienische Staatspräsident Sandro Pertini zwischen Veronica und
Karl Carstens beim Toast auf Schloss Augustusburg

berg Riesling Kabinett, recht solide, sowie ein 1975er Santenay 1er
Cru »La Comme« nebst Kessler Hochgewächs. Ob Hummersup-
pe und Gedämpfte Wildente in Orangensoße Carstens Gusto entsprochen haben, ist fraglich.

In Anbetracht der Güte eines Teils der vom Vorgänger über-
nommenen Bestände war es besser, dass Carstens kaum Alkohol
trank. Im Berliner Schloss Bellevue gab es bis weit in die 1980er
Jahre Domaine des Ravatys 1973. Von dem unter Scheel beschaff-
ten Beaujolais – einer Weinsorte, die für ihre Lagerfähigkeit nicht
eben gerühmt wird – existierten offenbar größere Mengen; einzig
das kellertechnische Anciennitätsprinzip dürfte für ihn gesprochen haben. Gleichermaßen nicht mehr taufrisch gewesen sein
dürfte der Königin Beatrix und Prinz Claus aus den Niederlanden
1982 servierte vierzehn Jahre alte Monthelie Hospices de Beaune,
zumal 1968 im Burgund eine Katastrophe war. Mit von der Partie
das übliche Kessler Hochgewächs sowie ein Riesling aus einer so
ausgezeichneten Lage, Hochheimer Domdechaney, wie schauer-

lichem Jahrgang, 1980. Der aus demselben Jahr stammende Iphöfer Burgweg Müller-Thurgau Kabinett trocken, der dem österrei-
chischen Bundespräsidenten Rudolf Kirchschläger im September
1982 verabreicht wurde, war noch weniger verlockend, passte aber
mit seinen günstigen Beschaffungskosten zur Bescheidenheit, die
man dem Gast nachsagte. Ausnahmsweise kam sogar der Rotwein
aus heimischen Rebanlagen, Gündelbacher Wachtkopf Lemberger
Spätlese 1979 nebst Kessler Hochgewächs.

Eine absolute Ausnahme anderer Art – oder vielmehr: Farbe – stümperten die Präsidialamtsbediensteten zusammen, indem
nicht einmal der Weißwein deutscher Provenienz entsprang. Bei
diesem Abendessen im Oktober 1980 handelte es sich nicht um
ein Staatsbankett, wobei in Sachen Konzeptionslosigkeit kaum Unterschiede zwischen protokollarisch unterschiedlich eingestuften
Anlässen auszumachen sind. Zu dem nicht näher ausgewiesenen
1977er Meursault AC – mieses Jahr, allein seine Jugend versprach
etwas Frische – gab es einen ebenfalls aus Burgund stammenden
Rotwein. Santenay ist allerdings weder für seine Klasse noch für
überragende Alterungstauglichkeit bekannt, der 1964er dürfte arg
reif gewesen sein.

Gleicher Nationalität, besser, dafür mit freundlicher Ignoranz-
anmutung, erwies sich der Rotwein für Ahmed Sékou Touré, den
Präsidenten Guineas, bei dessen Staatsbesuch im November 1981.
Die vormalige französische Kolonie hatte in einem Referendum
1958 als einzige in Afrika mit der Kolonialmacht gebrochen. Sozia-
listischer Diktator hin, alkoholabstinenter Muslim her – dem Gui-
neer einen Bordeaux zu servieren, zeugte nicht von überragendem
diplomatischem Geschick, schließlich repräsentiert kaum etwas
Frankreich so sehr wie bordelaiser Rotwein. Der Fehlgriff lässt sich
nicht damit entschuldigen, dass der in Rede stehende mittelmäßige Château Clos Fourtet 1976 damals regelmäßig Bonner Bankette
begleitete. »Gefällige Frucht, doch in einem recht harten, stieligen
Kleid«, notierte Michael Broadbent. Deutschen Winzern traute
man im Bundespräsidialamt beim Rotwein offensichtlich weniger

zu als in früheren Zeiten, den französischen umso mehr – bei Tourés erstem Besuch, 22 Jahre zuvor, gab es in der Villa Hammerschmidt ohne Ausnahme heimische Gewächse.

Jetzt ergoss sich ein unpatriotisch-buntroter Reigen von elendig bis höchstklassig, was Region, Erzeuger und Jahrgänge betraf, in die Gläser. Von billigem Medoc über mittelmäßige Burgunder bis hin zu Chambertin, einem der prestigeträchtigsten dortigen Grand Crus. Zur Linie »Carstens exquisit« gehörte ebenso ein Château Canon aus dem Spitzenjahrgang 1961 – laut Robert Parker »an excellent wine«, als er ihn 1984 verkostete.

Insgesamt schien bei den Rotweinen eine Phase der Reife eingetreten zu sein, aber das entsprach ja der Bundesrepublik insgesamt. Wirklich gute Jahrgänge bildeten jedoch die Ausnahme: Die Kulinarik-Zeitschrift *Essen & Trinken* bilanzierte am Ende der Amtszeit Carstens', dass der Bund »eine bemerkenswerte Neigung zu kleinen Jahrgängen« habe.[162] Genauso war die Qualität der Weißen ziemlich schwankend, sie reichte von den oben schon genannten Müller-Thurgaus bis hin zu Rieslingen berühmter Lagen, die heute als Grosse Gewächse klassifiziert sind. Insgesamt gibt der damalige Ausschank Rätsel auf, über die entsprechende Praxis auf ausgehenden Staatsbesuchen wird noch berichtet werden.

Warum ausgerechnet der fünfte Bundespräsident nach einer nicht zu wiederholenden beruflichen Laufbahn, die ihn in diverse Funktionen mit staatszeremoniellem Aufgabensegment führte, diese Dimension von Repräsentation übersah, lässt sich nur daraus erklären, dass er sich aus Wein nichts machte. Vor seiner Wahl zum Staatsoberhaupt war Carstens unter anderem Bevollmächtigter Bremens beim Bund, ordentlicher Professor für Staats- und Völkerrecht an der Universität zu Köln, Staatssekretär im Auswärtigen Amt, kurz Chef des Bundeskanzleramts und schließlich für zweieinhalb Jahre Bundestagspräsident gewesen. Niemals vor- und nachher sollte der Begriff Staatsnotar, eine gängige Bezeichnung des Bundespräsidenten, dem Werdegang und Habitus nach so passend für ein bundesdeutsches Staatsoberhaupt sein wie bei Carstens. Während seines beruflichen Aufstiegs wurde er in den Medien als einer »der brillantesten und dabei nüchternsten Juristen der Bundeshauptstadt« bezeichnet. Zu den Karrierefaktoren zählte die asketische Lebensweise Carstens', »seiner geistigen Leistungsfähigkeit zuliebe trinkt er nicht einmal Wein«.[163]

An für sich hätte nahegelegen, dass jemand, den seit der Jugend der Ruf begleitete, immer der Primus zu sein, sich die gustatorischen Dimensionen von Repräsentation zumindest theoretisch hätte erschließen können. Dies gilt umso mehr, als Carstens in den 1930er Jahren ein Semester in Dijon studiert hatte, woraus sich eine gewisse Vorliebe für burgundische Weine, die viele Menükarten nahelegen, ableiten lässt. Ausweislich seiner posthum 1993 erschienenen *Erinnerungen und Erfahrungen* hatte er in der Hauptstadt des Départements Côte-d'Or den stärksten Rausch seines Lebens gehabt, nachdem er eine Weinprobe im Hospices de Beaune mitgemacht hatte: »Die Weine waren über alle Begriffe köstlich.« Offiziell wie privat kann er wirklich nie viel getrunken haben, denn in Carstens' kurz nach seinem Tod erschienenen Erinnerungen, schreibt er von einer ihm 1954 zum Abschied aus den Bremer Diensten geschenkte »Kiste altem Bordeaux-Wein [...], von dem ich heute noch zehre«. Hoffentlich handelte es sich um einen besseren Jahrgang als jene Jahrgänge, die er als Staatsoberhaupt auftischen ließ.

Valéry Giscard d'Estaing

Einen nach dieser Vorrede unerwarteten Höhepunkt bildete das Staatsbankett zu Ehren von Valéry Giscard d'Estaing am 7. Juli 1980. »Es war eine der glanzvollsten Veranstaltungen, die zu meiner Amtszeit stattfanden«, konstatierte der Gastgeber in seinen Memoiren – zu Recht.[164] Und das galt umfassend, denn beim Staatsbesuch des französischen Präsidenten wurden als Reverenz

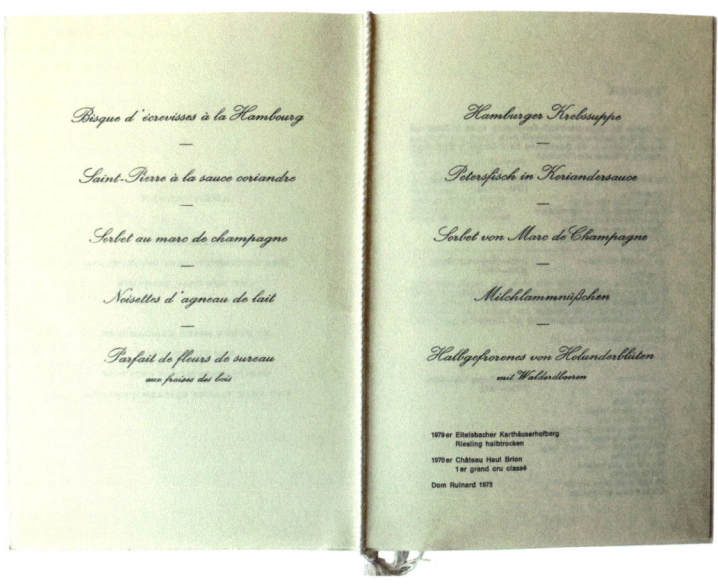

59 Die Menükarte des Staatsbanketts am 7. 7. 1980

an den Gast mit 1979er Eitelsbacher Karthäuserhofberg Riesling
halbtrocken, Château Haut-Brion 1970 – statusgerecht versehen
mit dem Zusatz »1er grand cru classé« – und 1973er Dom Ruin-
art-Jahrgangschampagner herausragende Gewächse ausgeschenkt.

Das Menü noch im Rahmen des Üblichen – Hamburger Krebs-
suppe, Petersfisch, ein als Zwischengang in Mode gekommenes
Sorbet, Milchlammnüßchen sowie Halbgefrorenes von Holunder-
blüten –, doch getafelt wurde im kleinen Kreis in Schloss Falkenlust. Entsprechend zierte dessen Bild die Menükarte, in die sich ein
Fehler geschlichen hatte, der Produzent des Champagners war mit
einem »d« anstatt »t« in Ruinart falsch geschrieben.

Das Jagdschloss, in dem angeblich 1760 Casanova ein Galadinner
für die Damen der Kölner Gesellschaft gegeben haben soll, liegt
knapp zwei Kilometer von Schloss Augustusburg entfernt. Was
die 58 erschienenen Gäste – das Ausbleiben des stellvertretenden

SPD-Vorsitzenden Hans-Jürgen Wischnewski nebst Gattin war dem *Spiegel* eigens eine »Personalien«-Meldung wert – dort erlebten, war eine absolute Ausnahmeveranstaltung. Und es handelte sich um einen der seltenen Anlässe, bei denen von der üblichen protokollarischen Gleichbehandlung der Gäste abgewichen wurde. Das Gros der insgesamt 1000 zum Empfang geladenen Personen musste mit Augustusburg als Ort des Geschehens vorliebnehmen, wo sie sich »in allen Sälen des Schlosses zum Small Talk eines Stehkonvents trafen«.[165] Dass es gleichfalls Unterschiede in Bekleidungsfragen bei diesem Bankett gab – Präsidenten und andere im Frack, Kanzler im Smoking –, wurde schon berichtet. Der Abend, der für alle Gäste mit einem Feuerwerk bedauerlicherweise bei strömendem Regen endete, erinnerte viel stärker an das historische Tafelzeremoniell mit seinen differenzierten hierarchischen Abstufungen bei der Tischordnung, Quantität und Qualität von Speisen und Getränken, Bedienung und Bekleidung, als in Bonn sonst üblich.

In gastrosophischer Hinsicht erwies sich Carstens keinesfalls als »Anwalt der Normalität«, wie Theo Sommer ihn 1984 resümierend titulierte.[166] Die Normalität wäre allenfalls auf die zu seiner Zeit servierten Gerichte im Sinne des gehobenen rheinischen Wohlstandscharakters der ersten Hälfte der 1980er Jahre anzuwenden. Ob solche Menüs es rechtfertigten, ihm »feinschmeckerische Einfalt« zu unterstellen, wie das *Essen & Trinken* tat, bleibt zweifelhaft, wenngleich sie nur ein veredelter Hotelgastronomiestandard waren. Allzu originell dürfen die Speisenfolgen bei Staatsbanketten sowieso nicht sein, zumal in der angepassten Bonner Republik. Und beim Wein erwies sich für ein solches Urteil die Amplitude als zu groß.

AUSLANDSAUSSCHANK I.

Botschaften und Auslandsvertretungen

Das Interesse von Diplomaten am Wein ist ein weit zurückreichendes Thema. Einer der bekanntesten Protagonisten war Thomas Jefferson, der – bevor er 1801 zum dritten Präsidenten der USA gewählt wurde – bis 1789 einige Jahre als Botschafter in Frankreich amtierte. Angetan hatten es ihm insbesondere Bordeaux-Weine, wovon er größere Mengen einkaufte – einige angeblich aus seinem Bestand stammende Flaschen gingen als Gegenstand diverser Prozesse um die Frage, ob gefälscht oder nicht, als »Jefferson-Bottles« in die Weingeschichte ein.[167] Offiziell dem Zweck dienend, die Aussichten für den Handel mit seinem Heimatland zu ergründen, bereiste Jefferson das Burgund, das Rhonetal, mehrfach Bordeaux, die Champagne, das Piemont sowie Rhein und Mosel und beschäftigte sich dabei eingehend mit Weinbau. Seine Beobachtungen und Urteile sind selbst nach heutigen Maßstäben von hohem Erkenntniswert. Dieses Prädikat verdiente beispielsweise seine Feststellung »No nation is drunken where wine is cheap«, womit er sich gegen zu hohe Einfuhrzölle auf Wein wandte. Sie verteuerten und verkomplizierten dessen Beschaffung; Fragen des Patriotismus spielten zu dieser Zeit noch keine Rolle.

Wie beschwerlich sich sogar noch fast zwei Jahrhunderte später das Botschafterdasein in Sachen Wein gestaltete, legt ein Vorgang aus den Akten des Auswärtigen Amtes von Anfang der 1970er Jahre offen. Einige Exportverbände hatten sich zunächst an das Ernährungs- Landwirtschafts- und Forstministerium gewandt mit der Bitte, für einen vermehrten Einsatz deutscher Produkte in den deutschen Auslandsvertretungen zu sorgen. Das Ministerium schrieb Anfang 1971 an das Außenamt, ob der hohen Qualität müsse es doch »möglich sein, z. B. anstelle von französischem Cognac deutschen Weinbrand, anstelle von Champagner deutschen Sekt anzubieten. Deutsche Obstbrände, Schnäpse, Weine, Fruchtsäfte und Lebensmittelspezialitäten eignen sich hervorragend für Repräsentationszwecke«.

Das Auswärtige Amt, das zu diesem Thema schon mehrere Runderlasse fabriziert hatte, übermittelte ihren diplomatischen Vertretungen den Wunsch und bat darum, diesem künftig »in größerem Umfange als bisher« Rechnung zu tragen. In der Folge vermeldeten diverse Vertretungen eilfertig, wie patriotisch sich ihr Angebot zusammensetze – die Akten erwecken den Anschein, als seien Fleißkärtchen zu verteilen gewesen. Der deutsche Botschafter in Den Haag, Hans Arnold, wies zusätzlich darauf hin, dass es schwierig sei, geeignete Bezugsquellen aufzutun: »Nur durch relativ umfangreiche Korrespondenz können Lieferanten für geeignete deutsche Rotweine festgestellt werden.« Bei seinen Kollegen in Bonn stieß er auf Verständnis, der Bearbeiter in der Zentrale unterstrich – damit der weithin empfundenen Herausforderung Ausdruck gebend – das Wort »Rotweine« und vermerkte handschriftlich »Rotwein?« am Rand.

Nach einem weiteren Erlass in der Sache meldete sich Ende 1972 Arnolds Nachfolger in den Niederlanden, Adolf Max Obermayer, zum Betreff »Verwendung von deutschen Spirituosen und Sekt bei deutschen Auslandsvertretungen«. Zwischen einer einführenden und das Schreiben beschließenden Darlegung, wie und womit man sich in der Sache bemühe, findet sich die Klage, dass die entsprechenden Organisationen wie die Sektexporteure oder das Deutsche Weininstitut nur geringe Mittel aufbieten könnten. Hingegen sei festzustellen, »daß die Franzosen bei ihrer Werbung für Champagner, Wein und Cognac über enorme Geldmengen und damit auch über hervorragende Werbemittel in Hülle und Fülle verfügen«.

Obwohl die Centrale Marketing-Gesellschaft der deutschen Agrarwirtschaft (CMA), die den Absatz deutscher Landwirtschaftsprodukte im In- und Ausland fördern sollte, über ein Werbebudget in vielfacher Millionenhöhe verfügte, blieb das auf höchststaatlicher Ebene offenbar wirkungslos. Ebenso wenig war Abhilfe aus der Bonner Zentrale des Außenamtes zu erwarten. Deren Beamte hatten zu der Zeit einem Weinbauverband mitgeteilt, dass es dort »keine Stelle gibt, deren Aufgabe es wäre, für das Amt und seine Angehörigen im In- und Ausland Wein zu beschaffen«. Das gilt bis heute, und die von Botschafter Arnold schon vor über 45 Jahren zum Ausdruck gebrachten Herausforderungen bestehen fort: »Berücksichtigt man noch die durch Klima und örtliche Verbrauchsgewohnheiten gesetzten natürlichen Grenzen, so ergibt sich, dass im allgemeinen nur mit großer Anstrengung und eigener Initiative der Auslandsvertretung ein relativ begrenzter Endeffekt erreicht werden kann.«

Auf die wiederholt in Sachen Wein ergangenen Maßgaben wurde im Laufe der Jahre immer wieder von Seiten des Außenamtes verwiesen, wenn hinterfragt wurde, ob die deutschen Botschaften ausnahmslos deutsche Erzeugnisse ausschenkten. Ebenfalls auf die Runderlasse bezog sich 1999 der Staatsminister im Auswärtigen Amt, Ludger Volmer, in seiner Antwort auf die schriftliche Frage einer FDP-Abgeordneten, die hatte wissen wollen, inwieweit die deutschen Botschaften angewiesen seien, bei gesellschaftlichen Anlässen auf deutsche Weinprodukte zurückzugreifen. Er erklärte auf die Frage, was die Bundesregierung im Ausland, etwa bei Besuchen von offiziellen Regierungsdelegationen in anderen Staaten, tue, um sich für heimische Erzeugnisse einzusetzen, dass bei »offiziellen Veranstaltungen des Bundespräsidenten und Mitgliedern der Bundesregierung im Ausland […] grundsätzlich nur deutsche Weine und deutscher Sekt ausgeschenkt [werden].« Das Wörtchen »nur« ist in der entsprechenden Bundestagsdrucksache sogar gefettet.[168]

Nicht einmal der Außenminister leistete dem stets Folge. Nach einem Essen von Hans-Dietrich Genscher in Bangkok 1983, bei dem es Bordeaux gegeben hatte, rechtfertigte der stellvertretende

Protokollchef des Auswärtigen Amtes, Erhard Holtermann, den Verstoß gegen die selbstauferlegten Regeln mit dem bemerkenswerten Vergleich, man trage doch auch nicht ausschließlich deutsche Anzüge.[169] Ebenso finden sich in den Memoiren von Diplomaten der Durchschlagskraft der Runderlasse widersprechende Einträge.

Präsidenten und Kanzler

Bei den ersten Auslandsreisen des Bundespräsidenten reichte die Verwaltungskrake aus der Bonner Zentrale sowieso noch nicht weit; die Botschafter, viele von ihnen mehr gestandene Persönlichkeiten als Bürokraten, konnten ihren eigenen Vorstellungen oder ihrer Lebenserfahrung folgen. Als der erste Bundespräsident im November 1957 zum Staatsbesuch nach Rom reiste, tischte ihm im Vatikan der dortige Botschafter beim Heiligen Stuhl, Rudolf Graf Strachwitz, durchweg große Namen auf, weiß Graacher Himmelreich und Schlossböckelheimer Kupfergrube, beides 1953er. Zum »Canard rôti à la Horcher«, die Speisekarte stilsichergehend in französischer Sprache, dann Château Mouton Rothschild, bedauerlicherweise 1951er, den es in der Residenz des Botschafters häufiger gab. Michael Broadbent, der den Mouton aus diesem »betrüblichsten« Jahrgang einige Zeit nach Heuss verkosten konnte, notierte: »Grün, stielig, roh, gerade noch trinkbar.« Auch die beste Herkunft hilft nicht immer.

Zumindest lautete Strachwitz' önologisches Dogma, dass ihm deutsche Rotweine nicht ins Haus kämen. Deutscher Schaumwein offenbar genauso wenig, hier erwies sich Champagne Louis Roederer als das Mittel der Wahl, alles richtig machen zu wollen. Ob die Benennung des Hauptganges nach dem Berliner Restaurant Horcher, wo bis zu seiner Schließung 1944 reichlich Nazi-Größen ein und aus gingen, wirklich diplomatisch war, bleibt dahingestellt.

Trotzdem schien alles zu passen, der Botschafter vertraute über das opulente Mittagessen, an dem 24 Personen, darunter diverse päpstliche Würdenträger teilnahmen, seinem Tagebuch an, dass sich seine Sorge hinsichtlich allzu großer Förmlichkeit als unnötig erwiesen hatte, »die Jovialität des Präsidenten, das gute Essen und die vorzüglichen Weine schufen bald eine aufgelockerte Stimmung, und alle unterhielten sich gut«.

Heuss' Nachfolger Heinrich Lübke nahm die Sache dann selbst in die Hand und ließ auf seinen Auslandreisen in den damals fernsten Winkeln der Welt deutschen Wein anbieten. So in Nepal 1967, wo sich die Zusammenstellung mit Ayler Herrenberger Auslese 1964, Assmannshäuser Höllenberg Spätburgunder 1964 und Söhnlein Fürst Metternich 1959, der aus Riesling-Grundweinen von Schloss Johannisberg hergestellt wurde und der dank des herausragenden Jahres wirklich gut gewesen sein dürfte, als sehr überzeugend erwies. Die kulinarische Höflichkeitsgeste an den Gastgeber erging mittels Nachtisch, mit einem »Gâteau Himalaya« – mit lokalem Wein wäre das damals noch nicht möglich gewesen. Erst 1992 wurden in Jonsom im Annapurna-Massiv in 2750 Meter Seehöhe zwei Hektar bepflanzt, angeblich der weltweit höchstgelegene Weinberg.

Am wenigsten überzeugend in Sachen Wein gestalteten sich, naheliegend, die ausgehenden Staatsbesuche von Karl Carstens. Munter wurden nichtdeutsche Weine, immerhin zumeist aus dem Besuchsland stammend, ausgeschenkt. Dabei bediente man sich indes wechselhafter Qualitäten; 1980 in Portugal beispielsweise mit Barca Velha 1966 einer portugiesischen Weinikone, eine Verbeugung gegenüber dem Gastland. Eher das Gegenteil traf im Jahr darauf im Nachbarland Spanien zu mit einem nur mittelmäßigen Rioja, Riesling und 1975er Jahrgangschampagner von Moët et Chandon – spanische Bodegas produzieren übrigens Schaumwein, während er auf seiner Indien-Reise einige Monate davor rein deutsch hatte ausschenken lassen. Auf seiner Visite in Brasilien 1982 gab es mit Schloss Schönborn Hattenheimer Pfaffenberg 1979 eine solide Riesling Spätlese aus einem mäßigen Jahr, dann als önologische Jeunesse dorée Château Larrivet Haut-Brion 1978 und Veuve Clicquot, gefolgt von einer in Jahr wie Lage überzeugenden Auslese, 1976er Wachenheimer Gerümpel. In Rom im Oktober, kurz nachdem Helmut Kohl Kanzler geworden war, wurde beim Abendessen für Präsident Sandro Pertini derselbe erste Riesling ausgeschenkt, und danach keine Wende, sondern mit Rubesco di Torgiano 1978 ein günstiger Wein aus Umbrien zum Rehrücken »Baden-Baden«, Kessler Hochgewächs, aber zumindest zum Schluss, sehr gut und originell, eine 1976er Ruppertsberger Reiterpfad Gewürztraminer Auslese vom Reichsrat von Buhl. Für den Kardinal-Staatssekretär gab es zwei Tage später zum Mittagessen hingegen Barolo Riserva und Jahrgangschampagner.

Unmittelbar vor der Reise in den europäischen Süden besuchte Karl Carstens China, wo er weiß wie rot höchst mittelmäßige deutsche Gewächse anbieten ließ. Höflichkeitshalber wurde der Getränkereigen eröffnet mit Maotai, dem chinesischen Nationalschnaps, mit deutlich über 50 Volumenprozent Alkohol für ungeübte Trinker recht stark. Dieser aus roter Hirse und Weizen gebrannte edelste Schnaps Chinas, der halbe Liter ist in Deutschland für etwa 130 Euro erhältlich, gehört seit Gründung der Volksrepublik im Jahre 1949 zum Standardangebot bei Staatsbanketten.

Premierminister Zhōu Ēnlái, der 1972 Richard Nixon bei dessen historischem China-Besuch (»Only Nixon could go to China«) Maotai einschenken ließ, nannte ihn ein »Wunderelixier der Außenpolitik«. Eine fragwürdige Charakterisierung, denn der spätere US-Außenminister Alexander Haig, der als Mitarbeiter im Stab von Sicherheitsberater Henry Kissinger die Reise mit vorbereitete, hatte nach einer Kostprobe in einem Memo festgehalten: »Unter keinen – Wiederholung: keinen – Umständen sollte der Präsident in Erwiderung des Bankett-Toasts tatsächlich aus seinem Glas trinken.«

60 Richard Nixon, Maotai, Zhōu Ēnlái

Die Warnung beeindruckte den dem Alkohol generell zugeneigten Nixon indes nicht. Im Gegenteil: Obwohl er nach jedem Schluck zusammenzuckte, hielt er gut mit und erzählte zur allgemeinen Erheiterung einen Witz, bei dem ein Mann nach dem Konsum von Maotai beim Anzünden einer Zigarette explodiert. Zhōu Ēnlái zündete daraufhin sein Glas an und hielt es hoch, weiteres Gelächter war die Folge.[170] Passend dazu charakterisierte Henry Kissinger den Schnaps danach als »jenes tödliche Gebräu, das wohl nur deshalb nicht als Flugzeugkraftstoff verwendet wird, weil es sich zu leicht entzündet«. Und obwohl amerikanische Journalisten davon sprachen, ein »weißer Blitz« sei in ihre Kehlen eingeschlagen – Dan Rather von CBS meinte, »flüssige Rasierklingen« geschluckt zu haben –, beweist die Szene, dass gemeinsames Trinken auf höchster Ebene Verbindendes schaffen kann. Wie indes der Maotai der deutschen Delegation ein Jahrzehnt später bekam, ist nicht überliefert. Ohne Carstens zu nahe treten zu wollen, sein Besuch hatte auch nicht ganz das weltgeschichtliche Format wie der von Nixon.

In Jugoslawien 1983 schaffte es ein anderes Produkt aus dem Land des Gastgebers, sicher höflich gemeint, auf die Menükarte der deutschen Gegeneinladung in Belgrad – der Eintrag lautet: »Vranac – Jahrgang 1980«. Um die Staatsoberen dieses Ostblocklandes von der Überlegenheit der freiheitlich-demokratischen Grundordnung zu überzeugen, war der einheimische Rotwein nicht zwingend geeignet. Beim Riesling indes handelte es sich um einen trockenen 1981er Scharzhofberger, beim Sekt leider nur um Deinhard Lila Imperial. Das »Imperial« war dem Deinhard Lila einige Jahre vorher aus Marketinggründen angeklebt worden, fiel aber beim Verbraucher durch, der neue Name »entsprach keineswegs den zeitgenössischen Erwartungen an einen modernen Sekt«.[171] Dieses Urteil ließe sich eins zu eins auf die kulinarischen Komponenten der Präsidentschaft Carstens' übertragen.

Von der oben erwähnten 1979er Hattenheimer Pfaffenberg Spätlese müssen in Bonn größere Bestände existiert haben, aus denen die Flaschen mit auf Reisen genommen wurden. Auch Bundeskanzler Helmut Kohl ließ dieses Gewächs im Ausland servieren, wobei unterschiedliche Rollen unterschiedliche Freiräume, politisch wie feinschmeckerisch, eröffneten. Als die Deutschen im ersten Halbjahr 1983 die Europäische Ratspräsidentschaft innehatten, gab es bei einem von Kohl in seiner Eigenschaft als Vorsitzender ausgerichteten Dinner in Brüssel den besagten Riesling, getreu der Steigerung »gut, besser, am besten« gefolgt von Château Lynch Bages 1976 und Champagner aus dem exquisiten Hause Krug. Knapp zwei Wochen nach der Bundestagswahl vom 6. März 1983, bei der Kohl als Bundeskanzler nunmehr vom Volk bestätigt wurde, schien es angemessen, noch etwas zu feiern. Als Kohl seine europäischen Kollegen drei Monate später nochmal verköstigte, dann jedoch in der Stuttgarter Villa Reitzenstein, war es vorbei mit der önologischen Herrlichkeit, es gab nur noch deutsche Gewächse, weiß wie rot.

Hinsichtlich der Herkunft der Gewächse wurde unter Carstens Nachfolger nahezu alles wieder gut. Richard von Weizsäckers Erwartungen an protokollarische Güteklasse erstreckten sich selbstverständlich genauso auf seine Auslandsreisen, der Wein fast ausnahmslos deutsch, wenn allerdings nicht immer die allerbesten Erzeugnisse. Die Botschaften im Besuchsland wurden damals um entsprechende Vorschläge gebeten, die Flaschen reisten mit im Flugzeug des Bundespräsidenten, eine bis heute gängige Praxis. Ausnahmen stellten Reisen in das Mutterland des Weins, nach Frankreich, dar. Als von Weizsäcker am 30. Mai 1990 seinen französischen Amtskollegen zum Essen in die deutsche Botschaft in Paris lud, gab es zu einem ziemlich französischen Menü – die Roulade vom Steinbutt immerhin in Rheinwein – eine nachbarschaftliche Kombination aus 1988er Johannisberger Klaus Riesling Kabinett trocken vom Domänenweingut Schloss Schönborn und mittelklassigem Bordeaux, Château Haut Marbuzet 1985, dafür der Champagner mit Dom Ruinart Blanc de Blancs 1983 sehr hochkarätig.

Gegeneinladungen

Solange Gegeneinladungen noch üblich waren, erwiesen sich viele der Menükarten dieser Empfänge seit Anbeginn der Präsidentschaft von Karl Carstens als Kleinode auswärtiger Kulturpolitik. Die Protokoller verwandten einige Mühe darauf, Motive für den Umschlag zu finden, die eine Brücke zwischen dem besuchten Land und Deutschland schlagen. Die Karte des Dinners, das Richard von Weizsäcker am 3. Juli 1986 zu Ehren der britischen Königin in London gab, zierte eine reproduzierte Illustration der Einweihung des Beethoven-Denkmals auf dem Bonner Münsterplatz am 12. August 1845. Daran hatte Queen Victoria teilgenommen, die entsprechende Legende findet sich in englischer wie in deutscher Sprache auf der letzten Seite der Speisekarte.

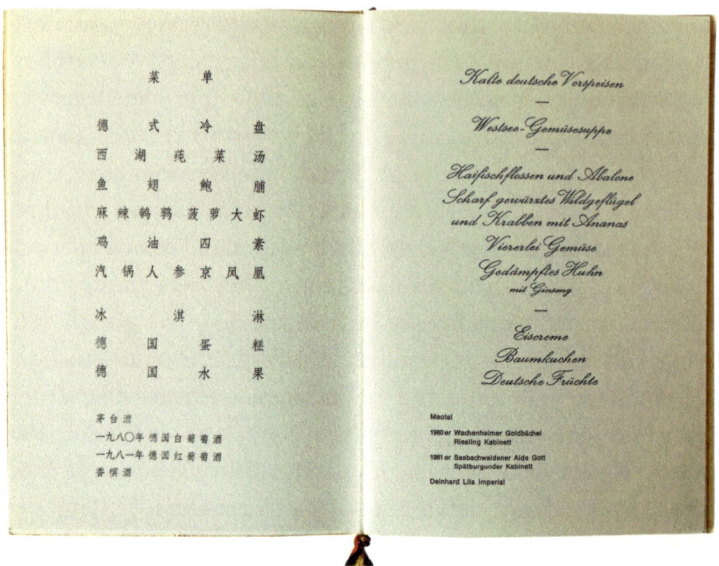

菜单

德式冷盘
西湖花菜汤
鱼翅鲍脯虾
麻辣鹌鹑菠萝大虾
鸡油四素
汽锅人参京凤凰

冰淇淋
德国蛋糕
德国水果

茅台酒
一九八〇年德国白葡萄酒
一九八一年德国红葡萄酒
香槟酒

Kalte deutsche Vorspeisen

Westsee-Gemüsesuppe

Haifischflossen und Abalone
Scharf gewürztes Wildgeflügel
und Krabben mit Ananas
Viererlei Gemüse
Gedämpftes Huhn
mit Ginseng

Eiscreme
Baumkuchen
Deutsche Früchte

Maotai
1980er Wachenheimer Goldbächel
Riesling Kabinett
1981er Sasbachwaldener Alde Gott
Spätburgunder Kabinett
Deinhard Lila Imperial

61 Menü des Abendessens, das Bundespräsident Carstens »zu Ehren Seiner Exzellenz des Vorsitzenden des ständigen Ausschusses des Nationalen Volkskongresses der Volksrepublik China Herrn Ye Jianying« am 13.10.1982 in Peking ausrichtete

Das damalige Streben nach protokollarischer Fertigungstiefe lässt sich auch daran ermessen, dass damals noch eigens ein Kalligraph aus dem Auswärtigen Amt mit auf Reisen ging, um die Tischkarten bei dem vom Bundespräsidenten gegebenen Essen stilvoll zu beschriften.

Mittlerweile sind diese Gegeneinladungen unüblich geworden, nachdem schon 1973 die damals sechs EWG-Staaten und die vier Mitgliedschaftsanwärter diverse Vereinfachungen beschlossen hatten – unter anderem die Möglichkeit, diese Einladung auf den Gegenbesuch zu verschieben.[172] Die Beamten im Protokoll des Außenamtes sind dazu angehalten, darauf hinzuwirken, wenn sie bei der Vorbereitung angesprochen werden: »Denn in der Regel trifft sich derselbe Gästekreis wie bei der Hauptveranstaltung des Gastgebers wieder«, heißt es im Leitfaden des Protokollreferates. Daher beschränkt sich heute die Einladung des Bundespräsidenten in aller Regel auf einen Stehempfang in der Deutschen Botschaft in dem jeweiligen Land. Bei hierzulande eingehenden Staatsbesuchen gilt mittlerweile dasselbe, die der britischen Königin sind dafür beispielhaft. Bedauerlich ist, dass den Deutschen auf diese Weise manche landestypische Delikatesse oder Darbietung vorenthalten wird – die von den Gästen ausgerichteten Bankette standen im Ruf, bisweilen hochklassiger zu sein als die des Bundespräsidenten. So hatte der Schah von Persien kiloweise iranischen Kaviar im Gepäck, und der tunesische Präsident Habib Bourguiba soll 1966 mit 70 Bauchtänzerinnen nach Bonn gereist sein, die nach dem Essen auftraten.[173]

Queen Elizabeth II., dritter, vierter und fünfter Besuch

Bei ihrer dritten offiziellen Deutschlandvisite 1992 hatte sie noch ein Abendessen zu Ehren des Bundespräsidenten in Schloss Charlottenburg gegeben – mit einer höchst noblen Weinauswahl, die die der Deutschen deutlich übertraf. Zwölf Jahre später lud die Queen dann nicht mehr zu einem Dinner, sondern zu einem Benefizkonzert zugunsten der Dresdner Frauenkirche in die Berliner Philharmonie, wo das anschließende Ausschankangebot diesmal hinter dem des Bundespräsidenten zurückbleiben sollte.* 2015 ver-

---

* 1992 gab es bei dem deutschen wie dem britischen Bankett gute 1990er Rieslinge. Danach aber 1989er Steingrüble Spätburgunder von der Winzergenossenschaft Königschaffhausen vs. Beaune-Grèves, Maillard 1985, einen 1er Cru; ein lobenswerter 1990er Geisenheimer Schlossgarten Riesling brut Winzersekt von Bardong, der aber nicht so erlesen war wie Louis Roederer 1985 Jahrgangschampagner, beschlossen auf britischer Seite von 1955er Royal Vintage Port, die Deutschen hatten auf Dessertwein verzichtet. 2004 schenkte die deutsche Seite bei dem Bankett im Zeughaus 2002er Iphöfer Julius-Echter-Berg Riesling Spätlese trocken vom Juliusspital Würzburg, 2001er »Cuvée X« vom Weingut Knipser und 1997er Affentaler

62 Illustration auf der Menükarte des Abendessens zu Ehren von Königin Elizabeth II. in der deutschen Botschaft in London am 3. 7. 1986

anstaltete der britische Botschafter dann eine Gartenparty zu Ehren seiner Königin, bei der ihr 89. Geburtstag nachgefeiert wurde. Dass dabei – wie ebenfalls beim Mittagessen im Frankfurter Römer – symbolträchtig ein Riesling vom Königin Viktoriaberg ausgeschenkt wurde, empfand Winzer Reiner Flick als »eine ganz besondere Ehre«.

Ähnlich wie bei den früheren Gegeneinladungen wurden ab und an bei eingehenden Staatsbesuchen die Karten dekoriert. Um bei der britischen Monarchin als Anschauungsbeispiel zu bleiben: Die Menükarte des Banketts 1992 in Schloss Augustusburg ziert etwa

Spätburgunder Weißherbst Trockenbeerenauslese von der dortigen Winzergenossenschaft aus. Die Briten hatten dagegen eine symbolträchtige Riesling Spätlese aus der Lage Hochheimer Königin Viktoriaberg 2003 vom Weingut Hupfeld, Sekt von Schloss Vaux und einen 1999er »Cirrus« Cabardes von Abbotts aus dem Languedoc im Angebot.

63 Reiner Flick von Weingut Joachim Flick, seit 2010 Pächter des Königin Viktoriaberg, nutzt die Queen für Werbezwecke – hier auf einer Weinmesse des Vorstandes der Prädikatsweingüter 2017

eine Reproduktion eines Aquarells des englischen Malers William Turner, das den Blick auf die Godesburg und das Hochkreuz in Bonn zeigt. Für die Visiten der Queen wurde stets ein besonderer Aufwand betrieben. Seit Anbeginn der Berliner Republik ziert die Karten ein Bild von Schloss Bellevue, sofern das Bankett dort statt-findet, was wegen der Renovierung 2004/2005 nicht immer der Fall war.

Papst Johannes Paul II.

Doch zurück an den Rhein. Einen gewissen Repräsentationsdrang weist die Karte anlässlich des Empfangs des Bundespräsidenten »zu Ehren Seiner Heiligkeit Papst Johannes Paul II.« in Schloss Augustusburg am 15. November 1980 auf. Sie wurde mit einem

64 Papst Johannes Paul II. eingerahmt vom Ehepaar Carstens am Fuß der Treppe von Schloss Augustusburg

Bild des Kreuzgangs des Bonner Münsters auf dem Umschlag und einem in Wachs nachgebildeten Siegel, dem ersten der Bonner Schöffen aus dem 14. Jahrhundert, sehr aufwändig gestaltet. Etwas kurios ist, dass es gar kein Staatsbankett gab und in den Umschlag außer dem normalen Vorblatt mit Adler und Anlass lediglich ein Blatt mit ausführlichen protokollarischen Hinweisen für die Gäste eingelegt war. »Das Protokoll wäre dankbar, wenn die Gäste den hierfür ausgelegten roten Läufer auf jeden Fall für den Rundgang freihielten und die Bemühungen der Mitarbeiter des Protokolls um einen ungestörten Durchgang liebenswürdigerweise unterstützten«, schloss die Regieanweisung.

Staatsbesuche eines Pontifex bleiben stets ohne abendliches Festessen, da er sich am Abend in ein Kloster zurückzieht – der Empfang auf Schloss Augustusburg dauerte dessen ungeachtet ausweislich der Einladungskarte von 19.30 bis 21.00 Uhr. Insofern entging Johannes Paul II. dem bei Carstens üblicherweise mediokren Getränkeportfolio. Trotz des eingesparten Abendessens sollte dieser erste Papstbesuch in deutschen Landen seit zweihundert Jahren der damals teuerste Staatsbesuch werden. Angeblich waren wegen des enormen logistischen Aufwandes der Begleitveranstaltungen bis zu 20 Millionen DM veranschlagt.[174] Zum Vergleich: Ende der 1980er, Anfang der 1990er Jahre wurden die Kosten pro Besuch mit durchschnittlich 700 000 DM beziffert.

Menükarten

Die Menükarten der ersten Jahrzehnte des Bonner Staatstheaters waren dezent, der Umschlag schlicht geziert mit dem Adler des Bundespräsidenten in Gold. Dieses Wappentier unterscheidet sich deutlich vom üblichen Bundesadler, er spreizt sein Gefieder, wirkt insgesamt edler. Er entspricht weitestgehend dem Adler des Reichspräsidenten der Weimarer Republik. Im ersten Jahr der Präsidentschaft Carstens' wanderte der Adler vom Umschlag auf die erste eingelegte Seite. Damit einhergehend wurde sein Antlitz verändert, er wirkt seit Anfang der 1980er Jahre etwas fülliger und moderner, die vormals parallel zueinander ausgeführten Federn sind jetzt leicht geschwungen. Ob die Opulenz der bundespräsidialen Tafelfreuden unter Walter Scheel das Wappentier auf den Menükarten hatte verfetten lassen oder ob die Änderung signalisieren sollte, dass die karge Nachkriegszeit endgültig vergangen war, bleibt Spekulation.

Bis in die 1960er Jahre existierten zudem Gästelisten in Form eines kleinen Heftchens der damaligen Staatsbankette. Ab der Amtszeit von Karl Carstens zeigten die Umschläge der Abendessen in Augustusburg ein Bild des Barock-Treppenhauses des Schlosses, die der Essen in der Bad Godesberger Redoute den Veranstaltungsort von außen und die von Veranstaltungen im Gästehaus auf dem Petersberg ein Bild der dortigen Rotunde. Wer der Gastgeber war, ob Bundespräsident, Bundeskanzler oder Außen-

65 Bundespräsidiale Menükarten aus Bonner und Berliner Zeiten

minister, machte dabei keinen Unterschied, die Karten sind identisch. Bei Essen des Bundeskanzlers im Palais Schaumburg war ein stilisiertes Bild des Gebäudes außen aufgedruckt. Die Motive auf den Umschlägen von Speisekarten anderer offizieller Veranstaltungen weisen oft regionale Bezüge auf, beispielsweise bei Essen in Dresden eine Ansicht der Stadt von Canaletto, die in der dortigen Gemäldegalerie hängt.

Gedruckt wurden sie von dem Bonner Traditionsunternehmen Carthaus, das in der Gründungsphase der Bundesrepublik das Besatzungsstatut und die englische Übersetzung des Grundgesetzes druckte, danach unter anderem Visitenkarten und Briefbögen für den ersten Bundeskanzler. Seitdem kamen Aufträge vor allem von Seiten des Auswärtigen Amtes, des Bundespräsidialamtes, von Ministerien und Botschaften. Die Druckerei wie das Schreibwarengeschäft gingen 2015 in Konkurs, wodurch das Firmenarchiv, potentieller Fundort einer potentiell vollständigen Menükartensammlung der Bonner Republik, leider verloren ging.

Öfters eingebunden war – zumeist mit einer schwarz-rot-goldenen Kordel, manchmal nur in schlichtem Weiß – neben der Menü- und Weinfolge das Musikprogramm des Abends. Das wiederum führte manchmal dazu, dass die Dechiffrierung der angebotenen Weine für den Gast zumindest nicht auf den ersten Blick möglich war, denn die Angaben in der Sprache des Gastes stehen auf einer Doppelseite links, manchmal, ohne die Getränke aufzulisten, in Deutsch rechts. Wenn dann noch der musikalische Ablauf eingelegt wurde, musste der Gast blättern, um zu erfahren, was er ins Glas bekam.

In die Auflistung schlichen sich gelegentlich Schreibfehler ein; dass es bei einem Mittagessen des Bundespräsidenten für seinen ecuadorianischen Kollegen 1995 einen 36 Jahre alten Müller-Thurgau gegeben haben soll, ist unmöglich – trotz des angegebenen Jahrhundertjahrgangs 1959 und des soliden Produzenten, des Staatsweingutes Meersburg. Als etwas weit interpretiert erwies sich bei einem Abendessen in Augustusburg im Herbst 1979 anlässlich des ersten Besuches eines chinesischen Ministerpräsidenten die Übersetzung der Fasanenbrust als »Vorderseite eines wilden Hühnervogels«. Sie mundete Hua Guofeng aber angeblich »außerordentlich vorzüglich«. Dass der vorher auf Platten vorgelegte Hummer nicht für alle langte, weil die zuerst bedienten höherrangigen Gäste sich zu viel davon auf den Teller schaufelten, wird er gar nicht bemerkt haben.[175]

Echte Kunstwerke sind manchmal die Menükarten in – wo sonst? – Frankreich. Die des Staatsbanketts, das der französische Präsident Valéry Giscard d'Estaing am 5. Januar 1978 für seinen amerikanischen Kollegen Jimmy Carter ausrichten ließ, zierte eine

Original-Lithographie von Marc Chagall. Auf Auktionen werden mittlerweile vierstellige Eurobeträge dafür aufgerufen.

Solcher Pracht entsagten die Deutschen. Ein Protokollchef des Bundespräsidialamtes nannte die Menükarten gar eine »Quantité négligeable« und vermutete, dass es der Nachlässigkeit geschuldet sei, dass kaum welche in den Akten des Bundespräsidialamtes überliefert sind. Bezeichnenderweise hatte dieser Beamte in seinem Büro die Programme aller Staatsbesuche stehen, nicht aber die Speisenfolgen. Ein Irrtum, wenn man dem Schriftsteller Ivan Ivanji folgt, der in den 1970er Jahren als Kulturattaché an der jugoslawischen Botschaft in Bonn tätig war und lange Zeit für Präsident Josip Broz Tito dolmetschte. Er schrieb rückblickend: »Heute bedaure ich fast mehr, dass ich die Menüs mit den Speisenfolgen auf Staatsbanketts nicht gesammelt habe, als dass ich mir keine Aufzeichnungen über politische Gespräche gemacht habe. Ich glaube, was man wo bei solchen Gelegenheiten zu essen und zu trinken bekam, sagt auch etwas über Staat und Staatsform aus.«[176]

AUSLANDSAUSSCHANK II.

Republik Irland

Mittlerweile ist es üblich, dass, sofern irgendwo im Lande Wein wächst, er staatsrepräsentativ eingesetzt wird. Selbst in den Niederlanden gibt es welchen, vornehmlich aus – klimatisch naheliegend – pilzresistenten Sorten. Eine Cuvée aus Auxerrois und Pinot Gris ging als »Obama-Wein« in die holländische Weingeschichte ein, nachdem er auf der Nuklearen Sicherheitskonferenz in Den Haag im März 2014 an den US-Präsidenten ausgeschenkt worden war. Der 2001 gegründete Weinhof De Kleine Schorre, von dem er stammte, ist einer von etwas mehr als 100 niederländischen Produzenten. Interessanter ist die Praxis in klassischen Weinbaunationen wie Frankreich und den USA sowie repräsentationsbewussten Staaten ohne entsprechende Anbaumöglichkeiten wie Großbritannien, wo sich eigentlich nur Schaumwein produzieren lässt.

In letztere Kategorie fällt die Republik Irland, ein Land, bei dem einem im Kontext von Essen und Trinken eher Guinness, Lammfleisch oder doch nur Hungersnöte in den Sinn kommen. Wein aus eigener Produktion gibt es schon gar nicht. Ein kleiner Schlenker lohnt jedoch, weil am Dublin Institute of Technology an der dortigen School of Culinary Arts and Food Technology das Thema »Public Dining« nicht zuletzt in Verbindung mit Diplomatie und Politik Forschungsgegenstand ist. In den dort entstandenen Arbeiten kann man beispielsweise nachlesen, welcher Aufwand für das für die Iren höchst symbolträchtige Staatsbankett zu Ehren der britischen Königin Elizabeth II. im Mai 2011 betrieben wurde.[177]

Der Wille, das Land dabei bis ins allerletzte Detail von seiner besten Seite zu zeigen, beeindruckt, wobei auf der Grünen Insel alles repräsentativ Gebrauchte schon seit den ausgehenden 1940er Jahren aus eigener Fabrikation stammen soll: Geschirr von der Arklow Pottery, Newbridge-Silberbesteck, Waterford-Kristallglas und irische Leinentischdecken. Jetzt wurde für den Präsidententisch unter anderem eigens ein neuer Satz Geschirr angeschafft. Das Niveau der Vorbereitung erwies sich als bis dahin unerreicht; die Mitarbeiter des Dublin Castle, bis 1922 Sitz der britischen Verwaltung von Irland, das oft für offizielle Anlässe genutzt wird und wo nun das Bankett für die Queen stattfand, beschrieben es als das am stärksten inszenierte Staatsereignis, an das sie sich erinnern konnten.

Mit dem Menü wurde der Küchenchef des Dubliner Sternerestaurants Chapter One, eines der besten des Landes, beauftragt. Er sollte ausschließlich heimische Zutaten verwenden – und das in einer Jahreszeit, in der dort kaum Früchte oder Gemüse zu bekommen sind. Im Ergebnis standen Clare-Island-Lachs als Vorspeise, gefolgt von einem teils traditionellen Gericht als – hier tatsächlich im doppelten Sinne zu verstehen – »pièce de résistance«, dem Hauptgang: Rindfleisch aus Wexford mit Ochsenbacke und Zunge aus Rathcoole, dazu ein Klassiker der Nationalküche, Champ, dessen Zutaten Kohl, Kartoffeln und Frühlingszwiebeln von der Ostküste stammten. Danach ein Gang mit irischem Käse und als Dessert Joghurtmousse mit angeblich reifen Erdbeeren. Dazu wurden zwei in mehreren Proben ausgesuchte Bordeaux gereicht. Die weiß-rote Paarung aus Château de Fieuzal 2005 blanc und Lynch-Bages 1998 rouge weist selbstverständlich Bezüge zu Irland auf, das erste Gut hat seit 2001 einen von dort stammenden Besitzer, der Rotwein verdankt seinen Namen John Lynch, der 1691 aus dem irischen Galway nach Bordeaux floh und sich dort als Textil- und Wollhändler niederließ. Generell spielten Iren in der Geschichte des Bordelais immer wieder tragende Rollen.

Die protokollarische Präzision beeindruckt. Die Mitarbeiter dürften aber dadurch begünstigt worden sein, dass es für dermaßen herausgehobene Anlässe keine Standardprozedur geben kann und dementsprechend keine eingespielten Verfahren. Hier konnte ohne Rücksicht auf Kosten aus dem Vollen geschöpft werden, um den Nachweis der nationalen Identität zu erbringen – und damit sich zugleich vom British Empire abzugrenzen. Mit Erfolg, am Folgetag rief die irische Präsidentin Mary McAleese Chefkoch Ross Lewis an, um sich zu bedanken. In irischer Sprache sagte sie, dass das Menü tausendmal besser als gut gewesen sei – und es habe zugleich eine Geschichte des Landes und des irischen Essens erzählt. Die Queen habe insbesondere das Traditionsgericht als Teil des Hauptgangs genossen und die vielfältigen heimischen Zutaten bemerkt. Wenn die Behauptung der *Irish Times* stimmt, nach der das wohl am weitesten gereiste Staatsoberhaupt aller Zeiten privat diesen Besuch in Irland als die bedeutendste Reise ihrer Regierungszeit bezeichnet haben soll, hat sich der Aufwand zweifelsohne gelohnt.[*]

---

[*]   Mark Hennessy: President to Visit Queen in First State Visit to the UK, in: *The Irish Times* vom 18. November 2013. Der enorme Aufwand, der beim Besuch der britischen Monarchin betrieben wurde, wird nicht zuletzt deutlich im Vergleich mit den beim Staatsbankett zu Ehren von Bundespräsident Johannes Rau im Juni 2003 gereichten Weinen. Dort gab es zwar eine als Reverenz an den Gast zu interpretierende nicht näher bezeichnete 2001 Riesling Spätlese, als Rotwein jedoch einen 2000er Chianti Classico Riserva von der Villa Antinori. Obwohl es sich dabei um einen guten – wenn auch wenig originellen, da sehr weit verbreiteten – Rotwein handelt, überzeugt er nicht, weil er weder zum Land des Gastes noch zu dem des Gastgebers symbolische Bezüge aufweist. Dass jeder aktuelle Jahrgang von Château Lynch-Bages außerdem der bessere Wein gewesen wäre, ist hingegen angesichts des Pils bevorzugenden Gastes fast nebensächlich.

Frankreich

Nicht wirklich überraschend befindet sich in Frankreich die Kulinarik staatlicherseits auf höchstem Niveau. Joschka Fischer, dem in dieser Hinsicht viel Expertise unterstellt werden kann, rühmt die französische als die »mit Abstand beste Staatsküche der Welt« – in der des Außenministers Sohn übrigens einmal ein dreimonatiges Praktikum absolvierte. Wie in Deutschland wurde zwar im Laufe der Zeit beim Umfang von Staatsbanketten abgespeckt, aber die zu Beginn des 20. Jahrhunderts teilweise aufgetischten 25 Gänge mit einem Dutzend Weinen lassen sich wirklich nur passioniertesten Essern und Trinkern verabreichen. Zumal damals nahezu jedes Tier, das laufen, fliegen oder schwimmen konnte, zu Staatskost verarbeitet wurde, Bernhard Grzimek hätte seine helle Freude gehabt. Und vier Stunden Zeit für das Essen hat heute niemand mehr im hektischen politischen Metier. Überdies verkompliziert eine übergroße Vielfalt die Staatsgeschäfte; Charles de Gaulle bereicherte ungewollt die Governance-Forschung um die Fragestellung: »Wie regiert man ein Land, in dem es 246 verschiedene Käsesorten gibt?«

Noch immer werden in Frankreich gastrosophisch für eine hohe Symbolkraft höchste Kosten in Kauf genommen. So verpasste der damalige Bundeskanzler Helmut Kohl mangels erwünschter Einladung »bei den Feierlichkeiten zum fünfzigsten Jahrestag der Landung in der Normandie vor allem eines: ein Staatsbankett mit Château d' Yquem aus dem Jahre 1944«[178]. Noch symbolträchtiger und nobler wurde im Élysée-Palast ein knappes Jahr später das nunmehr ein halbes Jahrhundert zurückliegende Ende des Zweiten Weltkrieges begangen – die Veranstaltung tauchte schon einmal auf wegen eines nicht eingeladenen Gastes. Dort ließ François Mitterrand am Tag seiner letzten großen Rede, neun Tage vor der Amtsübergabe an seinen Nachfolger Jacques Chirac, unter anderem Château Mouton Rothschild 1945 ausschenken, noch dazu in der Magnum. Dieser Wein gilt nicht allein als einer der hochklassigsten Rotweine aller Zeiten, sondern die Flaschen dieses Châteaus ziert seit ebendiesem Jahrgang jeweils ein von einem Künstler entworfenes Etikett. Damals beauftragte Baron Philippe de Rothschild den Illustrator Philippe Jullian, dessen erstes bekanntes Werk jenes Etikett werden sollte: Ein »V« gepaart mit dem Aufdruck »1945 ANNÉE DE LA VICTOIRE«. Die anderen Weine gehörten ebenfalls zur siegwürdigen Gattung, wiederum Mouton Rothschild, zwar aus dem eher bescheidenen 1976, aber dafür aus der Jéroboam, Chevalier-Montrachet 1985 von Bouchard Père et Fils sowie Champagne Krug Grande cuvée.

Wie opulent insbesondere in früheren Zeiten in Frankreich gastrosophische Diplomatie betrieben wurde, zeigte 2010 die Ausstellung »À la table des présidents« im Pariser Musée Maxim's, deren Betrachter über ein Jahrhundert Staatsbankette Revue passieren lassen konnten. Ähnlich angelegt ist der 2016 erschienene Sammelband *À la table des diplomates*, der fast fünf Jahrhunderte französischer Geschichte anhand großer Mahlzeiten erzählt. Bezeichnenderweise existiert in Deutschland nichts Vergleichbares, allenfalls zwei Kataloge von Ausstellungen zu Staatsbesuchen in Schloss Augustusburg, der jüngere in Kombination mit der ostdeutschen Staatsherberge Schloss Schönhausen. Gastrosophisches spielt in beiden nur eine Nebenrolle, der Wein gar keine.[179]

Der Chefkoch des Élysée, Bernard Vaussion, antwortete in einem Interview auf die Frage, ob es im Präsidentenpalast eigentlich sehr luxuriös zugehe, unumwunden: »O ja, da gibt es sogar einen eigenen Tresorraum für die vergoldeten Service, die Schüsseln und das ganze vergoldete und silberne Besteck.«[180] Für den Weinkeller gilt das nicht minder, dessen Bestände bis zu Jahrgängen vom Anfang des 20. Jahrhunderts zurückreichen – kontinuierliches Sammeln zahlt sich aus. Noch immer lagern über 10 000 Flaschen in dem 1947 auf Anregung des damaligen Präsidenten

66 Mouton Rothschild 1945: einer der besten Weine aller Zeiten

Vincent Auriol eingerichteten Weinkeller des Élysée-Palastes – obwohl 2013 ein Zehntel der Bestände versteigert wurde, um Platz für einfachere Gewächse zu schaffen und einen Beitrag zur Sanierung des Haushaltes zu leisten. Nach wie vor stehen aber für Staatsoberhäupter große Namen bereit, während sich Hinterbänkler mit Neuentdeckungen begnügen müssen.

Grundsätzlich sind die Franzosen in ihrer vinophilen Diplomatie elitärer und großzügiger als die Deutschen. Trotz mancher Budgetrestriktion wird bis heute für wichtige Gäste auf höchstem Niveau ausgeschenkt: Die Menükarte des Staatsbanketts im Élysée-Palast anlässlich des Besuchs von Bundespräsident Joachim Gauck vom 3. September 2013 listet Montrachet Grand Cru 2009 von Olivier Leflaive, Château Ausone 2002 sowie Champagne Cuvée William Deutz 2002 auf. Alle diese Weine kosteten zum Teil deutlich über 100 Euro. Kritik an dieser Ausschankpolitik wurde nie laut, die Franzosen sind vielmehr stolz auf ihre Bewirtungsmöglichkeiten.

Die Sommelière des Präsidialamtes verfügt über etwa 250 000 Euro pro Jahr zum Kauf von Wein und Spirituosen – trotz einer 44-prozentigen Kürzung des Budgets nach dem Amtsantritt von Nicolas Sarkozy. Aber was ist schon von einem Franzosen zu erwarten, der Alkohol generell verschmäht? Tatsächlich wurde im Wahlkampf erörtert, ob in Frankreich zum Präsidenten gewählt werden darf, wer keinen Wein trinkt. Den Gattin Carla Bruni und ihm auf Staatsbesuch in Großbritannien 2008 angebotenen 1982er Krug Champagner und Château Margaux 1961 ließ Sarkozy jedenfalls stehen – er trank Wasser. Immerhin sorgte sein erster Auftritt im Kreis anderer Staatschefs auf dem G-8-Gipfel in Heiligendamm Anfang Juni 2007 für Aufsehen: Der Franzose schien auf einer Pressekonferenz etwas angeheitert zu sein. Im Nachgang sah sich der präsidiale Novize bemüßigt, darauf hinzuweisen, dass er keinen Alkohol trinke. Danach gab es Kritik von Seiten französischer Winzer – mit seinem enthaltsamen Lebenswandel sei der Präsident kein würdiger Repräsentant der französischen Kultur.[181]

Großbritannien

Ähnlich wie in Frankreich existiert ebenfalls im sehr auf Repräsentation bedachten Vereinigten Königreich eine kellertechnische Drei-Klassen-Gesellschaft. Bei königlichen Vermählungen und Staatsbesuchen werden Weine aus der Kategorie A serviert, während an das Fußvolk auf ordinäreren Empfängen nur die C-Liga ausgeschenkt wird, »B« bedeutet die Essen dazwischen. Dass es beim Hochzeitsessen für Prinz Charles und Lady Diana neben einer nicht näher spezifizierten Brauneberger Juffer Riesling Spätlese 1976 noch Château Latour 1959, Champagner Krug 1969 und 1955er Taylor Vintage Port gab, lässt sich mit den nach heutigen Maßstäben damals noch halbwegs reellen Preisen rechtfertigen. Bei Sohn Williams Hochzeit mit der bürgerlichen Kate fiel

67 Barack Obama und Königin Elizabeth II. beim Toast im Mai 2011

die Zeche übrigens sehr viel ziviler aus. Trotzdem kann die höchste Charge immer noch Löcher ins Staatssäckel reißen; bei einem Bankett zu Ehren von US-Präsident Barack Obama 2011 tischte man beispielsweise insgesamt 54 Flaschen des kaum erhältlichen Echézeaux 1990 der Domaine Romanée-Conti auf, die Gesamtkosten für den Wein beliefen sich auf angeblich 65000 Euro. Zu der Summe trugen ebenfalls ein herausragender Chablis, Veuve Clicquot Ponsardin 2002 und Vintage Port aus dem Jahrhundertjahrgang 1963 bei. Immerhin handelte es sich beim Apéro für die mehr als 170 Gäste um ein einheimisches Gewächs, Ridgeview Cuvée Merret Fitzrovia Rosé 2004, einen Schaumwein aus Sussex.

Bei diesem Anlass kam es zu einem zeremoniellen Missgeschick, über das in vielen Ländern berichtet wurde. Am Ende seiner die Queen überaus wertschätzenden Tischrede bat der amerikanische Präsident die Gäste, für seinen Toast aufzustehen. Nachdem sich alle erhoben hatten, begann Obama seinen Trinkspruch mit den

Worten »To Her Majesty the Queen«, wonach er eine winzige Pause einlegte. Beides zusammen werteten die Musiker offenbar als Ende des Toasts und Zeichen für ihren Einsatz, weshalb sie »God save the Queen« zu spielen begonnen. Obama sprach dann jedoch noch etwa 15 Sekunden weiter, während die anderen Gäste – der britischen De-facto-Nationalhymne angemessen – mehr oder minder strammstanden. Nachdem der Präsident mit »To the Queen« geendet hatte, wandte er sich seiner links von ihm stehenden Gastgeberin zu und erhob sein Glas, das er in der rechten Hand gehalten hatte, auf Brusthöhe. Als Obama bemerkte, dass weder sie noch sonst jemand ihm Folge leistete, hielt er etwas verwirrt inne und stellte sein Glas zurück auf den Tisch, verschränkte die Hände und nahm Haltung an bis die Musik verklang. Anschließend folgte dann das Glaserheben. Bewertungen, dass die Britin ihn gedemütigt habe, gehen schlicht zu weit; Obama meisterte die Situation mit seinem Charme souverän. So oder so liefert diese Sequenz Anschauungsmaterial für Anthropologen, Stoff für wissenschaftliche Aufsätze – und unterstreicht eindrucksvoll, wie sehr selbst das heutige Tafelzeremoniell zur symbolischen Verdichtung politischer Beziehungen taugt.[182]

Die Noblesse im Glas ist beileibe kein Einzelfall: Dem chinesischen Präsidenten Xi Jinping bot man im Buckingham Palace 2015 nach Ridgeview Grosvenor 2009 einen Meursault 1er Cru Santenots 2007 der noblen Domaine Marquis d'Angerville, einen südafrikanischen Süßwein sowie den exquisiten 1977er Warre's Vintage Port an. Den Höhepunkt markierte jedoch Château Haut-Brion 1989, einer der besten Bordeaux aller Zeiten. Obwohl in der Vergangenheit einige Flaschen dieses Premier Crus versteigert wurden, waren noch hinreichende Bestände vorrätig. 2011 war beschlossen worden, gezielt hochwertige Flaschen aus dem regierungseigenen Weinkeller zu veräußern, um günstigere Neueinkäufe damit zu finanzieren. Seitdem wird dem Parlament jährlich ein Bericht vorgelegt, der eine detaillierte Übersicht zu Kellerinhalt, Konsum und Kosten beinhaltet. Aus der Aufstellung der Verkäufe

68 Höchster Aufwand

lässt sich ablesen, dass der Erwerb von hochklassigen Bordeaux-
weinen bis Mitte der 1990er Jahre generell eine der besten Investitionen war, die man überhaupt tätigen konnte – die Preisentwick-
lung schlägt jeden Immobilienfond.

Zu berücksichtigen ist bei der königlich-britischen Ausschank-
praxis, dass auf der Insel in aller Regel maximal zwei Staatsbesuche
im Jahr eingehen. In Anbetracht des Aufwandes, »den ich dort erlebt habe, kann ich das verstehen«, sagt Bernhard von der Planitz,
der als Mitglied der Bundespräsident Roman Herzog begleitenden
Delegation im Dezember 1998 in Windsor Castle speisen durfte.
Die Weinauswahl mit einer Riesling Spätlese, Château Mouton
Rothschild 1978, 1989er Bollinger Jahrgangschampagner und als
Portwein 1970er Croft lässt sich sehen.

Das andere Ende der Fahnenstange bilden die Weine in Kategorie
C für Empfänge für das nahezu gemeine Volk – und damit den al-
lergrößten Teil der Einkäufe, über die das Royal Household Wine

Committee, bestehend aus vier Weinexperten unter Vorsitz eines ehemaligen Diplomaten, befindet. Jancis Robinson zufolge, international bekannte Weinjournalistin und Mitglied des königlichen Beschaffungsgremiums, handelt es sich bei den Neuanschaffungen primär um jahrgangslose Champagner mit einem Einstandspreis unterhalb von Supermarktsonderangeboten oder eher bescheidene Weine wie günstiger Sauvignon Blanc aus Neuseeland und einfache rote Bordeaux. Dass bei Staatsbesuchen primär auf Bordeaux und Burgund zurückgegriffen wird, und nicht auf postkoloniale Erzeugnisse aus dem Commonwealth, entspricht der Tradition. Als in diesen weiterhin vom britischen Königshaus präsidierten Ländern angefangen wurde, wirklich Spitzenwein zu produzieren, war Königin Elizabeth II. schon gekrönt. Und verändert wurde an den Staatsbanketten seitdem fast nichts.[183]

USA

In den USA wiederum erleichtert die Einwanderungsgeschichte Amerikas önologische Symbolik. So wurden beispielsweise für eine Delegation aus Griechenland Flaschen der von griechischen Einwanderern begründeten Lolonis Winery aus Kalifornien geöffnet, Jacques Chirac bekam Wein aus den in Frankreich klassischen, für die USA aber neuen Rebsorten Syrah und Viognier vorgesetzt, und Ronald Reagan ließ Michael Gorbatschow gleich zweimal Schaumwein der nahe dem kalifornischen Russian River beheimateten Kellerei Iron Horse auftragen. Diese Anlässe, zunächst beim ersten Zusammentreffen der beiden Staatsmänner im November 1985 in Genf sowie knapp 25 Monate später im Weißen Haus in Washington, können als Musterbeispiel für Gastro-Diplomatie herangezogen werden. Der an der Vorbereitung beteiligte UdSSR-Experte, der spätere US-Botschafter in der Sowjetunion Jack Matlock, bemerkte mit Blick auf das Programm des ersten

Gipfels, dass darin private Abendessen aufgenommen wurden, weil es wichtig war, dass sich Reagan und Gorbatschow mehr als nur respektierten. Außerdem sollte der Bürokratie signalisiert werden, dass es in Ordnung ging, mit der anderen Seite Freundschaft zu schließen. Es sei besser, ein Umfeld zu schaffen, in dem es möglich war, privat miteinander zu sprechen, als über die Medien Streit auszutragen. Dieses Vorgehen habe sehr dazu beigetragen, Spannungen abzubauen. Man erreicht nicht alles, indem man freundlich ist, aber es ist sehr viel schwieriger, ein gemeinsames Ziel zu erreichen, wenn man nicht freundlich ist.[184] Unmittelbare gastrosophische Symbolkraft neben dem Schaumwein entfaltete beim Abendessen im Weißen Haus im Dezember 1987 die Kaviarsoße zum Fischgericht des ersten Gangs.

Obwohl Amerika über eine jahrhundertealte Weinbautradition verfügt, finden sich bis in die 1960er Jahre auf zahlreichen Menükarten von Dinners im Weißen Haus Namen und Lagen wie Mouton Rothschild, Haut-Brion, Dom Pérignon, Grands Echézeaux oder Puligny-Montrachet. Viel mehr als diese unpatriotischen Anwandlungen bremsten jedoch andere politische Entscheidungen das umfassende Erblühen des heimischen Weinbaus. Nachdem die Reblausplage des ausgehenden 19. Jahrhunderts gerade überwunden war, sorgte die Prohibition für den nächsten herben Rückschlag. Den 1919 verhängten und bis 1933 andauernden Alkoholbann sollte kaum ein Winzer ökonomisch überleben, lediglich für religiöse Zwecke durfte noch gekeltert werden. Weltwirtschaftskrise und Zweiter Weltkrieg taten ein Übriges, der Wiederaufstieg begann erst nach 1960. Dann aber in der Spitze mit Macht; auf der als »Judgment of Paris« in die Weinhistorie eingegangenen Probe am 24. Mai 1976 sollten sich – blind verkostet – kalifornische Chardonnays und Cabernet Sauvignons den besten weißen Burgundern und roten Bordeaux ebenbürtig erweisen. Die Geschichte lässt sich nicht allein in diversen Büchern und Artikeln nachlesen, sondern sie wurde 2008 unter dem Titel *Bottle Shock* sogar verfilmt. Sehr gut in der Probe schnitt übrigens der unter Karl Carstens an Valéry Giscard d'Estaing vier Jahre danach ausgeschenkte rote Haut-Brion 1970 ab.

Nach dem jähen Ende der bis dahin nicht zuletzt hinsichtlich der Ausschankusancen glanzvollen Amtszeit John F. Kennedys verfügte dessen Nachfolger Lyndon B. Johnson, persönlich eher schottischem Whisky zugetan, dass im Weißen Haus ausnahmslos amerikanische Weine ausgeschenkt werden sollten. Offiziell hielten sich später sogar die Bordeaux- beziehungsweise Burgunder-Liebhaber Richard Nixon und Ronald Reagan daran. Ersterer ließ sich allerdings angeblich den von ihm bevorzugten Château Margaux heimlich einschenken, während seine Gäste, der Wine-Policy entsprechend, amerikanische Gewächse zu trinken bekamen. Diese Geschichte belegt, dass sich das traditionelle Tafelzeremoniell als Mittel der sinnbildlichen Herrschaftssicherung mit seinen vielfältigen Abstufungen bezüglich der Rangfolge, die historisch unter anderem in der Qualität der Getränke zum Ausdruck kam, sogar beim US-Präsidenten überholt hat. Andernfalls hätte Nixon problemlos coram publico besseren Wein als seine Gäste konsumieren können.

Vinophil reiht er sich in eine stattliche Ahnenreihe ein, denn Château Margaux erfreut sich seit Jahrhunderten ideologieübergreifend größter Beliebtheit bei Staatslenkern. Thomas Jefferson orderte als Diplomat größere Mengen vor Ort, der Sozialist Friedrich Engels beschrieb im Poesiealbum der Tochter von Karl Marx mit »Château Margaux 1848« seine Auffassung von Glück. In Großbritannien hingegen wird im Kontext von Macht und Wein oft das Urteil Margaret Thatchers über einen Château Margaux 1961 zitiert: »The Prime Minister calls it silky.« Und Konrad Adenauer hatte, wie schon an anderer Stelle erwähnt, das neoklassizistische Schloss 1962 auf seiner Tour de France besucht, wo man ihm eine Magnum aus seinem Geburtsjahrgang 1876 schenkte.

Der Margaux-Liebhaber Nixon, der nicht nur zu geheimen Abhör-, sondern ebensolchen Ausschankpraktiken neigte, machte sich andererseits verdient um den kalifornischen Schaumwein-

THE WHITE HOUSE

Speisekarte
Aufgewärmte Reste vom
Galadinner
mit dem großartigen
Emmanuel Macron

69 Kurz nachdem Donald Trump Emmanuel Macron im April 2018 als ersten Staatsgast empfangen hatte, reichte es für Angela Merkel nur zu einem Arbeitstreffen. Die Karikatur von Greser und Lenz zierte die Titelseite der *FAZ* vom 27. 4. 2018

anbau. Indem er bei seinem schon erwähnten Besuch in China 1972 Schramsberg Blanc de Blancs 1969 für den berühmten »Toast to Peace« mit Chinas Premier Zhōu Ēnlái verwendete, eröffnete er dem amerikanischen Schaumwein die weltpolitische Bühne. In der Folge mutierte Schramsberg Blanc de Blancs zu einer Art Kessler Hochgewächs der USA und einem der populärsten amerikanischen Getränke dieser Machart. Allerdings feierten Nixon und sein Sicherheitsberater Henry Kissinger privat den Erfolg der Reise mit einem 1961er Lafite. Noch gravierender ist jedoch, dass der 37. US-Präsident in die Geschichte einging wegen der Watergate-Affäre, dem daraus resultierenden Rücktritt und Zweifeln an seinem Geisteszustand.[185]

Wenig überraschend erfährt die Erinnerung an Nixon seit dem Amtsantritt von Donald Trump eine Renaissance. Ausgelöst durch das Buch *Fire and Fury* des Journalisten Michael Wolff Anfang

2018 gab es in Washington Spekulationen über die mentale Verfassung des Staatsoberhauptes, der sich auf Twitter in Reaktion auf die Veröffentlichung sogleich als ein »very stable genius« bezeichnete. Kurz danach legte Trumps Arzt, von ihm dazu ermuntert, öffentlich Zeugnis von dessen bester Gesundheit ab. Allein etwas zu schwer sei der Fast Food und Cola zugetane, bei Amtsantritt älteste US-Präsident der Geschichte. Zugute komme ihm hingegen, dass er nie geraucht habe und keinen Alkohol trinke. Dabei besitzt er mit der Trump Winery in Virginia seit 2011 ein Weingut, nach eigener Aussage natürlich »eines der größten in den USA überhaupt«. Daran bestehen zwar Zweifel, legt aber für eine Verkostung der Weine, die gar nicht schlecht sein sollen, die Überschrift »Make America *Grape* again« nahe.

Auch wenn die unter Trumps Gegenkandidatin Hillary Clinton in deren Zeit als Außenministerin aus der Taufe gehobene Initiative »Diplomatic Culinary Partnership« mittlerweile eingeschlafen scheint – sie lässt sich auf der Website des State Departments nicht mehr auffinden –, hat die Trump-Administration dieser Form von »Soft Power« nicht vollkommen abgeschworen. Vor dem Bankett anlässlich des ersten Staatsbesuches, dem des französischen Präsidenten Emmanuel Macron im April 2018, gab das Weiße Haus eine Pressemitteilung mit der Menüfolge heraus. Ausschlaggebend für die Wahl der Weine war, dass sie »historische Freundschaft zwischen den Vereinigten Staaten und Frankreich, die bis zur Amerikanischen Revolution zurückreicht, verkörpern«. Beim Chardonnay wie dem Pinot Noir handelte es sich um amerikanisch-französische Kollaborationsprodukte, was ausführlich erklärt wurde. Einmal mehr mahnt das gemeinsame Essen, nicht jede Hoffnung aufzugeben.[186]

WENDEZEITEN

Richard von Weizsäcker

Aus patriotischer Perspektive befand sich der bundesdeutsche Staatsausschank an einem Tiefpunkt, als am 1. Juli 1984 Richard von Weizsäcker das Amt des Bundespräsidenten übernahm. Mit geringen Erwartungen bei Experten, nicht was seine politischen Fähigkeiten und die generelle Eignung für das Amt anging – in der Hinsicht gab es reichlich Vorschusslorbeeren –, sondern hinsichtlich des gustatorischen Repräsentationswillens. Wenige Tage vor dem Einzug des Freiherrn in die Villa Hammerschmidt äußerte ein Autor in *Essen & Trinken* seine Besorgnis, denn die Menüs, die Weizsäcker vorher als Regierender Bürgermeister von Berlin gegeben habe, seien es nicht wert gewesen, »in einem gastronomischen Köchelverzeichnis notiert zu werden. Es wird, so seufzen gewiefte Gourmets, halt alles so bleiben, wie es ist: brav, bieder, betulich.«[187]

Das Zitat wirft die Frage auf, ob der Autor je bei einem Staatsbankett zugegen war – oder es sich um eine der üblichen Projektionen auf das Amt, den Amtsinhaber – in diesem Falle eher: den Vorgänger – oder die verfeinerten Gastronomieüblichkeiten jener Jahre handelte. Allerdings fangen die drei Adjektive das Wesen der Bonner Republik recht gut ein. Bei dem Bankett zu Ehren von Weizsäckers erstem Staatsgast Mitte Oktober 1984 blieb man der Linie des Vorgängers treu, was hinsichtlich der Getränke hieß, dass durchaus Befürchtungen bestätigt wurden. Die dem Rumänen Nicolae Ceaușescu vorgesetzte Speisenfolge Suppe von Baumtomaten, Seezungenschleifen mit Kaisergranat, Wildentenbrust mit Pfifferlingen und Trüffel sowie Apfelcharlotte mit Rumkorinthen dürfte selbst für Freiherren passabel gewesen sein.

Allenfalls die in Augustusburg üblichen logistischen Hindernisse könnten die Serviertemperatur etwas gedämpft haben bei diesem etwas wie möchtegern wirkenden Menü, aber die Bundesrepublik war eben in einer Phase, in der sich Leistung wieder lohnen musste. Zu bekritteln ist, dass »das Protokoll einigermaßen überrascht« wurde von der Tatsache, dass der rumänische Gast keine Süßspeisen isst, »man zauberte schnell noch einen Obstsalat herbei«, wie der in diesen Dingen üblicherweise bestens informierte Bonner *General-Anzeiger* berichtete. Als Essensbegleiter ließ man 1980er Winkeler Gutenberg Riesling trocken Landgräflich Hessisches Weingut, 1977er Chambolle Musigny Maison Pierre Ponnelle Beaune Côte d'Or und Kessler Hochgewächs servieren. Diese Komposition entsprach dem Carstens'schen Standard – zweimal guter Herkunft, aber aus schlimmen Jahren, und über den Sekt ist bereits alles gesagt.

»Gebremsten Pomp« attestierte *Die Zeit* der gesamten Visite, »vom Glanz des so lange angestrebten ›Staatsbesuches‹ blieb allein das Abendessen auf Schloß Augustusburg nebst feierlichem Defilee«. Moskau hatte vorab versucht, den zu außenpolitischen Alleingängen neigenden Ceaușescu von seiner Reise nach Bonn abzuhalten. Der Staatsbesuch wurde daher protokollarisch auf ein Minimum abgespeckt, was aber keine Erklärung für die wenig repräsentative Getränkeauswahl bietet. Eine Nebensächlichkeit, bei Wichtigerem hatte man sich mehr Mühe gegeben – in dem eben schon zitierten Artikel ist von einer »beispielhaft differenzierten Tischrede des Bundespräsidenten« zu lesen.[188]

Die Rhetorik passte also von Anfang an, und was den Wein anging, sollte die Traditionspflege rasch ein Ende finden. Zunächst weniger in qualitativer Hinsicht, aber dafür stammten die Rotweine fortan mit sehr wenigen, jeweils gut zu begründenden Ausnahmen sämtlich aus heimischen Weinbergen. An dieser Stelle irrt sogar der sonst vinophil tadellose Präsidialamtskoch, Jan-Göran Barth, als er in einem Interview auf den fragenden Kommentar, dass es noch in den 1980er Jahren geheißen habe, deutscher Rotwein »sei eines Staatsbanketts nicht würdig«, antwortete, dass »Barolo- und Bordeauxweine [...] der nicht hinterfragte Standard« gewesen seien. Das scheint den Menükarten zufolge ebenso wenig stimmig wie sein Hinweis, dass der Präsidialamtsbesatzung aus Bonner Zeit »der Abschied vom gewohnten Champagner« schwergefallen sei.[189]

Das untere Ende der roten Güteskala markierten Dornfelder wie der 1983er Kloster Liebfrauenberg von der Gebietswinzergenossenschaft Deutsches Weintor in Ilbesheim, der für den Präsidenten von Kamerun, Paul Biya, und dessen Frau im September 1986 geöffnet wurde. Dieser Dornfelder stellte einen Rückschritt dar, denn im Februar des Jahres hatte Juan Carlos I., der mit Königin Sophia zum zweiten Staatsbesuch in der Bundesrepublik angereist war, das Gewächs serviert bekommen, der das präsidialstaatliche Rotweinelend weitgehend beendete. Die Lemberger des württembergischen Spitzenwinzers Graf von Neipperg aus den heute als Grosses Gewächs eingestuften Lagen Neipperger Schlossberg – wie im Falle des spanischen Königspaares eine 1983er halbtrockene Spätlese – oder Schwaigerner Ruthe sollte es fortan öfter geben.

Letztere Lage beschloss in Form einer Spätlese aus dem vortrefflichen 1990er Jahrgang das höchstoffizielle Rotweinangebot von Weizsäckers anlässlich des letzten eingehenden Staatsbesuchs im April 1994 für das norwegische Königspaar. Für König Harald V. und dessen Gattin Sonja wurde ergänzend aufgeboten ein 1992er Würzburger Stein Riesling Kabinett trocken vom Bürgerspital zum Heiligen Geist und hochwertiger Winzersekt. Der Kontrast zwischen dieser Auswahl und der für den rumänischen Autokraten neuneinhalb Jahre vorher zeigt, zu welch überzeugender Form der bundespräsidiale Ausschank gefunden hatte. Zwischendrin fanden sich überdies Winzer wie Jean Stodden von der Ahr, der Württemberger Graf Adelmann – mit einer Samtrot Spätlese für den Präsidenten von Simbabwe, Robert Mugabe 1991 – oder das Weingut Freiherr von Gleichenstein. Der Hang zu adeligen Weingutbesitzern wurde ausgeglichen durch eine bemerkenswerte Häufung von Spätburgundern diverser Winzergenossenschaften. Derer teilhaftig wurden unter anderem so distinguierte Gäste wie die britische Königin 1992 oder der Kaiser von Japan ein Jahr danach.

Kurz nach Weizsäckers Amtsantritt wurde es Standard, dass die Weingüter auf den Menükarten genannt werden – ein Beleg, dass dem Wein zunehmend Bedeutung beigemessen wurde. Details wie dieses und der vinophile Aufschwung insgesamt waren mit Blick auf die Person an der Staatsspitze wenig überraschend. Er »pflegt mitzubedenken, was andere eher für nebensächlich halten. Das gilt für jede Einzelheit«, hieß es in einem Porträt über von Weizsäcker.[190] Der spätere zweimalige Protokollchef des Auswärtigen Amtes, Bernhard von der Planitz, der ab 1988 drei Jahre in der außenpolitischen Abteilung des Bundespräsidialamtes arbeitete, bestätigt das: »Protokollarisch konnte man ihm nichts vormachen, sondern nur von ihm lernen.«

Als genussverheißendes Adjektiv, dem Trend der Zeit – und vor allem der Nachfrage in Folge des Glykolskandals – entsprechend, waren die Weißweine fast sämtlich mit dem Hinweis »trocken« versehen. Einige österreichische Winzer hatten versucht, mittels Frostschutzmittel aus billigen Tafelweinen scheinbar hochwertige süße Prädikatsstufen zu tunen, was im Sommer 1985 aufflog. Von der Mutter aller Lebensmittelskandale besonders stark betroffen war Rheinhessen, was den Ruf des Anbaugebietes nachhaltig ruinierte.

Die bis dahin beim Bundespräsidenten ausgeschenkten Weißweine waren wegen ihrer Klasse zwar in aller Regel nicht repräsentativ für den deutschen Weinbau, hatten aber dementsprechend kaum ein Problem dargestellt. Trotzdem profitierten sie jetzt vom allgemeinen Aufschwung der 1980er Jahre, die hiesigen Winzer hatten sich so langsam einen internationalen Ruf für trockene Weißweine erarbeitet. Im Portfolio befand sich jetzt Neues wie etwa Weißburgunder vom Schlossgut Diel, Bewährtes wie Iphöfer

70 Bundespräsident Richard von Weizsäcker empfängt den Präsidenten von Costa Rica, Rafael Angel Calderón Fournier, Ende Januar im Schneeregen vor der Villa Hammerschmidt

Kalb Silvaner vom Weingut Hans Wirsching sowie Klassiker à la Wehlener Sonnenuhr Riesling Kabinett von Joh. Jos. Prüm bis hin zu Scharzhofberger Kabinett von Egon Müller, beispielsweise der 1989er für den Militärdiktator im nigerianischen Präsidentenamt, Ibrahim Babangida, im Februar 1992.

Immer mal wieder wurden etwas seltsame Sachen geöffnet wie ein 1986er Casteller Kugelspiel Kerner Kabinett trocken vom eigentlich noblen Fürstlich Castell'schen Domänenamt anlässlich des Bonn-Besuchs von Michail Gorbatschow im Juni 1989, der aber Kummer in vielerlei Hinsicht gewohnt war – ergänzt von Lemberger aus einer Genossenschaftskellerei und Deutz & Geldermann brut 1981. Immerhin servierte man dem KPdSU-Generalsekretär dazu ein exquisites Menü: Steinbutt-Hummer-Roulade mit Pfifferlingen, Rehkraftbrühe mit Trüffelklößchen, Gefülltes Perlhuhnküken mit Gänseleber und Portweinsauce sowie Gratin von Ananas und Himbeeren. Insgesamt scheinen die Speisenfolgen jener Zeit etwas inspirierter als zuvor. Zugunsten des Kerners, dem der Umstand, eine Neuzüchtung zu sein, das Image verhagelte, ließe sich in repräsentativer Hinsicht argumentieren, dass diese sehr ertragreichen Sorten seit den Anfangsjahren der Republik die traditionellen Kulturreben zurückgedrängt hatten. Zwar wurde in den 1990er Jahren der größte Teil der Neuzüchtungen wieder gerodet, da sie keine überzeugenden Ergebnisse hervorbrachten, der Kerner jedoch war eine der wenigen dieser Sorten, der sich halbwegs durchsetzen konnte.

So rasch Besserung in patriotischer Hinsicht eintrat, die Emanzipation vom nachgerade autochthonen Kessler Hochgewächs und seinen wenig prickelnden Artverwandten sollte noch etwas dauern. Der letzte Staatsbesucher, der den Kessler-Sekt vorgesetzt bekam, dürfte der ägyptische Präsident Hosni Mubarak gewesen sein, der als erster offizieller Gast des Jahres 1989 an den Rhein reiste. Der Schaumwein, laut Menükarte »extra dry«, dürfte dem Muslim wie der Silvaner und Spätburgunder aus baden-württembergischen Winzergenossenschaften ziemlich egal gewesen sein – für ihn gab es eigens ausgewiesene »Fruchtsäfte«. Dieses Wort wurde wie die Speisenfolge ins Arabische übersetzt, während die alkoholischen Getränke unten auf beiden Seiten in lateinscher Schrift abgedruckt waren.

Im Verlauf des Jahres 1989 trat ein deutlicher Wandel ein, nicht nur politisch. Zunächst begann eine Deutz & Geldermann-Phase, mal mit, mal ohne Jahrgang, die verschärft bis Ende 1991 anhielt, wobei der japanische Kaiser Akihito mit Gemahlin noch im September 1993 mit dem 1988er anstoßen musste. Seit 1985 hatte es immer wieder bessere Schaumweine gegeben, insbesondere bei Essen, die nicht im Rahmen von Staatsbesuchen stattfanden. Als herausragend erwies sich dabei der 1988 mehrfach aufgebotene Bernkasteler Doctor Riesling brut 1980. Dies war nach 1978 der zweite Jahrgang, den der Produzent auf den Markt brachte. Die für ihn verwendeten Trauben aus der berühmten Lage hatten ob fehlender Sonne jeweils keine Spätlesereife erreicht, weshalb der Ertrag zu Schaumwein verarbeitet wurde. Im Ergebnis »stellte Deinhard einen der besten Sekte her, die ich je probiert habe«, schrieb Tom Stevenson, einer der renommiertesten Champagnerkritiker. Der folgende und letzte Jahrgang, 1984, wurde später ebenfalls beim Bundespräsidenten aufgefahren. Obwohl dieser Sekt im günstigeren Tankgärverfahren, und nicht in klassischer Flaschengärung, der Méthode champenoise, erzeugt wurde, war er mit 60-80 DM pro Flasche alles andere als günstig – was der Grund sein könnte, warum er nicht für die großen Veranstaltungen in Augustusburg geordert wurde.

Ab 1992 finden sich fast ausschließlich Winzersekte auf den Menükarten, ein Standard, der bis in die Gegenwart gilt: Geisenheimer Schlossgarten Riesling brut von der Sektkellerei Norbert Bardong in Rüdesheim für den nigerianischen Machthaber und für die britische Königin sowie gleichermaßen im Herbst 1992 für das malaysische Königspaar Riesling Sekt brut vom Weingut Schmitt in Leiwen/Mosel. Für seinen letzten Staatsgast ließ der ehemalige Regierende Bürgermeister von Berlin das Bankett in Schloss Bellevue ausrichten, wo es für den norwegischen Monarchen und seine Gattin Geheimrat »J« Rheingau Riesling Brut 1989 von Wegeler-Deinhard gab.

Jüngere Jahrgänge dieses etwa 30 Euro kostenden Schaumweins werden aktuell oft als Toastsekt in Schloss Bellevue ausgeschenkt. Qualität und die für ihn typische Schlegelflasche sprächen für ihn; da »der Sekt am Tisch eingegossen wird, ist diese lange Flasche von großem Vorteil«, wie der seit Jahren für die Weinbeschaffung zuständige Koch des Bundespräsidialamtes, Jan-Göran Barth, sagt. Der Sekt ist aber heute nicht mehr auf den Menükarten aufgeführt, sondern dem Dessertwein gewichen.

Viel Einfluss auf den vinophilen Stil übte der Chef des Bundespräsidialamtes der ersten Weizsäcker'schen Amtszeit, Klaus Blech, aus, dessen »ausgeprägte Ader für alles Feine, für Stil und Dekor, für klassische Musik und Spitzenweine« der damalige Pressesprecher des Amtes, Friedbert Pflüger, würdigte.[191] Der Neipperg'sche

Lemberger scheint Staatssekretär Blech indes nicht überzeugt zu haben, er orderte jedenfalls laut Aussagen von Beteiligten gern hochwertige Bordeaux oder Burgunder. Dass es für besondere Gelegenheiten »dem Anlaß gemäße deutsche Rotweine« schlicht nicht gebe, lautete ein Satz, mit dem er in seiner Zeit als Amtschef zitiert wurde.

Lange lagerte noch ein Restbestand von in dieser Zeit beschafftem Château Lafite-Rothschild im Keller von Schloss Bellevue, leider mit 1980 und 1984 aus den beiden schlechtesten Jahrgängen des in Bordeaux sonst überaus erfreulichen Jahrzehnts stammend. Diese Flaschenfossile wurden nie im großen Stil entkorkt, allenfalls um einem Gast eine besondere Freude zu machen, fern der Öffentlichkeit. Die ein oder andere Bouteille konsumierte wohl Bundeskanzler Gerhard Schröder, wenn er den Genossen Johannes Rau im Bellevue aufsuchte. Da die beiden sich aber nicht wirklich verstanden, blieb das eher eine Seltenheit.

Helmut Kohl

Noch weniger auf einer Wellenlänge befanden sich Richard von Weizsäcker und Helmut Kohl. Da amtierte »ein feingliedriger Aristokrat neben einem klotzigen Kanzler«, wie der ehemalige Protokollchef Heinrich Seemann lange Zeit danach einmal ungewöhnlich undiplomatisch zitiert wurde.[192] Beim nicht für sublimen Geschmack gerühmten Helmut Kohl diente der Wein weniger zur Repräsentation, sondern mehr als sozialer Schmierstoff, vielfach Riesling aus seiner Pfälzer Heimat. Legendär sind seine Ausflüge mit ausländischen Gästen in den Deidesheimer Hof, wo viele Staatchefs Bekanntschaft mit dem regionaltypischen Saumagen machten.

Mit einer Mischung aus Heimatverbundenheit und Kulinarik pflegte Kohl Freundschaften, François Mitterrand ließ er zu Weihnachten eine Kiste mit Hausmacherwurst und Wein schicken, Jitzchak Rabin über die Botschaft wöchentlich eine Kiste Weizenbier. Dieses Getränk hatte der israelische Ministerpräsident bei einem vom Bundeskanzler gegebenen Abendessen kennengelernt, wie Avi Primor, von 1993 bis 1999 der Statthalter Israels in Bonn, in seiner Autobiographie schreibt.

Kohl vermochte mit den Reisen in die Region seiner Herkunft und Geschichten aus seinem Leben nicht nur Nähe zu vielen seiner Kollegen herzustellen, sondern er nutzte sie ebenso zur Bebilderung politischer Ansinnen. Über diese Form der Gastfreundschaft wurde viel gespottet, insbesondere von Journalisten. Kleinbürgerlich, provinziell sei das alles, wobei viele Beobachter verkannten, dass die Bundesrepublik in weiten Teilen genau dem entsprach.

Wer hofft, in den Erinnerungen von Margaret Thatcher einen Eintrag zu finden, in dem sie ihre Aversion gegen die Deutsche Einheit damit begründet, dass sie von ihrem deutschen Kollegen mit Saumagen abgefüttert worden sei, der unterschätzt die diplomatische Zurückhaltung der Britin. Fern aller Ironie schildert Thatcher in ihren Memoiren tatsächlich eine Reise in die Pfalz Ende April 1989, bei der Kohls Art der persönlich-historisierenden Politikgestaltung zutage trat. Bei einem gemeinsamen Besuch im Dom zu Speyer habe der Bundeskanzler ihren Privatsekretär Charles Powell beiseitegenommen »und ihm erklärt, da ich ihn nun in seiner Heimat an der Grenze zu Frankreich erlebt hätte, würde ich sicherlich verstehen, dass er – Helmut Kohl – sich nicht nur als Deutscher, sondern ebenso sehr als Europäer fühle«. Wenngleich die Premierministerin die Schlussfolgerung nicht teilte, äußert sie Sympathie für Kohls Haltung.

Vorab in Deidesheim habe einvernehmliche Stimmung geherrscht: »It was jolly, quaint, sentimental and slightly overdone – *gemütlich* is, I think, the German word.« Ebenfalls eine Erinnerung wert war der Premierministerin das Essen bestehend aus Kartoffelsuppe, Saumagen (»which the German Chancellor clearly

71 Margaret Thatcher und Helmut Kohl in Deidesheim am 30. 4. 1989

enjoyed«), Würstchen, Leberknödel und Sauerkraut. Der besagte Privatsekretär – ein Dienstposten, der dem außenpolitischen
Chef-Berater entspricht – schrieb später dazu, dass Thatchers Ap-
petit mysteriöserweise geschwunden sei, während Kohl mehrfach
einen Nachschlag genommen habe. Powell, der Kohl im Dom ver-
sprochen hatte, sein Bestes zu tun, dessen Sichtweise seiner Che-
fin nahezubringen, sah diese Mission in dem Moment gescheitert,
als Thatcher unmittelbar nach Besteigen des Flugzeugs für den
Rückflug seufzte: »Mein Gott, dieser Mann ist so deutsch.« Kohls
Saumagen-Diplomatie war also nicht allen Gästen gegenüber von
Erfolg gekrönt, aber sie erschien immerhin überaus deutsch – in
nationalrepräsentativer Hinsicht also durchaus passend.[193]

Für Intellektuelle war die zelebrierte Heimatliebe, die bei Kohl
durch den Magen ging, nachgerade unerträglich; sie mokierten
sich über die »Herrschaft des Bauches über den Kopf« (Karl Heinz
Bohrer), wobei sie verkannten, wie nutzbringend diese Form von
Diplomatie war. Der ehemalige US-Präsident Bill Clinton erinner-

285

72 Am 10.11.1990 bewirtete Helmut Kohl Michail Gorbatschow im Deidesheimer Hof bei einer Art privaten Einheitsfeier

te in seiner Ansprache bei dem europäischen Trauerakt für Helmut Kohl am 1. Juli 2017 an ihrer beider Leidenschaft, das gute Essen, und daran, wie er von dem Deutschen in dessen Lieblingsrestaurant in Washington ausgeführt worden sei. Gleichermaßen erinnerten andere Staatschefs in schriftlichen Nachrufen an unvergessliche gemeinsame Restaurantbesuche. Michail Gorbatschow soll Kohl bei einem Besuch im Deidesheimer Hof das »Du« angeboten haben.

Das war nach dem Fall der Mauer. Vorab war im Sommer 1989 in Sachen Gorbatschow sogar eine Verständigung zwischen von Weizsäcker und Kohl möglich. Selten genug, aber zwischen den beiden bestand Einvernehmen, dass abweichend vom sonst Üblichen der Kanzler und nicht der Präsident das erste Abendessen beim Staatsbesuch des sowjetischen Staatschefs im Juni 1989 geben sollte. Qualitativ bestanden zwischen den beiden Menüs kaum Unterschiede. Die Kohl'sche Speisenfolge Soufflé und Tatar vom

286

Lachs, Crème vom Petersilienwurz mit Schaumklößchen, Filet vom Rind mit Stangenspargel und Maltesersauce sowie frische Erdbeeren, Limonenparfait und Waldbeerensorbet, die in der Redoute aufgetischt wurde, klingt etwas bodenständiger als das Essen des Präsidenten am Folgetag auf Schloss Augustusburg. Önologisch gestaltete sich das eher andersherum, obwohl bei Kohl der altbekannte Gutedel aus Auggen mit dabei war. Das Gleiche gilt für den Rest der Weinfolge weiß mit einer Forster Pechstein Riesling Spätlese 1985 von Bürklin-Wolf aus der Pfalz und Fürst von Metternich Riesling Sekt Brut 1982.

Die von Kohl offiziell servierten Menüs entsprachen dem beim jeweiligen Bundespräsidenten üblichen Standard, Kohl hatte es immerhin mit dreien von ihnen zu tun. Ausnahmen für besonders enge Freunde bestätigten die Regel, François Mitterrand musste sich einmal mit Krautwickerl vom Tegernseer Saibling, Spanferkelrücken und Kalbshaxe sowie Kaiserschmarrn auseinandersetzen – aber das war in Bad Wiessee, und insofern wiederum regionaltypisch akzeptabel.

Der oben aufgeführte Bürklin-Wolf ist einer der sehr überzeugenden Erzeuger, die bei von Kohl gegebenen Essen aufgefahren wurden, viele von ihnen übrigens nichtpfälzisch: Freiherrlich Langwerth von Simmern'sches Rentamt, Graf Adelmann, Heger, Weingut Karthäuserhof, Prüm, Schlossgut Diel und dann doch nochmal aus der Pfalz Dr. Wehrheim und Reichsrat von Buhl, meistens Rieslinge, in der Bilanz stehen insgesamt mehr weiße als rote Gewächse. Unter den Roten befand sich um 1990 die Neuzüchtung Domina, dafür aus dem Bürgerspital zum Heiligen Geist aus der Lage Veitshöchheimer Sonnenschein, in der der Produzent heute nur noch Spätburgunder anbaut. Alle genannten Güter waren Mitglieder des VDP, wobei sich ebenso weniger renommierte Erzeuger und Winzergenossenschaften auf des Kanzlers Tafel fanden. Ausländische Gewächse hingegen waren von dort weitestgehend verbannt.

In den Anfängen von Kohls Regierungszeit taucht dort der in Bonn offenbar reichlich vorhandene 1976er Clos Fourtet noch einmal auf – was aber wegen des Anlasses, der deutsch-französischen Konsultationen, als freundliche Geste an die Gäste zu interpretieren ist. Danach sollten selbst bei diesen Tagungen exklusiv deutsche Gewächse offeriert werden. Im kleinen önologischen Grenzverkehr in der langen Regierungszeit von Kohl ist der 40. Jahrestag der Unterzeichnung des Élysée-Vertrages 1994 erwähnenswert, weil es ein Rheinwein auf ein Bankett in Schloss Versailles schaffte. Beim gemeinsamen Essen der Abgeordneten der Assemblée nationale und des Deutschen Bundestages gab es, deutscher geht es kaum, einen Rüdesheimer Riesling, der nachfolgende Rote war ein Santenay aus dem Burgund.

Insgesamt erweist sich der Ausschank des Regierungschefs als etwas hochklassiger und qualitativ weniger schwankend, die vinophile Amplitude ist geringer als beim Bundespräsidenten. Mag der freiherrlich-feingeistige Gegenspieler den barocken Bundeskanzler in der B-Note, die den künstlerischen Ausdruck bewertet, stets ausgestochen haben, in der technisch orientierten A-Note lag Kohl vorn. Dessen Gewächse erwiesen sich im Schnitt als etwas weltläufiger als die beim Bundespräsidenten, sofern dieser Begriff bei der schon ortsbedingt stets provinziell bleibenden Bonner Repräsentation überhaupt angemessen sein kann. Der Antagonismus zwischen Präsident und Kanzler war in diesem Falle sehr viel stärker im Persönlichen zu suchen als in der protokollarischen Dimension, in der beide, jeder auf seine besondere Weise, firm waren.

Hape Kerkeling alias Königin Beatrix

Der erste Besuch eines ausländischen Staatsoberhaupts nach der Wiedervereinigung – der niederländischen Königin Beatrix Ende April 1991 – ist vor allem deshalb in der Erinnerung geblieben, weil kurz vor der echten Königin zunächst der Komiker Hape Kerkeling als Königin Beatrix verkleidet ungehindert vor Schloss

Bellevue vorfahren konnte. Diese in der Sendung »Total normal« ausgestrahlte Episode besitzt Kultstatus, in negativer Hinsicht vornehmlich unter Sicherheitsbeamten. Bei allen erkennbaren Unterschieden zu einem echten Staatsgast – fehlende Motorradeskorte, die eher unter Ölscheichs beliebte verlängerte Mercedes-S-Klasse, zumal mit Bremer Kennzeichen – offenbart der Auftritt, was alles schiefgehen kann. Darüber hinaus weist er bei aller Komik einen sehr ernsten Kern auf, nämlich wie fragil die staatliche Selbstdarstellung in freiheitlichen Systemen ist, vorausgesetzt sie soll nicht in einen Hochsicherheitstrakt verbannt werden.

Als unbegründet erwies sich angesichts der Speisenfolge beim Mittagessen Fasanenkraftbrühe, Seeteufelschnitte und Beerenfrüchte begleitet von einem 1989er Randersackerer Teufelskeller Riesling vom Weingut Bürgerspital zum Heiligen Geist wenigstens die vorher von Hape Kerkeling alias Königin Beatrix auf der Fahrt gestellte bange Frage »Wer weiß, was es da zu essen gibt?«, weshalb er/sie noch rasch eine Banane verspeiste. Es langten nachvollziehbarerweise aber weder Humor noch Nerven, den Komiker mit zu diesem Essen zu bitten.

Symbolisch, nicht qualitativ, wäre mehr drin gewesen beim Abendessen, zu dem mit einem 1989er Würzburger Stein Riesling Kabinett, wiederum vom Bürgerspital, und einem 1987er Schwaigerner Ruthe Lemberger aus der Schlosskellerei Graf von Neipperg nebst Bernkasteler Doktor Riesling Brut 1984 mit das Beste aus westdeutschen Kellereien gereicht wurde. Wegen der Premiere nach der Wiedervereinigung wäre eigentlich eine West-Ost-Weinkombination zur Betonung des Gemeinsamen angemessen und trotz aller Schwäche der damaligen ostdeutschen Weine sicherlich möglich gewesen. Das Auswärtige Amt ließ in dem Jahr schon Gewächse aus Sachsen ausschenken, zugegebenermaßen bei dortigen Veranstaltungen.

François Mitterrand

Ebenfalls im Kontext der deutschen Einheit bewegt sich die letzte Ausnahme vom rein deutschen Ausschank unter von Weizsäcker, an dem sich die Zweischneidigkeit nicht nationaler Gewächse ausbuchstabieren lässt. Der Besuch von François Mitterrand im September 1991 weist in diplomatischer Hinsicht eine gewisse Unschärfe auf, da ihn nur die französische Seite, nicht jedoch die deutsche als Staatsbesuch listet. »Die Unterscheidung insbesondere zwischen offiziellen und Arbeitsbesuchen ist in der Praxis oft schwierig, da sich die jeweiligen protokollarischen Elemente häufig überschneiden«, heißt es im internen Protokoll-Leitfaden des Auswärtigen Amtes zu den nicht immer trennscharfen Kategorien. Die zuvor genannte Visite der niederländischen Königin wurde in den Medien auch fälschlicherweise als Staatsbesuch bezeichnet.

Einige protokollarische Feinheiten wie beispielsweise das Ehrengeleit ab dem Grenzübertritt – bei per Flugzeug anreisenden Staatsoberhäuptern vier deren Maschine eskortierende Kampfflugzeuge der Luftwaffe – entziehen sich der öffentlichen Beobachtung. Anhand der Weine hätte sich kaum zwischen einem Arbeitsbesuch und einem im vollen Staatsornat unterscheiden lassen. Das Motiv der Franzosen dürfte gewesen sein, die eigene, etwas sperrige Rolle im deutsch-deutschen Einheitsprozess zu übertünchen, Mitterrand hatte kurz vor Weihnachten 1989 der DDR noch eine offizielle Aufwartung gemacht.

Die in Schloss Bellevue zu Kräuterkraftbrühe mit pochierten Wachteleiern, Steinbutt mit Paprikasauce, Kalbsfilet mit Pfifferlingrahmsauce und Holundersorbet mit Beerenfrüchten gereichte deutsch-französische Zusammenstellung von 1990er Maximin Grünhäuser Abtsberg Riesling trocken, C. v. Schubert'sche Schlosskellerei, 1985er Château Malescot St. Exupéry Margaux AC sowie Bernkasteler Doktor Riesling Brut 1984 könnte einerseits als eine die unverbrüchliche Achse Paris–Bonn/Berlin betonende Kombination interpretiert werden.

Unbenommen davon ließe sich andererseits anführen, dass der Zweck dieses Besuches eigentlich war, des Franzosen Skepsis gegenüber der Wiedervereinigung vergessen zu machen, und der ihn daher drei Tage durch Ostdeutschland führte. Insofern hätte den roten Bordeaux ein Weißer aus Ostdeutschland, still oder schäumend, im Sinne des Ziels ergänzen können, nur umsetzbar unter Inkaufnahme von Qualitätseinbußen. So gestalteten sich Weißwein und Sekt hochklassiger als bei Mitterrands unzweifelhaftem Staatsbesuch vier Jahre vorher, als es in Augustusburg 1985er Durbacher Schloss Grohl Grauer Burgunder Spätlese trocken Gräflich Wolff Metternich'sches Weingut und 1985er Kaseler Römerlay Riesling brut Weingut Christoph von Nell gab. Beim Rotwein handelte es sich ebenfalls um ein deutsches Gewächs, Schwaigerner Ruthe Lemberger Spätlese vom Grafen Neipperg selbigen Jahrgangs – was ungefähr auf dem Niveau des 1991 offerierten Malescot St. Exupéry lag.

Dieser Troisième Cru aus Margaux sollte offiziell der letzte ausländische Rotwein gewesen sein. Sein Ausschank war immer schon nicht allein aus patriotischen Gründen ambivalent gewesen. Aus dem Protokoll-Kompendium von 1957 lässt sich eine Richtlinie übertragen, in der der Legationsrat von Rom niederlegt hatte, dass ausschließlich Musik deutscher Komponisten zur Aufführung kommen sollte. Damit sollte dem Gast nicht nur ein Einblick in die deutsche Kultur ermöglicht werden, sondern auch vermieden werden, »daß die Aufführung den Maßstäben oder der Auffassung des Gastes nicht entsprechen könnte, etwa wenn einem italienischen Gast eine italienische Oper, einem Engländer Shakespeare in deutsch oder einem Deutschen im Ausland z.B. Schiller auf französisch vorgeführt wird«.[194]

Demnach hätte man, eigentlich höflich gemeint, an Gewächsen aus dem Land des Gastes nur unbestrittene Spitzenklasse anbieten dürfen, wie etwa bei dem Besuch von Giscard 1980. Markierte diese Zusammenstellung zwar den Gipfel, sind ebenfalls die nicht allzu zahlreichen anderen Gelegenheiten, bei denen Staatsgästen Wein aus deren eigenem Land serviert wurde, als geglückt zu betrachten. Die von anderen Bundespräsidenten ausgeschenkten, primär französischen Gewächse erwiesen sich dagegen teilweise als medioker, aber die damit Beglückten waren nicht Staatsoberhaupt Frankreichs, sondern stammten aus Finnland, Kenia, Rumänien, Syrien oder Tonga – alles Länder, die nicht eben für önologische Höchstleistungen bekannt sind.

Auf Auslandsreisen gelten dagegen nochmals andere Gesetze, wobei sich generell argumentieren ließe, dass kaum ein Staatsoberhaupt Produkte seines Landes kritisieren würde – bei der Musik ging es um Sprache oder Interpretation, nicht um die Stücke im engen Sinn. Übertragen auf den Wein hieße dies, die Ausschanktemperatur oder die Gläser in den Blick zu nehmen. Über die fehlende Kühlanlage in Augustusburg wurde an anderer Stelle berichtet, und die Gläser waren bis zur Amtszeit von Horst Köhler für die Verkostung von besseren Gewächsen schlicht ungeeignet.

Zusätzlich lässt sich die Maßgabe aus dem Protokoll-Kompendium auf moderne deutsche Cuvees nach Bordeaux-Vorbild anwenden, die aus traditionell nicht für Deutschland typischen Rebsorten Cabernet und Merlot gekeltert werden. Solche Weine sollten demnach Franzosen nur mit großem Selbstbewusstsein offeriert werden, wobei ihre Stilistik sich so sehr sogar von den modernsten Bordeaux unterscheidet, dass sie als eigenständige Werke – und nicht als Interpretation französischer Vorbilder – durchgehen können. Das gilt ähnlich für die Adaption ausländischer Stücke durch deutsche Kulturschaffende, die Bundesrepublik hat sich von der Unsicherheit der 1950er Jahre, die in den besagten Richtlinien mitschwingt, emanzipiert. Und hinsichtlich der »Maßstäbe des Gastes« entsprach der Mitterrand kredenzte Château Malescot St. Exupéry dem Ausschankniveau des Élysées zu dieser Zeit; Weizsäcker bekam dort Ende November 1991 Chablis Pic 1er 1985, Château Nenin 1979 und Cuvée William Deutz 1985 Jahrgangschampagner eingeschenkt.

SPEISEGEBOTE

Gäste jüdischen Glaubens

Rücksicht auf die Vorlieben der Gäste wird nicht allein aus Gründen der Courtoisie genommen, sondern insbesondere wenn religiöse Speisevorschriften es verlangen. Für ins Ausland entsandte Diplomaten ist derlei vorausschauendes Verhalten heute selbstverständlich. Das scheint früher anders gewesen zu sein. So weisen die Protokollarischen Ratschläge des Außenamtes in der Ausgabe von 1969 darauf hin, dass typisch deutsche Gerichte im Ausland viel Anklang finden und sich mit ihnen ein Buffet interessanter gestalten lässt. »Diese Gerichte sollten jedoch stets mit Überlegung gereicht werden. Der rheinische Sauerbraten aus Rindfleisch eignet sich nicht für orthodoxe Hindus, das Eisbein nicht für Moslems. Die Erbsensuppe mit Würstchen würde beim Kerzenschein des Smokingessens als Stilbruch empfunden«, rekapituliert der Verfasser eigentlich Selbstverständliches.[195]

Im Falle des ersten Staatsbesuches aus Israel galt es nicht allein religiöse Gebote zu berücksichtigen, gesundheitliche Gründe kamen hinzu. Ausweislich der Auftragsbestätigung des Steigenberger Hotels war das gesamte Abendessen für Israels Präsident Chaim Herzog am 6. April 1987 in Schloss Augustusburg salzlos. Dass die Köche des Steigenbergers das Menü den jüdischen Speisegesetzen entsprechend zubereiteten, überwachte ein Rabbi. Die 360 Gäste durften sich über Kräuterkraftbrühe, Wildlachs und Kalbsrücken freuen. Der Präsident aß nicht nur salzlos, sondern mit Hühnersuppe, dem Lachs und als Hauptgang laut der Hotelbelege »Suppenhuhn / Brustfilet« leichtere Kost. Zum Schluss, für Präsident und Gäste gleich, in erhabener Schreibweise, Lemonensorbet, pro Gedeck rief der Caterer 82 DM auf.

Die Weine sollten vom Veranstalter kommen, was heißt, dass sie vom Auswärtigen Amt beschafft wurden. Die Protokoller hatten koscheren deutschen Wein ausfindig gemacht, einen 1982er Laubenheimer Vogelsang, Riesling Kabinett halbtrocken, Kosher for Pesach vom Weingut Georg Mayer in Dorsheim. Dieser Riesling dürfte der erste deutsche koschere Wein seit den 1930er Jahren gewesen sein, es blieb jedoch bei diesem Winzer ein einmaliger Versuch. Solche Abfüllungen zu produzieren, ist wegen der rigiden Vorschriften aufwändig und kostenintensiv. Bei dem Bankett gab es zwei weitere koschere Weine aus Israel, einen 1984er Petite Sirah trocken und Sambatyon Sparkling wine brut 1985. Dazu wurden, jeweils nicht koscher, ein Müller-Thurgau, ein Lemberger und Kessler Hochgewächs offeriert.

Der enorme Aufwand für diesen Staatsbesuch, von dem nicht zuletzt der Glasinhalt zeugt, war angesichts der herausragenden Bedeutung, die er mit Blick auf die Vergangenheit hatte, nur angemessen. Der von Richard von Weizsäcker mit seiner berühmten Rede vom 8. Mai 1985 eingeschlagene vergangenheitspolitische Weg hatte die Grundlage für die Visite des Israelis gelegt.

Beim nächsten Staatsbesuch eines israelischen Präsidenten, dem von Ezer Weizman im Januar 1996, gab es auf dem Petersberg an koscherem Wein lediglich israelischen Sauvignon blanc – mit »Avdat Weißwein trocken kosher for Pesach« auf der Speisekarte vermerkt. Für seine Beschaffung konsultierte das bundespräsidiale Protokoll die Jüdische Gemeinde, dieser Fall stellt die letzte Ausnahme von der Regel dar, ausnahmslos heimische Gewächse auszuschenken. Die drei anderen zum Menü mit Schwarzwurzelcremesuppe, Steinpilzragout, Seezungenfilets und Zitronenmousse in der Butterbirne passenden allesamt weißen Weine stammten aus Deutschland: Riesling, Weißburgunder und Grauburgunder guter bis sehr guter Herkunft. Bei dem von Bundespräsident Horst Köhler gegebenen Mittagessen für Weizmans Nachfolger Mosche Katzav im Mai 2005 gab es zwei Abfüllungen vom rheinhessischen Erzeuger Schenkel, der seit 1997 unter dem Namen Nagila – hebräisch: »Wir freuen uns« – je einen koscheren Rivaner und Dornfelder produzierte. Beim Staatsbesuch von Katzavs Nachfolger Shimon Peres bei Köhler knapp fünf Jahre später listet die Menükarte allerdings keinen koscheren Wein mehr, sondern lediglich eine hochklassige Riesling-Auslese, einen Merlot aus Rheinhessen und Jahrgangswinzersekt.

Muslime

Ausnahmen anderer Art verlangen Muslime, für die ganz auf Alkohol verzichtet werden kann. Vermutlich wird der Wein protokollarisch in diesem Kontext eher ein Thema als sonst überhaupt. Der langjährige Protokollchef der Bundesregierung Bernhard von der Planitz sagt dazu, er habe sich um Wein »eigentlich nur in ›negativer Weise‹ gekümmert, nämlich bei Veranstaltungen zu Ehren von muslimischen Gästen, bei der Frage, ob es Alkohol geben solle oder nicht«. In Schloss Bellevue gab es jedenfalls Empfänge, bei denen Fruchtsäfte das höchste aller Getränke waren. Bei Staatsbanketten mit muslimischen Gästen werden wahlweise Wein und Säfte gereicht, beides wird auf der Menükarte erwähnt. Manchmal wurde der Orangensaft mit dem Hinweis versehen, dass er frisch gepresst ist.

In Frankreich führten verschärfte religiöse Ansinnen schon zu diplomatischen Verwicklungen. So verweigerte der iranische Präsident Mohammad Khatami 1999 die Teilnahme an einem Essen, bei dem nichtmuslimischen Gästen alkoholische Getränke angeboten werden sollten. Da in Frankreich gilt, dass ein Staatsbankett ohne Wein kein Staatsbankett ist, wurde der Besuch Khatamis protokollarisch von einem Staatsbesuch zu einem offiziellen Besuch herabgestuft, denn ohne Staatsbankett kein Staatsbesuch. Ausschlaggebend war indes nicht allein der national-kulinarische Anspruch, sondern der strikte Laizismus in Frankreich. Am Ende wurde der Besuch ganz abgesagt, Jacques Chirac und sein iranischer Amtskollege trafen sich ein halbes Jahr später im Élysée – zu einem alkoholfreien Goûter am Nachmittag.

Für viele Berichte in den Medien sorgte die als übertrieben empfundene Rücksichtnahme gegenüber einem iranischen Staatspräsidenten, diesmal anlässlich einer Visite in Rom im Januar 2016. Dort wurden aus Rücksicht auf den muslimischen Glauben von Hassan Rohani mehrere Statuen nackter Göttinnen in den Museen auf dem Kapitol verhüllt. Der Vorgang, über den die Medien weltweit berichtet hatten, sorgte in Italien für innenpolitischen Streit, von rechter Seite war von einem Unterwerfungsakt die Rede. Wein hatte es beim Abendessen übrigens auch nicht gegeben, und das nicht zum ersten Mal beim Besuch einer iranischen Delegation in Italien, wie sich im weiteren Verlauf der Debatte herausstellte. Die mediale Entrüstung deutet darauf hin, dass insbesondere die als rigoros empfundenen Moralvorstellungen von Muslimen mittlerweile nicht mehr allein nach den Geboten der Gastfreundschaft beurteilt werden.

Die Frage nach der Wechselseitigkeit dieser Tugend hatte mehr als ein Jahrzehnt vorher die Nahostexpertin Gudrun Harrer anhand eines Besuchs von Khatami in Österreich aufgeworfen: »Wenn in Wien kein Glas Wein in Sichtweise des Präsidenten aufscheinen darf, dann müssten im Sinn der reziproken Gastfreundschaft für den Besucher aus dem Westen eigentlich in Teheran die Flaschen nur so um den Tisch kreisen, sollte man meinen.« Das war aber nicht so, aus politischen Gründen, so Harrer weiter, denn im Westen konnte niemand ein Interesse haben, den reformorientierten Khatami in der fragilen inneriranischen Machtkonstellation zu schwächen.[196] Unbeachtet der Letztentscheidungskompetenz in autokratischen Systemen dokumentiert der Vorgang, wie sehr gerade in ihnen die politische Symbolsprache beachtet werden muss. Für den als moderat geltenden Hassan Rohani gilt dieselbe Konstellation.

Persischer Schah, die Dritte

Vor der Islamischen Revolution, die 1979 zur Absetzung von Schah Mohammad Reza Pahlavi und zur Beendigung der Monarchie im Iran führte, herrschte dort ein vollkommen anderes Verhältnis zum Alkohol, das staatsrepräsentative Zwecke einschloss. 1971 lud der Schah weltweit Staatsoberhäupter und Angehörige von Königshäusern für mehrere Tage zur Feier von »2500 Jahren Persisches Reich« in eine eigens errichtete Zeltstadt unmittelbar an den Ruinen der einstigen antiken Metropole Persepolis. Für diesen wohl ausschweifendsten Staatsempfang aller Zeiten – geschätzte Gesamtkosten bis zu 300 Millionen Dollar – wurde fast die komplette Ausstattung aus Frankreich herbeigeschafft: Tischwäsche von Porthault, Kronleuchter aus Baccarat-Kristall, Geschirr aus Limoges. Dazu wurde die Service-Mannschaft des Pariser Maxim's mit 165 Köchen, Sommeliers und Kellnern eingeflogen samt 150 Tonnen Küchenmaterial, das Restaurant schloss für zwei Wochen. Weiteres Personal kam aus dem Palace Hotel St. Moritz. Zudem wurden 18 Tonnen Lebensmittel aus Frankreich in die Wüste verfrachtet. Allein der Kaviar stammte aus dem Iran. Die Getränkeliste umfasste Preziosen wie Champagner Dom Pérignon Rosé 1959, Château Haut-Brion blanc 1964 und Château Lafite-Rothschild Magnum 1945 sowie Cognac des Jahrgangs 1860. Angeblich wurden insgesamt 25 000 Flaschen Wein in das iranische Hochland verbracht.

Gedacht war die Veranstaltung dazu, dem Iran einen Platz unter den führenden Nationen zu sichern. Mohammad Reza Pahlavi verstand sich als Modernisierer und wollte sein Land mittels der 1963 von ihm ausgerufenen »Weißen Revolution« nach westlichen Vorstellungen umgestalten. Wegen seiner sozialen Reformen im Iran, in dem die Hälfte der Einwohner damals unter der Armutsgrenze lebte, die geholfen hätten, den Frieden im Mittleren Osten

73 Dinner im Designerzelt: Prinz Rainier von Monaco, Prinz Philip, Kronprinz Carl Gustaf von Schweden und der Vizepräsident der USA, Spiro Agnew

zu sichern, und seiner Vermittlerrolle im Konflikt zwischen Pakistan und Afghanistan, war er 1964 für den Friedensnobelpreis nominiert. Jetzt galt es, den Schah als legitimen Nachfolger der alten persischen Kaiser darzustellen. Mit dem »Fest des Jahrhunderts« oder dem »Milliarden-Camping«, so zwei zeitgenössische Charakterisierungen aus Illustrierten, sollte demonstriert werden, dass die Herrschaft des Schahs die Auferstehung der iranischen Zivilisation bedeutete. Tatsächlich aber forderte er mit der Veranstaltung die muslimische Geistlichkeit heraus. Ajatollah Chomeini ließ aus dem Exil verlauten, dass jeder Teilnehmer an diesem »Festival des Teufels« den Islam und das iranische Volk verrate.

Insgesamt nahmen etwa 500 Gäste teil, darunter 69 Staatsoberhäupter oder deren Stellvertreter, unter anderem US-Vizepräsident Spiro Agnew. Die osteuropäischen Länder waren beinahe komplett präsidial vertreten, die europäischen Königshäuser entsandten fast alle ein Mitglied. Die vollständige Liste der Staatsgäste findet sich im entsprechenden Eintrag bei Wikipedia. Bundespräsident Heinemann ließ sich von Bundestagspräsident Kai-Uwe von Hassel vertreten, offiziell einer Augenoperation wegen. Ebenfalls dürften innenpolitische Gründe eine Rolle gespielt haben, nachdem es zu öffentlichen Diskussionen gekommen war, zumal der Schah-Besuch 1967 eine Zäsur in der bundesrepublikanischen Geschichte darstellte.

Für Mohammad Reza Pahlavi selbst sollte sich die 2500-Jahr-Feier als Beitrag zum Anfang seines Endes erweisen. Die iranische Exilopposition errang in westlichen Medien die Deutungshoheit über das Ereignis, nachdem zunächst staunend darüber berichtet worden war. Nicht zuletzt ebneten der Größenwahn und die Prunksucht des Schahs, die in dem teuersten Fest aller Zeiten deutlich geworden waren, der Islamischen Revolution den Weg. Im Januar 1979 sollte Mohammad Reza Pahlavi den Iran für immer verlassen, kurz danach kehrte Ajatollah Chomeini aus dem französischen Exil zurück. Unmittelbar nach seiner Ankunft hielt er eine Rede an die iranische Nation, in der Chomeini die Monarchie, das Parlament und die Regierung für illegal erklärte. Als Beleg für den kulturellen Verfall des Landes führte er an, dass es in Teheran mehr Verkaufsstellen für Alkohol als Buchhandlungen gebe. Zwar sollte es unter der Hand weiterhin Alkohol im Iran geben, doch als staatliches Repräsentationsmittel war er fortan getilgt.

DIE SPÄTE BONNER REPUBLIK

Aufschwung

Als der Schah abdankte, immerhin zweimaliger Gast der Bonner Republik mit einem ersten sehnsuchtserweckenden und dem zweiten folgenschweren Staatsbesuch, sollten der Bundesrepublik ihre besten weinrepräsentativen Zeiten noch bevorstehen. In den 1980er Jahren erhielt eine neue Generation von Winzern Einzug in die deutsche Weinszene – und mit ihnen moderne Methoden, Experimentierfreude und konsequentes Qualitätsdenken. Helmut Dönnhoff an der Nahe, an der Ahr Werner Näkel vom Weingut Meyer-Näkel, das Weingut Robert Weil im Rheingau, Hansjörg Rebholz sowie die Brüder Volker und Werner Knipser in der Pfalz, das Weingut Gunderloch in Rheinhessen und Rudolf Fürst in Franken seien als Modernisierer stellvertretend genannt. In Sachen Schaumwein galten Bardong im Rheingau sowie das rheinhessische Sekthaus Raumland, beide 1984 gegründet, als Vorreiter ihrer Zunft.

Das, was der Weinkritiker Stuart Pigott, der sich primär den deutschen Gewächsen verschrieben hat, in Buchform 2010 *Weinwunder Deutschland* nennen sollte, nahm allmählich Gestalt an. Die ersten Barriques tauchten auf, und einige der Protagonisten begeisterten sich wieder für rote Sorten. Allerdings hieß das vielerorts, wirklich von vorn anfangen zu müssen. Zwischen 1979 und den beginnenden 2000er Jahren verdreifachte sich die Anbaufläche der entsprechenden Rebsorten ungefähr, die Fläche mit Spätburgunder wuchs gar etwas überproportional.

Auf dem Weingut Knipser in der Pfalz, einem der Pioniere der roten Revolution, wurden 1983 die ersten Spätburgunderreben gepflanzt, der Anbau internationaler Rebsorten wie Cabernet Sauvignon und Merlot lag noch in weiter Ferne oder präziser: 25 Jahre, zumindest bis der Ertrag davon im bundespräsidialen Glas anlangte. Als am 24. März 2007 die Staats- und Regierungschefs der Mitgliedstaaten der Europäischen Union bei einem Abendessen in Schloss Bellevue den 50. Jahrestag der Unterzeichnung der Römischen Verträge feierten, wurde Knipsers »Cuvée X« aus dem Jahrgang 2003 ausgeschenkt, ein Wein aus den klassischen bordelaiser Rebsorten Cabernet Sauvignon, Cabernet Franc und Merlot. Nicht zuletzt dem Klimawandel ist es zuzuschreiben, dass diese Sorten nun auch in deutschen Weinbergen die nötige Reife erlangen.

Doch der Reihe nach. Parallel zur Bewegung in der Winzerszene wurde Wein so langsam zu einem öffentlichen Thema. Die *Frankfurter Allgemeine* und ihr Magazin begannen Weingüter zu porträtieren, 1982 erschien erstmals die Fachzeitschrift *Alles über Wein*, ein Jahr danach folgte die deutsche Ausgabe der 1980 in der Schweiz gegründeten *Vinum*. Zudem fingen insbesondere Wirtschaftsmagazine wie *Capital* an, über Wein zu schreiben und Ranglisten der besten Erzeuger zu veröffentlichen. Daneben etablierte sich ein Markt für Weinführer jenseits des *Kleinen Johnson*. Bis Menschen außerhalb der Expertenkreise Spontanvorträge über Pfälzer Weingüter halten konnten wie Helmut Kohl, sollte es zwar noch dauern, aber der von ihm ausgerufene Aufschwung war in der Weinpublizistik zu verzeichnen. Auf den Gütern dauerte es indes noch eine Weile, bis die neue Form in Flaschen fand, denn nicht alle Experimente erwiesen sich sofort als erfolgreich. Insbesondere die Orientierung am französischen Vorbild führte bei der Belebung der deutschen Rotweinkultur im wahrsten Sinne des Wortes erst einmal auf den Holzweg – bis der Einsatz von neuen Fässern erlernt war, dauerte es einige Jahrgänge.

Roman Herzog

Ebenfalls benötigte es etwas Zeit, einen überzeugenden Kandidaten für die Nachfolge für Richard von Weizsäcker als Bundespräsident zu bestimmen. Der zunächst von Helmut Kohl ins Auge gefasste Sachse Steffen Heitmann wäre sicherlich geeignet gewesen, der bis heute bestehenden Unterrepräsentanz sächsischer Weine bei Staatsbanketten abzuhelfen – nur an seiner Tauglichkeit zum höchsten Staatsamt mehrten sich bald Zweifel. Nach seinem Verzicht wurde überraschend Roman Herzog nominiert, den die Bundesversammlung schließlich nach drei Wahlgängen zum siebten Bundespräsidenten – und zugleich letzten der Bonner Republik – wählte. Das Staatsoberhaupt war das erste Verfassungsorgan, das vom Rhein an die Spree umzog, ein Jahr vor Parlament und Regierung, die im Herbst 1999 folgten, dann schon in der Amtszeit von Herzogs Nachfolger.

Zeitlich, örtlich und politisch ist die Präsidentschaft Herzogs als eine Art Interregnum einzuordnen: Zwischen der sich dem Ende zuneigenden Kanzlerschaft Kohls und dem noch nicht klar erkennbaren Danach, zwischen Lähmung und Reform, zwischen Bonn und Berlin. Das galt nicht minder für den präsidialen Ausschank, dessen Motto »Kontinuität und Wandel« gelautet haben könnte. Einerseits wurde die Weizsäcker'sche Linie fortgeführt, etwas weniger prominent in der Spitze, andererseits vermehrt Weiß- und Grauburgunder sowie – Premiere, die Rebsorte wurde hierzulande erst 1991 offiziell zugelassen – deutscher Chardonnay eingesetzt. Den servierte man gleich dem ersten Staatsbesucher, dem finnischen Präsidenten Martti Ahtisaari im November 1994 mittels einer 1993er Staufener Schlossberg Chardonnay Spätlese trocken vom Weingut Koepfer. Dazu 1992er Bürgstadter Centgrafenberg Spätburgunder trocken vom Weingut Rudolf Fürst, einem Pionier burgundisch gewirkter Rotweine, der als einer der

74 Ein letzter Toast auf Schloss Augustusburg am 25. 6. 1996: Bundespräsident Roman Herzog und der rumänische Präsident Ion Iliescu

Protagonisten des deutschen Weinwunders eine ebenso überzeugende Wahl war wie das Schlossgut Diel, von dem 1992er Sekt brut
beigesteuert wurde.

Der Schwung dieses fulminanten Auftakts wurde nicht konstant
beibehalten. Vielmehr machten sich die neuen Möglichkeiten des
deutschen Weines jetzt darin bemerkbar, dass es offizielle Dinners gab, bei denen der Sekt das Beste war. Das lag nicht allein an
der Güte der Schaumweine – der Geheimrat »J« wurde an früherer Stelle gewürdigt, andere wie der St. Laurentius Jahrgangs-Pi-
not brut von Klaus Herres und Abfüllungen diverser VDP-Winzer
kamen dazu –, sondern ebenfalls daran, dass sie oft ergänzt wurden mit Weinen von Winzergenossenschaften. Deren Erzeugnisse dürften beileibe nicht schlecht gewesen sein, zumal überaus re-

präsentativ für den kollektivistisch geprägten deutschen Weinbau, Mitte der 1990er gehörten knapp 40 Prozent der deutschen Rebflächen Genossenschaftsmitgliedern, aber der Güte der Schaumweine hielten sie nicht stand.

Bei besonderen Gästen schenkten die Protokoller der önologischen Choreographie etwas mehr Aufmerksamkeit. Der prominenteste Staatsbesucher Herzogs war Nelson Mandela, dem im Zuge der Visite am 22. Mai 1996 die seltene Ehre zuteilwurde, im Deutschen Bundestag sprechen zu dürfen. Am Abend wurden ihm in Augustusburg Spargelspitzen mit Riesengarnelen im Courgettenmantel, Kerbelsauce – Loup de mer mit roter Paprikasauce und Gemüseperlen – Kalbsmedaillons mit Rosmarinsauce, frischen Pilzen und Mangold, Spätzle – Birnencharlotte mit Crèmeeis von Sauerkirschen serviert. Leicht gespreizt das Ganze, bei Courgetten handelt es sich übrigens um Zucchini. Zu trinken gab es nach einem schäumenden 1991er Geheimrat »J« zum Apéro, 1995er Oberhäuser Leistenberg Riesling Kabinett Weingut Dönnhoff, 1993er Laumersheimer Kirschgarten Dornfelder Spätlese vom Weingut Knipser und einen 1994er Bopparder Hamm Mandelstein Riesling Spätlese von August Perll. Über die Auswahl lässt sich streiten, aber originell war sie zweifelsohne, und es wurden, sehr selten, alle vier Weine auf der Menükarte ausgewiesen. Noch auffälliger kam die prosaische und etwas französisch-gewollt daherkommende Menübeschreibung daher, die aber nicht allein typisch für Augustusburger Speisenfolgen war, sondern generell weitverbreitet zu dieser Zeit.

Bei dem nach Mandela verköstigten griechischen Präsidenten Constantinos Stephanopoulos mutete der Fleischgang – Spargel aus dem Vorgebirge mit Lemonenschaum, Kalbsfilet und Rissoléekartoffeln – so poetisch an, dass das Fleisch an sich vornehm in den Hintergrund rückte. Nach Ansicht des Gastro-Journalisten August F. Winkler handelt es sich bei Kalbsfilet sowieso um ein »nobilitiertes Würstchen«, mit dem das Protokoll mögliche ideologische Klippen und Geschmacksneurosen zu umschiffen versucht. Wer in Küchenlyrik nicht so bewandert ist wie der eben Zitierte, dem sei gesagt, dass Rissoléekartoffeln eine französische Zubereitungsart von Bratkartoffeln sind. Bei dem Menü gab es ausschließlich Weißwein, wobei Grauburgunder zu besagtem Hauptgang eine gute Wahl darstellte, die Winzer werden nicht genannt.

Die Tradition der Bonner Republik lebte beim letzten Bankett in Augustusburg noch einmal so richtig auf mit ihrer kulinarischen Opulenz bei gleichzeitiger vinophiler Ambivalenz. Nach der Veranstaltung zu Ehren des rumänischen Präsidenten Ion Iliescu am 25. Juni 1996 hieß es Abschied nehmen von dem Schloss, das fast vier Jahrzehnte der Bundesrepublik und ihren Staatsgästen treu gedient hatte. Zum Schlussakkord gab es mit Wehlener Sonnenuhr zwar eine exzellente Lage, aber mit dem Weingut Kerpen eigentlich vom falschen Winzer, da es wesentlich renommiertere Anteilseigner gibt, des Roten Herkunft so obskur klingend wie günstig im Preis – ein Dornfelder, dankenswerterweise mit dem Hinweis »Rotwein QbA trocken« versehen, angeblich vom »Weingut Winzer vom Sonnenberg«. Wenigstens erwies sich das nicht als Sekte, sondern nur als eine Erzeugergenossenschaft, die einige Jahre später insolvent werden sollte. Der Schaumwein stammte genauso aus kollektivistischer Produktion. Aus der wortreichen Speisenfolge sticht das kontradiktorische Dessert heraus, überbackenes Vanilleeis mit Erdbeeren in Orangenzucker.

Staatsbankette fanden am Rhein fortan im Gästehaus Petersberg statt, selbst nach dem Umzug des Bundespräsidenten in Richtung Osten. Der Petersberg fungierte nach so langwierigen wie kostspieligen Umbauten seit 1990 wieder offiziell als Gästehaus der Bundesregierung.

Der erste Staatsgast nach dem Auszug aus Augustusburg war der tunesische Präsident Zine El Abidine Ben Ali samt Gemahlin im November 1996. Der Menüfolge Wortreichtum war dabei etwas abgespeckt, obwohl der Petersberg ebenfalls von der Steigenberger-Hotelkette betrieben wurde. Die Winzer namhaft, Dr. Wehrheim, Seeger und Wegeler Erben, Ersterer und Letzterer schon damals Mitglieder des VDP, Seeger erst seit 2010. Die von ihm produzierte, hier nüchtern als »1994er Anna Rotwein trocken« bezeichnete »Cuvée AnnA« war einer der ersten deutschen Rotweinverschnitte, die im Barrique ausgebaut wurden – »eine zugegebenermaßen mächtige, aber sehr harmonische Cuvée«, wie Stuart Pigott damals notierte. Der aus den Rebsorten Schwarzriesling, Lemberger, Spätburgunder und Portugieser assemblierte Wein sollte noch häufiger erscheinen. Des siebten Bundespräsidenten allerletzter Gast, der Präsident des kleinen Mazedonien, wurde nach der Übersiedlung nach Berlin konsequenterweise am 7. Juni 1999 in Schloss Bellevue bewirtet, unüblicherweise lediglich in drei Gängen. Mit Gänsebrust, Kalbsfilet und Honigparfait ein so sicheres wie unoriginelles Menü, begleitet von einer mittleren bis gehobenen Weinauswahl mit einem Spätburgunder Weißherbst, was damals irgendwie in Mode war.

Das kulinarisch Bleibendste dieser Amtszeit ist sowieso der First Lady zu verdanken. Die ARD produzierte mit der gelernten Hauswirtschaftslehrerin insgesamt 24 Folgen der Kochsendung *Zu Gast bei Christiane Herzog*. Bevor die Gattin des Bundespräsidenten vor Kameras in Schloss Bellevue mit jeweils einem prominenten Gast kochte, hatte sie ein Kochbuch gleichen Titels veröffentlicht. Die Quote mit um die 15 Prozent überzeugte, und das Ganze diente einem guten Zweck, denn die Honorare wie die Erlöse aus dem Verkauf der Kochbücher gingen an die Mukoviszidosestiftung von Frau Herzog. Nicht zuletzt leistete sie damit bester deutscher Küche mit Zutaten aus der Region Vorschub. Ihre Nach-Nachfolgerin als First Lady, Eva Luise Köhler, gab für das Jahr 2008 einen Kalender unter dem Titel *Zu Gast in Schloss Bellevue* heraus – ebenfalls zugunsten einer von ihr unterstützten Initiative.

Immerhin reichten der reformskeptischen Bevölkerung zum Trotz in der Amtszeit von Roman Herzog – persönlich eine entgegen seiner Ruck-Rede eher gemütliche Natur – einige der belebenden Impulse der neuen Winzergeneration bis auf des Präsidenten Tafel. Was der Weinautor Niko Rechenberg ein Jahrzehnt später als »Kulturrevolution im Weinkeller von Schloss Bellevue« bezeichnete,[197] hatte in Wahrheit schon unter Richard von Weizsäcker begonnen und bei dessen Nachfolger Herzog zu einer konstanten Form gefunden. Mit zum Bouquet der Bankette beigetragen hatten die Anstrengungen der im VDP organisierten Winzer, weg von der Qualitätseinstufung nach möglichst hohen Oechsle-Graden hin zu einem an das französische Prinzip des Terroir angelehnten Konzept von Weinlagen unterschiedlicher Güte zu kommen. Sie begannen jetzt zu fruchten, 1999 wurde die Bezeichnung »Erstes Gewächs« eingeführt, 2002 kamen die ersten »Grossen Gewächse« auf den Markt.

NICHT ALLES ANDERS,
ABER VIELES BESSER MACHEN

Gerhard Schröder

Der qualitative Aufschwung in deutschen Weinbergen und -kellern allein hätte allerdings nicht ausgereicht, um Wein zu dem Lifestyle-Thema zu machen, das er dann wurde. Ein Übriges leisteten nach der Bundestagswahl 1998 die Protagonisten der Toskana-Fraktion in der nunmehr rot-grünen Regierung, deren Seniorpartner, die SPD, mit dem Anspruch, nicht alles anders, aber vieles besser machen zu wollen, angetreten war. Anders als zuvor bei den publizistisch verspotteten Ausflügen Helmut Kohls in die Pfalz, bei denen immer nur der Saumagen berichtenswert schien, nicht aber der Pfälzer Riesling, wurde jetzt ein Gesamtpaket von Annehmlichkeiten zur Schau getragen: Maßanzüge von Brioni, die Zigarren von Cohiba und im privaten Kreis teure Weine vor allem aus, nun ja, Italien – kritische Kommentare ließen nicht lange auf sich warten. Die bezogen sich jedoch nicht auf die unpatriotische Provenienz all dieser Luxusgüter, sondern auf das demonstrativ unbescheidene Wohlleben.

Der Schröder'sche Offizialausschank gab hingegen keinerlei Grund zur Beanstandung, es sind durchweg deutsche Gewächse progressiver Winzer vom oberersten Ende der Güteskala: Koehler-Ruprecht, Meyer-Näkel, Ökonomierat Rebholz, Weil, Wittmann. Stellvertretend eignet sich die kulinarische Beziehung zu dem großen Esser Bill Clinton zur Veranschaulichung. Ihm und Gattin Hillary verabreichte der Bundeskanzler zusammen mit seiner damaligen Ehefrau im Juni 1999 in Rolandswerth ein sommerlich leichtes Abendessen mit Wachtelbrüstchen, Bisque vom

75 Gerhard Schröder, Joschka Fischer und Oskar Lafontaine feiern die Unterzeichnung des rot-grünen Koalitionsvertrags am 20.10.1998

Hummer, Störfilet im gefüllten Strudelteig mit Spargelspitzen an Riesling-Kaviar-Sauce und Holundermousse mit weißer Schokolade und frischen Beeren. Das Ganze begleitet ausschließlich von weißen Gewächsen, deren Provenienz und Güte stellvertretend für andere Anlässe stehen: 1997er Bacharacher Hahn Riesling Spätlese von Toni Jost aus dem Weinbaugebiet Mittelrhein, 1997er Grauburgunder Spätlese von Hermann Dönnhoff von der Nahe sowie zweimal Rheingau mit einer Hochheimer Kirchenstück Riesling Auslese 1992 vom Domdechant Werner'schen Weingut und dem 1995er Weißburgunder Sekt von Georg Breuer.

Der Besuch der beiden in einem elsässischen Restaurant im Prenzlauer Berg, dem *Gugelhof*, über den ein Jahr später vielfach berichtet wurde, ist nicht als Abkehr von national-gastrosophischen Zielen zu verstehen, sondern als der Wille, das neue Berlin zu zeigen. Überdies trank der US-Präsident deutsches Pils, Bitburger. Der Literaturkritiker Helmut Böttiger erkannte rückblickend eine Parallele von Gastgeber und Gaststätte, deren elsässisch-alemannische Küche für das Weltläufige und zugleich Bodenständige stehe, »hier bekommt das Sauerkraut internationales Flair – eine Note, die auch symbolisch für das Regierungsstreben Schröders stehen könnte«.[198]

Ansonsten war bekannt – oder vielmehr: der Kanzler und seine Kommunikatoren sorgten dafür, dass es bekannt wurde –, wie sehr Schröder bodenständige Küche schätzte, insbesondere Wiener Schnitzel im Borchardt und Currywurst, ganz gleich wo. Fleisch hatte ihm seine ehemalige Ehefrau Hiltrud ausweislich eines von den Gesetzen des Rosenkrieges diktierten Interviews mit dem Magazin der *Süddeutschen Zeitung* vorenthalten. In seiner Zeit als Regierungschef gab Schröder dann gegenüber der *Brigitte* – fraglich, ob wirklich zielgruppengerecht – an, dass er »in Berlin so ziemlich alle Currywurstbuden« kenne. Der Instinktpolitiker wusste sich entgegen seiner anfänglichen Luxusorientierung bodenständig und volksnah zu inszenieren, was seiner Herkunft aus armen Verhältnissen sowieso mehr entsprach. Dritte hatten auch was davon, seinen bei einer Autogrammstunde dahergesagten Spruch »Hol' mir mal 'ne Flasche Bier, sonst streik ich hier« münzte Stefan Raab in eine Goldene Schallplatte um.

Der Spagat zwischen dem proletarisch Notwendigen und der Vorliebe für italienische und französische Hochklasserotweine glückte dem Sozialdemokraten fraglos, der Zuspruch der Wähler lag deutlich über dem, was Schröders Nachfolger als Kanzlerkandidaten an Ergebnissen einfuhren. In dem Zusammenhang konnten Politikinteressierte einmal zuschauen, was geschah, wenn die »Politik der ruhigen Hand«, womit Schröder einmal seine Art des Regierens charakterisiert hatte, sich in ein Trinkverhalten der raschen Hand verwandelt hatte. In der Elefantenrunde nach der Bundestagswahl 2005 erwies sich der Noch-Bundeskanzler wegen des unerwartet guten Ergebnisses zumindest machttrunken.

Zu dem Zeitpunkt hatte die Berliner Republik fast zwei Legislaturperioden hinter sich. Es war nicht allein der Regierungswechsel 1998, der die repräsentative Kulinarik zum Besseren wendete,

76 Der Dienstwagen von Walter Scheel vor dem »Maternus«

sondern mindestens genauso der ein Jahr nach der Abwahl Helmut Kohls vollzogene Umzug von Bonn nach Berlin. Dabei blieb sich das Land trotz eines höheren Bewusstseins für Repräsentation und Form treu und folgte nicht der zeremoniellen Opulenz, wie sie beispielsweise in Frankreich üblich und historisch möglich ist. Augenfällig wird dies in der öffentlichen Architektur, aber ähnlich in gustatorischer Hinsicht.

Bezeichnenderweise hatte im beschaulich-bescheidenen Bonn kaum ein vernünftiges Restaurant existiert. Die politische Prominenz tummelte sich – manch ausländischen Staatsgast im Schlepptau – weitgehend im Weinhaus Maternus in Bad Godesberg, das »seinen Erfolg zum Teil der Überschaubarkeit Bonns und seiner gastronomischen Möglichkeiten verdankte«, wie Friedrich Nowottny, Stammgast und als WDR-Intendant zum Inventar der Bonner Republik gehörend, einmal zu Protokoll gab. Walter Scheel verlieh Wirtin Ria das Bundesverdienstkreuz – welche Verdienste dem zugrunde lagen, ließ sich trotz Erörterung in einer Fragestunde im Deutschen Bundestag wegen des »vertraulichen Charakters«

des Ordenswesens nicht klären. So unbehaust war die alte Bundesrepublik nun auch wieder nicht, als dass kommerzielle Gastfreundschaft auszeichnungswürdig gewesen wäre, zumal hier ein Kreuz der gehobenen 1. Klasse in Rede stand. Für sein gutbürgerliches Essen bekam das Lokal jedenfalls keine Sterne. Ohne Frage aber war das Maternus ein Exempel für die verbindende Wirkung des gemeinsamen Tafelns, der dort häufig anzutreffende Beinahe-Bundeskanzler Rainer Barzel konstatierte einmal, dass bei Ria »die größte Koalition, die es in der Bonner Republik je gab«, zusammengefunden habe.

Johannes Rau

In Berlin hingegen existierten schon vor dem Regierungsumzug einige Sterne-Restaurants und es entstanden rasch weitere. Deren Köche sollten bald bei Staatsbanketten auftischen. Während der Präsidentschaft des volksnahen Pilstrinkers Johannes Rau wurden oft nicht mehr allein die Weingüter, sondern zusätzlich die Köche auf den Menükarten aufgeführt. Vom anonymen Catering aus Hotelküchen, auf das man davor ab einer gewissen Veranstaltungsgröße mangels eigener Küchenkapazitäten hatte zurückgreifen müssen, verabschiedete man sich – ein Beleg, dass sich das kulinarische Zeremoniell nicht mehr nur ereignete, sondern es nunmehr stärker gestaltet wurde. Die Entscheidung, die neue Generation Berliner Spitzenköche anzuheuern, ging auf Raus dem Genuss zugeneigten Amtschef Rüdiger Frohn zurück. Sogar Rau war der Ansicht, dass es »nicht ärmlich zugehen« dürfe. Dem leistete man gern Folge. Allerdings, so ließ sich sein Amtschef zitieren, sei Deutschland hinsichtlich der repräsentativen Möglichkeiten »bei Slowenien und Rumänien einzuordnen«.[199] Die Bundesrepublik befand sich eben noch auf der Suche nach sich selbst. Man wollte schon, traute sich aber noch nicht so richtig. Schließlich gilt,

77 Bundespräsident Rau mit seinem designierten Nachfolger Köhler auf dem Sommerfest des Bundespräsidenten im Park von Schloss Bellevue

für Sozialdemokraten nicht völlig unbedeutend, dass »Geschmack klassifiziert – nicht zuletzt den, der die Klassifikation vornimmt«, wie Pierre Bourdieu in seinem Klassiker *Die feinen Unterschiede* zusammenfasste. Dabei schloss der französische Soziologe die Tafelkultur an vorderer Stelle mit ein.

Genauso wird einmal mehr deutlich, wie sehr die eigenen Vorlieben und Fähigkeiten der von Amts wegen mit protokollarischen Fragen betrauten Mitarbeiter eine Rolle spielen. Der bundespräsidiale Protokollchef von 2001 bis 2010, Martin Löer, räumt freimütig ein, dass er von Wein wenig verstehe. Die Auswahl oblag maßgeblich dem Küchenchef von Schloss Bellevue, Jan-Göran Barth, der ausnahmslos deutsche Weine einsetzt. Das Verfahren blieb seit Rau bei allen Amtsinhabern gleich, die Hauptperson im gastrosophischen Maschinenraum ebenfalls. Das Motto könnte lauten: Die Präsidenten gehen, der Koch bleibt – Barth bekocht unterdessen seinen fünften Amtsinhaber.

Die Güte der Weine erwies sich zu Raus Zeiten als weniger

hochklassig und von VDP-Winzern dominiert als beim Regierungschef. Der Antagonismus zwischen Kanzler und Präsident lebte jedoch mehr in den grundsätzlich verschiedenen Getränkekategorien Wein versus Bier und ihrer persönlichen Beziehung fort. Einmal noch wurde eine Ausnahme von der Regel des rein deutschen Ausschanks gemacht, allerdings nicht bei einem Staatsbankett. Zu einem kleinen Essen wurde der noch aus Weizsäckers Zeiten stammende Château Lafite ausgeschenkt, um dem – deutschen – Ehrengast eine besondere Freude zu bereiten.

Horst Köhler

Horst Köhler entwickelte Volksnähe auf andere Weise als der joviale Wuppertaler Johannes Rau, unter anderem, indem er sich von der politischen Kaste zu distanzieren versuchte. Ob das ein Fehler war oder nicht – es war zumindest seiner Popularität außerhalb der Berliner Politszene sehr zuträglich. Dieses Prädikat verdiente sich Köhler überdies als Weinkonsument. Einem Interview aus dem Februar 2009 zufolge trinkt er »gerne einen guten Tropfen«. Während seiner Zeit als Chef des Internationalen Währungsfonds in den USA »haben wir unseren Gästen regelmäßig deutschen Wein kredenzt und dazu Geschichten erzählt, vor allem aus Baden-Württemberg. Die Tischkultur der Heimat kam gut an in der Fremde, und auch manches schwierige Thema ließ sich so leichter erörtern.« Und da das Leben zu kurz sei, um schlechten Wein zu trinken, »haben wir Württemberger natürlich auch in Schloss Bellevue«. Mit der Berliner Brille auf der Nase ließe sich über diese Selbstauskunft des nach der Flucht aus dem Osten in Ludwigsburg aufgewachsenen Bundespräsidenten einfach lästern – sie war aber zielgruppengerecht und entsprach dem durchschnittlichen Konsumenten der baden-württembergischen *Sonntag Aktuell*, in der das Gespräch veröffentlicht wurde.[200]

Unter dem Gesichtspunkt, dass nach Pierre Bourdieu sich Menschen in Habitus, Aussehen und der Sprechweise ihrer Repräsentanten wiedererkennen wollen, entpuppte sich der neunte Bundespräsident stärker als Repräsentant dieses Landes und seiner Bewohner als mancher Angehörige des politisch-medialen Komplexes in Berlin dies wahrhaben wollte. Da hing er, der staatsrepräsentative Spiegel, in dem sich einige dann vielleicht doch nicht so gern erblicken wollten.

Zumindest die Staatsgäste Köhlers entgingen den Württemberger Gewächsen weitgehend, die nur zwei seiner insgesamt 19 offiziellen Staatsbesucher aufgetischt wurden. Zudem handelte es sich beide Male mit Amandus Cuvée der Fellbacher Weingärtner und 2004er »Ypsilon« vom Weingut Haidle um hochwertige Verschnitte, nicht um die klassische Rebsorte Lemberger, die mittlerweile beinahe vollständig ausgemustert wurde. Dagegen stammten in den ersten drei Jahren von Köhlers Amtszeit drei Viertel der Rotweine aus dem benachbarten Baden, zumeist Spätburgunder von günstiger bis gehobener Preislage. Bei den Weißen dominierten Rieslinge zumeist hervorragender Güter und Lagen von Spätlese bis Auslese. Oft waren es Rieslinge aus Würzburg, entweder vom Juliusspital oder vom Weingut am Stein, sowie aus dem Rheingau vom Domdechant Werner. Dazu mehrfach das Weingut Pawis aus Saale-Unstrut mit einem Weißburgunder Ersten Gewächs und einmal sogar einem Eiswein aus Grünem Silvaner für den mexikanischen Präsidenten Felipe Calderón, den letzten Staatsgast Köhlers.

Augenfällig war die insgesamt fünfmal ausgeschenkte Edition »Schloss Bellevue«, dreimal der 2005er Rüdesheimer Bischofsberg Riesling Auslese Geheimrat »J« von Wegeler, zweimal nicht weiter spezifizierter 2001er Spätburgunder von Bernhard Huber aus Malterdingen/Baden. An Rotweinen gab es in der zweiten Hälfte von Köhlers Verweildauer als Bundespräsident dem Trend der Zeit entsprechend häufiger Verschnitte unterschiedlicher Rebsorten wie Knipsers »Cuvée X« oder die seit Roman Herzogs Zeiten bekannte Cuvée AnnA vom Weingut Seeger. Dazu kam, ebenfalls neudeutsch möglich, Merlot vom Weingut Spiess aus Rheinhessen. Der zu dieser Zeit meistens noch auf der Menükarte vermerkte Sekt stammte häufig von Klaus Herres.

Angela Merkel

Eigentlich war Köhler als präsidiale Avantgarde einer künftigen schwarz-gelben Regierung gedacht, als ihn 2004 in der Wohnung des damaligen FDP-Vorsitzenden Guido Westerwelle – am Küchentisch, wo sonst? – die Runde der dafür nötigen Parteivorsitzenden kürte. Dem dabei anwesenden Edmund Stoiber wurde lange nachgesagt, dass er selbst im Bierzelt Salbeitee trank, zünftig aus dem Maßkrug. Nicht überliefert ist, was er beim sogenannten Wolfratshauser Frühstück trank, zu dem sich Angela Merkel bei den Stoibers eingeladen hatte, um ihrem bayerischen Opponenten im Januar 2002 die Kanzlerkandidatur zu überlassen. Im Nachhinein ein kluger Schachzug, der ihr letztlich den Weg ins Kanzleramt bahnte. Auf dem 70. Geburtstag von Edmund Stoiber gab die Bundeskanzlerin als zusätzlichen Mehrwert an, dass sie beide »dem deutschen Frühstück mit unserem Frühstück in Wolfratshausen wieder zu mehr Achtung und Anerkennung verholfen« hätten.[201]

Das angepeilte Bündnis mit den Liberalen sollte aber noch bis nach der Bundestagswahl 2009 auf sich warten lassen. Dann aber griffen die Beteiligten in die Vollen. Zum Abschluss der Koalitionsverhandlungen in der nordrhein-westfälischen Landesvertretung, deren Speisenangebote sowohl von der Bundeskanzlerin wie dem bayerischen Ministerpräsidenten Horst Seehofer (»Endlich ist die Tütensuppen-Verpflegung der Großen Koalition erledigt«) gelobt wurden, fand dort ein Abendessen statt, bei dem die etwa 40 Teilnehmer stramme 75 Flaschen leerten – die Gesamtkosten, ermittelt vom Landesrechnungshof Nordrhein-Westfalen, beliefen sich auf 6417,67 Euro. Leider befand sich kein einziger deutscher Wein darunter, aus NRW schon gar nicht. Dafür mit Clos de Vougeot von Louis Jadot, 23 Flaschen zu knapp 95 Euro, und 25 Bouteillen »La Mordorée« zu je 89 Euro gehobene Klasse aus dem Burgund und von der Rhône. Der Le Petit Mouton Rothschild, bei dem 27 Mal der Korken gezogen wurde, ist zwar mehr etwas für Etikettentrinker, mit 75 Euro aber vergleichsweise günstig. Insgesamt erwies sich der Abend, der später in den Medien als »Die teuerste Party der schwarz-gelben Koalition« bezeichnet werden sollte, als schlechtes Omen für die Regierung, in der sich ein Koalitionär unter anderem mit seiner Sorge vor »spätrömischer Dekadenz« irreparabel beschädigte.[202]

Warum es in der einen Wahlperiode, in der Jürgen Rüttgers Ministerpräsident des größten Bundeslandes war, solche Weine in der Landesvertretung gab, bleibt rätselhaft, zumal er versuchte, das politisch-landesväterliche Erbe seines pilstrinkenden Amtsahnen Johannes Rau anzutreten.

Die nach der Bundesregierung der 17. Wahlperiode nächste schwarz-gelbe Koalition lernte gleichwohl aus diesen Erfahrungen. Als 2017 CDU und FDP in – wo wohl? – Nordrhein-Westfalen erste Ergebnisse ihrer Verhandlungen vorstellten, wählten sie als Ort die Terrasse der Jugendherberge, in der vorher getagt wurde. Ob die Landesregierung wegen dieser Anwandlung von jugendorientierter Bescheidenheit unter einem besseren Stern steht als das Kabinett Merkel II, das für die FDP in einem Debakel endete, wird sich zeigen. Leichte Zweifel weckte der erste Auftritt der rheinischen Koalition an der Spree, als beim sogenannten NRW-Fest im September 2017 Austern zu haben waren, wenigstens gesponsert von einer in Köln ansässigen Lebensmittelkette. Der Weißwein stammte aus der Pfalz, der Rote aus Italien – in dem Bundesland finden sich allein im äußersten Süden ein paar Weinberge.

Noch mehr Schlagzeilen als das schwarz-gelbe Gelage machte »ein Abendessen, das in gewisser Weise niemals endete«, wie die

78 Den Kaffee schenkt Angela Merkel Gästen gern selbst ein – was nicht zuletzt Journalisten die Gelegenheit gibt, sich geehrt zu fühlen und darüber zu schreiben

Süddeutsche Zeitung mehr als vier Jahre danach vermerkte. Das Essen anlässlich des 60. Geburtstags von Deutsche-Bank-Chef Josef Ackermann könnte »irgendwann als einer der am häufigsten wiedergekäuten Vorgänge ihrer Regierungszeit in die Geschichte eingehen«.[203] Der Streit um die Gästeliste mit dem Ziel, herauszufinden, ob sich Verflechtungen zwischen Politik und Wirtschaft hinsichtlich der sich damals anbahnenden Finanzkrise ausmachen lassen würden, fand breiten Niederschlag in den Medien. Nachdem sich verschiedene Oppositionspolitiker über den Vorgang ereifert hatten und der Haushaltsausschuss des Deutschen Bundestages über die Kosten – inklusive Personal insgesamt etwa 3000 Euro – informiert worden war, mussten sich am Ende das Verwaltungsgericht und das Oberverwaltungsgericht Berlin damit beschäftigen. So unspektakulär oder erwartbar die Namen der 26 Teilnehmer waren – Spitzenvertreter der Finanz- und Realwirtschaft und Medien –, so bodenständig erwies sich die Lieferung an die Kanzlerküche am Tag zuvor. 20 Kilogramm Beelitzer Spargel für 15,11 Euro das Kilo vom Großmarkt und 10 Kilo Kalbsrücken zu 16,79 Euro das Kilo aus der Metro, der zu Schnitzeln verarbeitet wurde, sowie vier Kilo Erdbeeren für zusammen knapp 21 Euro. Unter dem Strich ein jahreszeitlich passendes Menü, über dessen begleitende Getränke sich leider nichts ermitteln ließ.

Bei Essen, die die Bundeskanzlerin für Staatsgäste ausrichtet, erweist sich die Weinauswahl meist als hochklassiger als beim Staatsoberhaupt, es sind jeweils bekannte bis sehr bekannte Weingüter wie Bernhard Huber, Dreissigacker, Stigler oder Schloss Proschwitz mit sehr guten Weinen, öfters Grossen Gewächsen. Dafür fällt auf, dass meistens nur zwei Weine, ein weißer und ein roter, auf der Menükarte berücksichtigt werden. Auf jeden Fall ist die Zahl der Teilnehmer in aller Regel kleiner als bei Staatsbanketten in Schloss Bellevue.

Die Menüs im Bundeskanzleramt – dessen Küche maximal 120 Personen bekochen kann, bei größeren Gesellschaften werden Caterer bemüht – sind regionaltypisch gehoben, aber nicht weiter auffällig. Eine Ausnahme davon bildete der Hauptgang beim Abschiedsessen für Barack Obama im November 2016: Selten dürfte es ein deutscheres Gericht als Eisbein, gebratene Haxe und Nürnberger Bratwürstchen mit Erbspüree, Sauerkraut, Spitzkohl und Salzkartoffeln auf einer offiziellen Tafel gegeben haben. Begonnen wurde das Dinner mit einer Geflügelbouillon, beschlossen mit Apfelstrudel oder einem Käseteller, dazu ein jeweils überzeugender Grau- und Spätburgunder. Dass solche burschikosen Speisen bei einem offiziellen Menü auftauchen, stellt die absolute Ausnahme dar, wobei schon in der Frühphase der Bundesrepublik deftige regionaltypische Spezialitäten bei den Vorbereitungen immer wieder ausdrücklich gewünscht wurden.

Opulenter fiel das Abendessen im Rahmen des sogenannten Damenprogramms »gegeben von Prof. Dr. Joachim Sauer aus Anlass des Jubiläumsgipfels zum 60-jährigen Bestehen der NATO« am

3. April 2009 in Baden-Baden aus. Der Koch des Brenners Park-Hotels hatte Rinderkraftbrühe, Saiblingsfilet, Kalbsmedaillon und Schokoladentörtchen gefüllt mit Champagnermousse angerichtet. Dazu gab es, passend zum noblen Ort des Geschehens, mit 2007er Ihringer Winklerberg Grauburgunder Grosses Gewächs von Dr. Heger aus Baden und 2005er Bombacher Sommerhalde Spätburgunder »R« von Bernhard Huber absolute Spitzenweine bester Jahrgänge aus der Region. Der ebenfalls aufgebotene Bordeaux, Couvent des Jacobins 2000 aus Saint-Émilion, fiel dann etwas ab.

Dabei mag es der Ehemann von Frau Merkel eigentlich lieber bescheiden. Im Bundestagswahlkampf 2013 – Gegenkandidat war damals der teuren Wein trinkende Peer Steinbrück – verkündete die Bundeskanzlerin in einer CDU-Broschüre bodenständig, dass ihr Mann, Naturwissenschaftler wie sie, aber Sohn eines Konditors, an ihrer Kartoffelsuppe und den Rouladen wenig auszusetzen habe, »nur auf dem Kuchen sind ihm immer zu wenig Streusel«, so Merkel. Im Bundestagswahlkampf 2017 wurde die Kartoffelsuppen-Geschichte wieder aufgewärmt. Obwohl die Neigung der Bundeskanzlerin zu Hausmannskost vielfach überliefert ist, kann unterstellt werden, dass die Verbreitung von Vorlieben wie Pflaumenkuchenbacken der Inszenierung dient. Es ist kein Zufall, dass beispielsweise die zustimmende Bemerkung der Bundeskanzlerin zum Menüvorschlag »Rippchen mit Kraut« für ein Essen mit Wirtschafts- und Gewerkschaftsvertretern während der Finanzkrise im Winter 2008, es handele sich schließlich nicht um ein Galadinner, sondern um ein Arbeitsessen, öffentlich wurde. Und bei der eingangs erwähnten Geburtstagsfeier wurde ja nicht um die Menü- und Weinfolge, sondern um die Gästeliste gestritten.

DIGESTIF

Dass in Deutschland weniger Aufwand für die staatsoffizielle Kulinarik betrieben wird als in anderen Ländern, ist wiederholt auf Kritik gestoßen. Früher handelte es sich eher um grundlegende Einwände: »Über das Essen soll sowieso noch kein Gast in Euphorie ausgebrochen sein«, vermerkte etwa der Bonner *General-Anzeiger* 1977 nach einem Staatsbankett. Der Wein fand lange wenig Beachtung, er gehörte noch nicht zum Lebensstildiskurs weiter Gesellschaftskreise. Anders in der Berliner Republik. Eine ihm im Mai 2008 in Schloss Bellevue bei einem Abendessen zu Ehren von UN-Generalsekretär Kofi Annan kredenzte Auswahl hielt der Gastro-Kritiker Jürgen Dollase für »vielleicht nicht unbedingt festlich und repräsentativ für deutsche Spitzenweine, aber wenigstens einigermaßen seriös«. Angesichts der Gewächse, die wie das Menü das bis heute gängige Niveau von Küche und Keller in Schloss Bellevue widerspiegeln, mutet das Urteil leicht snobistisch an.*

---

* Bei dem – zu im Rahmen von Staatsbesuchen gegebenen Banketten vergleichbaren – Abendessen am 5. Mai 2008 wurden folgende Weine gereicht: Wegeler »Geheimrat J« Riesling-Sekt 2001, Graacher Domprobst Riesling Spätlese trocken 2004 vom Weingut Markus Molitor, Oppenheimer Kreuz Spätburgunder Spätlese trocken 2003 Weingut Kühling-Gillot – Dollase schreibt gnädigerweise von »einer positiven Überraschung« – und Ihringer Winklerberg Gewürztraminer Auslese desselben Jahrgangs vom Weingut Dr. Heger. Drei der vier Gewächse stammten von VDP-Winzern – was zumindest für die attestierte Seriosität sprechen könnte. Ab davon ist über die Klasse des Schaumweins schon alles gesagt, und Markus Molitor hat zwar ab Ende der 1980er eine an der Mosel bis dahin untypisch opulente Stilistik kultiviert, aber: »Durch den allgemeinen Trend hin zu üppigeren Weinen an der Mittelmosel liefert er heute nur noch die extremsten Beispiele einer recht verbreiteten Stilrichtung«, kommentierte Stuart Pigott die

Weiterhin kritisierte Dollase den nicht von der Küche zu verantwortenden – und kaum anders zu organisierenden – Umstand, dass die vorgewärmten Platzteller zu früh eingesetzt wie der Spätburgunder eingeschenkt wurden. Das Ergebnis: »Spätestens nach der Hälfte des Tellers isst man eine kalte Platte mit warmem Rotwein.« Für eine dreistellige Zahl von Personen, die idealerweise im selben Moment ihr Essen bekommen sollen, dieses richtig temperiert zu servieren, ist eine echte Herausforderung. Thermisch erschwerend kommt hinzu, dass die Hauptgerichte traditionell nicht bereits in der Küche angerichtet werden, sondern jedem Gast von einer Silberplatte persönlich vorgelegt wird – ein »kleines Detail, das die Bedeutsamkeit deutlich macht«, wie der Kritiker noch in seinem konzilianteren Vorgängerbericht befand. Diesmal lautet sein bedauerndes Fazit auf der ersten Seite des *FAZ*-Feuilletons vom 17. Juni 2008 indes: »Ein irgendwie geartetes Konzept zur Installation einer adäquaten kulinarischen Präsenz der deutschen Spitzenköche und der besten deutschen Weinerzeuger existiert nicht. […] Deutschland ist ein Land, das die Stärke seiner eigenen kulinarischen Tradition noch nicht recht wahrgenommen hat.«[204]

Zweifelsohne gab es lange Zeit auch mit Blick auf kulinarische Aspekte repräsentative Defizite. Doch gerade in der Amtszeit von Horst Köhler hat die zunehmend klarere Linie in Sachen Tisch-

Repräsentationsfähigkeit des Winzers ein Jahr vor dem Ehrenessen für Annan (Pigott: Mittelmosel, in: ders.: *Wein spricht deutsch*, Seite 407-434, Seite 418). An der Klasse des Winzers dürfte sowieso kein Zweifel bestanden haben. Gleiches gilt für den – ja sogar lobend erwähnten – Spätburgunder, dessen Erzeuger ein Musterbeispiel für den Aufschwung in Rheinhessen darstellt, und die »Namen Heger und der berühmte Ihringer Winklerberg sind quasi siamesische Zwillinge« (Manfred Lüer: Kaiserstuhl, in: Pigott, *Wein spricht deutsch*, Seite 175-192, Seite 182). Gerühmt werden zwar vor allem die Weiß- und Grauburgunder des Winzers, aber als Süßwein passt Gewürztrainer zweifellos wie als Begleiter von Rhabarber und Waldmeister. Vorher gab es – ebenfalls nicht frei von Dollases Tadel – Gebeizten Bachsaibling auf Pumpernickel mit Wildkräutern, Schlangengurkensalat und Wachtelei, Brunnenkresseschaum und Gebackenes und Rücken vom Müritzlamm mit Spitzmorchelsud, geröstetem Beelitzer Spargel und Kartoffelkuchen.

kultur ihre Vollendung gefunden. Bei den Menüs von Küchen-chef Barth – und denen der selten noch von außen hinzugezoge-nen Kollegen – handelt es sich um gehobene Küche mit Produkten aus der Region, die mehrheitsfähig sein muss. Das schließt Extra-vaganzen per se aus, schon Chili und Knoblauch gehören nicht dazu. Patriotisch korrekt stammen alle Zutaten und Getränke aus Deutschland – der Whiskey kommt aus Bayern, statt Grappa dient deutscher Tresterbrand als Digestif und gesalzen wird nicht mit Fleur du Sel, sondern Luisenhaller Tiefensalz. Kein Olivenöl, son-dern Rapsöl von der Insel Rügen und Traubenkernöl vom Kaiser-stuhl, kein Aceto balsamico, sondern Pflaume-Zwiebel-Schwarz-essig aus Mecklenburg-Vorpommern. »Das einzige was es nicht gibt, ist deutscher Campari, der bleibt eine Fehlstelle, wird nicht an-geboten«, sagt Barth.

Da diese Produkte aus allen Regionen Deutschlands stammen, ergibt sich eine Art Esskultur-Föderalismus. Obwohl die Amts-inhaber jeweils eigene Vorlieben haben oder hatten, wird von de-zidiert regionaltypischen Rezepten im Amt Abstand genommen. So gab es weder bei Roman Herzog Nürnberger Würstchen, noch unter Horst Köhler fortwährend Spätzle oder Rostocker Fischtopf bei Joachim Gauck – in der Bezeichnung der Gerichte finden sich regionale Hinweise mit wenigen Ausnahmen wie beispielsweise Gaisburger Marsch, ein schwäbisches Eintopfgericht, nur hin-sichtlich der Herkunft der Zutaten. Kulinarisch scheint die grund-gesetzlich gebotene innere Einheit des Landes vollzogen, frei nach Willy Brandt: Hier isst zusammen, was zusammengewachsen ist.

Ob wirklich »das Niveau eines ganz normalen Sternerestau-rants«, das Dollase verlangt, im Schloss Bellevue angemessen ist, lohnte eine Tagung mit dem Bund der Steuerzahler. Überdies wür-den viele Rezepte der mittlerweile häufig ausgezeichneten neuen deutschen Küche die meisten Gäste des Bundespräsidenten be-fremden – abgesehen von den logistischen Schwierigkeiten, sol-che Gerichte für über 100 Personen im richtigen Moment auf den Tisch zu bringen. Staatsbankette können nicht kulinarische Avantgarde sein. Man mag die Nase über »risikolose Standardgerichte« rümpfen, wie das August F. Winkler mehr als 20 Jahre vor Dollase tat, aber da die präsidiale Küche möglichst an alle Gäste anschlussfähig sein muss, geht es nicht anders. Auf Vegetarier und Allergiker wird übrigens genauso Rücksicht genommen.

Ebenfalls ist es eine bewusste Entscheidung, nicht das Bestmögliche auszuschenken. Das würde nicht am Budget scheitern, denn insbesondere deutscher Riesling zählt zu den preiswertesten Spitzenweinen der Welt. 2017 lag der Durchschnittspreis eines Grossen Gewächses bei 32 Euro pro Flasche. Selbst wenn man den doppelten oder dreifachen Tarif zugrunde legte, wären die Ausgaben hochgerechnet auf den Verbrauch bei Staatsbanketten und noch darüber hinaus haushalterisch absolut verkraftbar.

Solche Weine wären jedoch trotz neuen Nationalgefühls der weiterhin bescheidenden staatlichen Repräsentation unangemessen. Angesichts der enormen Vielfalt wären Riesling und Spätburgunder höchster Klasse nur für absolute Puristen das Maß der Dinge. Im Rückblick hat die Bonner Republik – gemessen am Durchschnitt der jeweiligen Zeit – zwar bei den Weißweinen hochwertiger ausgeschenkt, als dies in Berlin der Fall ist, aber es gibt mittlerweile fast kein anderes Weinland, das insbesondere bei weißen Rebsorten eine solche Variationsbreite preiswerter Gewächse aufzuweisen hat wie die Bundesrepublik. Dass sich diese Vielfalt auf der Tafel des Staatsoberhauptes wiederfindet, ist zu begrüßen. Zu bemängeln in Sachen Diversität ist hingegen, dass bislang kaum eine der deutschen Winzerinnen, die zunehmend für Furore sorgen, in Schloss Bellevue vertreten ist. Keine Frage, beim präsidialen Weingebaren wäre Luft nach oben, aber angesichts der in Deutschland gezahlten Durchschnittspreise von um die drei Euro wäre reichlich Absturz möglich. Allzu großer Hedonismus, vor allem aus öffentlichen Kassen bezahlter, ist hierzulande verpönt. Die deutsche Öffentlichkeit reagiert bei allem Wohlstand auf vermeintliche Unbescheidenheit pikiert, nicht zuletzt was kulinarische Dinge angeht. Das Ungemach, das über Peer Steinbrück und seinen Fünf-

Euro-Wein hereinbrach, reflektiert die Egalitätserwartung unserer Gesellschaft, gerade mit Blick auf seine politische Elite. Klassenunterschiede werden hierzulande viel weniger akzeptiert als in Frankreich, Großbritannien oder den USA. Insbesondere in Zeiten, in denen die vermeintliche Abgehobenheit gesellschaftlicher Eliten vielstimmig kritisiert wird, kann kein politisch Verantwortlicher ein Interesse daran haben, sich vom Volk abzugrenzen.

Kritik mag im Vergleich mit Frankreich, auf das Dollase erwartungsgemäß verweist, insbesondere in der Zeit vor Sarkozy nachvollziehbar sein, sie verkennt jedoch die typisch bundesdeutsche Zurückhaltung, bei der neben den deutschen Brüchen und Abgründen unterschiedliche Kontinuitäten zu beachten sind. In unserem Nachbarland ist der Präsident eine Art Nachfolger des Sonnenkönigs Ludwig XIV., in Deutschland steht er in der preußischen Traditionslinie als des Staates erster Diener.

Resümierend liefert der staatsoffizielle Wein ein Abbild der bundesrepublikanischen Repräsentationsgeschichte samt ihrer Traditionslinien, mehrfachen Unsicherheiten sowie dem neuerweckten Selbstbewusstsein. Die aufgebotenen Gewächse blieben öfters unter den Möglichkeiten, obwohl man sich zu Bonner Zeiten bei den Staatsbesuchen wie Staatsbanketten eigentlich nicht in Bescheidenheit übte.

Der Weißwein war immer deutsch, jedoch nicht durchgängig aus guten Jahrgängen, die Lagen bisweilen ohne Aussagekraft und Qualitätsverheißung – in Summe nicht das Bestmögliche, aber weit oberhalb des Durchschnitts. Beim Rot- und Schaumwein wurde gelegentlich nichtheimischen Gewächsen der Vortritt gelassen, weil die eigenen roten nicht ausreichend schienen oder man sich nicht hinreichend bemühte, welche aufzutun, die höheren Ansprüchen genügt hätten. Allerdings war dies wesentlich seltener der Fall als landläufig unterstellt, was genauso für den Umgang mit Champagner zutrifft. Die gegenteiligen Annahmen, die teils auf das Image der Amtsinhaber rückwirkten, dürften der unbedachten journalistischen Gleichsetzung von Sekt mit dem französischen Edelpendant geschuldet gewesen sein sowie dem Umstand, dass Deutschland weithin nicht als Qualitätsrotweinland galt – und teilweise noch immer nicht gilt.

Für den Eindruck, Staatsgäste mittels luxuriöser Getränke zu ehren, wären zu Bonner Zeiten insbesondere französische Weine, allen voran Champagner, leichter zu entschlüsseln gewesen als beispielsweise Auslesen von Kloster Eberbach. Dennoch bedurfte es beim Schaumwein keiner glamourösen Importwaren, im Mangel der frühen Bundesrepublik langte dafür deutscher Sekt. Diese Erzeugnisse, so charakterlos sie aus heutiger Perspektive erscheinen, lieferten ein Abbild mindestens der Wiederaufstiegsphase bis in die 1970er Jahre und gehörten zu den besten Produkten deutscher Provenienz. Der Geschmack anspruchsvoller Weinkenner ist, bei aller Rücksicht auf die Vorlieben des Gastes, nicht der Maßstab, will man dem Besucher etwas über die Bundesrepublik mitteilen.

Die frühbundesrepublikanische Süße in Sekt und Wein entsprach gewissermaßen dem Fett der Fresswelle, deren Gerichte zwar nicht auf den Staatstisch fanden, wohl aber vermeintlich noble – und dann oft nur sehr kalorienhaltige – Gerichte. Daher gab es häufiger französisch inspirierte Menüfolgen, entsprechend dem Bemühen der Verantwortlichen, bloß nichts falsch zu machen. Die wiederholt in Erscheinung tretende Unentschiedenheit in Anspruch und Auswahl reflektiert die »Suchbewegung zwischen Pomp und Zurückhaltung« (Simone Derix), die lange Zeit typisch war für die bundesdeutsche Selbstdarstellung – sogar auf dem gedeckten Tisch. Andererseits entwickelte die Bonner Republik einen eigenen Stil und emanzipierte sich vom Status eines repräsentativen Provisoriums.

Deutlich wird, wie entscheidend persönliche Neigungen, Eigenarten und Begabungen für die präsidentielle Amtsausübung sind – nicht zuletzt was Repräsentatives angeht. In dieser Disziplin kam es wiederholt zu Brüchen zwischen den einzelnen Bundespräsidenten wie Kontrasten zu den jeweiligen Bundeskanzlern. Besonders ins Auge springt dies bei den ersten Inhabern beider Ämter und vor allem bei Walter Scheel, dem protokollarisch wie gustatorisch Schillerndsten, der sich in beiden Disziplinen von seinem Vorgänger wie Nachfolger und von Helmut Schmidt als Regierungschef nebenan unterschied. Allerdings wurden unter Scheel erlesenere Bedeutsamkeitsinvestitionen zum Wohle des Staates als die in den oft bescheidenen Wein vorgenommen. Eine Erklärung für seine repräsentative Formgebung mag sein, dass er als Kind aus kleinen Verhältnissen besonders empfindsam war hinsichtlich der in der Demokratie möglichen Rangabstufungen und Dazugehörigkeitsnachweise. Trotz des neureich anmutenden Gesamtkonstrukts handelte es sich bei seinem Werdegang um eine Aufstiegsbiographie par excellence, die gewissermaßen Nachkriegswestdeutschland entsprach. Gleichwohl avancierte die Amtszeit von Walter Scheel nicht zu einem Hochamt bundesrepublikanischer Selbstvergewisserung, sondern wird eher als repräsentativ-narzisstisch erinnert.

Anderes gilt für Richard von Weizsäcker, mit dem die Bundesrepublik, begünstigt durch seine Fehde mit Helmut Kohl, präsidentiell sogar für Intellektuelle zu einer akzeptierten Form fand. Trotz seines Adels war der Freiherr in der Villa Hammerschmidt derjenige, den die Bürgerlichen der Republik gern als ihr Spiegelbild erblickten. Dazu fand die staatliche Gastrosophie nach zügiger Überwindung des Erbes des weindebakelimmunen Karl Carstens zu einer patriotisch korrekten Ausgestaltung, die unter den Nachfolgern von Weizsäckers weiter verfeinert wurde. Und trotz der mit dem Regierungsumzug nach Berlin verbundenen erneuten Suchbewegung, die etwa in der staatlichen Architektur fast so sichtbar ist wie in den Debatten darum zuvor hörbar, existiert eine Kontinuitätslinie zur Bonner Republik. Es wird erkennbar im Zurückgenommenen, Bescheidenen, einer Art Sonderweg auch in Sachen staatlicher Repräsentation, der bis zu den Staatsbanketten reicht. Gestiegen über die Jahre ist, typisch deutsch, die Fertigungstiefe. Berlin ist nicht mehr Bonn, aber es ist eben bewusst auch nicht Paris, London oder Washington – und schon gar nicht Pjöngjang.

DANK

Bücher, zumal solche zu Themen, die den Autor jahrelang begleitet haben, sind immer auch Gemeinschaftswerke. Diejenigen, die zu diesem beigetragen haben, dürfen nicht unerwähnt bleiben. Zuallererst ist Dr. Thomas Sparr zu nennen, der zwar nicht der Erste war, der mich zu diesem Buch ermutigte, aber der Erste, der mir glaubhaft machen konnte, dass es gedruckt werden würde. Bevor das geschah, besorgte Sabine Landes umsichtig das Lektorat. Für meine ersten gedruckten Zeilen, wie sich mit Wein Staat machen lässt, mitverantwortlich war Dr. Daniel Deckers, der ihre Veröffentlichung in der *Frankfurter Allgemeinen Zeitung* ermöglichte.

Ebenfalls großen Dank schulde ich Dr. Bernhard von der Planitz, dem ich kurz vor Fertigstellung des Manuskripts nicht nur mehrere überaus unterhaltsame Begegnungen verdanke, sondern, nachdem er es gelesen hatte, das sichere Gefühl, keinen gravierenden protokollarischen Irrtümern anheimgefallen zu sein. Ähnliches trifft für das Staatsrechtliche auf Prof. Dr. Hans-Michael Heinig zu.

Behilflich insbesondere mit Menükarten und anderen Dokumenten waren Renate Hill, langjährige Mitarbeiterin im Protokoll des Auswärtigen Amtes, die stets so freundlichen wie hilfsbereiten Mitarbeiterinnen und Mitarbeiter des dortigen Politischen Archivs sowie die Archivarin des Bonner *General-Anzeigers*, Susanne Hennche. Nicht nur in Sachen Archive und Beschaffung hat mein Vater, Dr. Günther Bergmann, ein gelernter Historiker, viel Anteil genommen.

Dr. Ernst Wolfgang Becker von der Stuttgarter Stiftung Theodor-Heuss-Haus und Christiane Winkler von der UNESCO-

Welterbestätte Schlösser Augustusburg und Falkenlust in Brühl verdanke ich hilfreiche Auskünfte und Dokumente und die Möglichkeit, an ihren Institutionen Vorträge zum Thema halten zu dürfen. Dasselbe gilt für Andreas Kleine-Kraneburg, der mich im Herbst 2016 zur sogenannten »Protokoller-Tagung« der Konrad-Adenauer-Stiftung nach Cadenabbia einlud.

Weiterhin trugen Ronny Archut, Horst Arnold, Jan-Göran Barth, Gisela Böhle, Hans Otto Bräutigam, Filomena Carbone, Willi Christ, Prof. Dr. Corine Defrance und Prof. Dr. Ulrich Pfeil, Ulrich Dettmann, Dr. Anne Dietrich, Dr. Stefan Elfenbein, Heinz Emrich, Rüdiger Frohn, Prof. Dr. Dominik Geppert, Martin Löer, Dietmar Maisenhölder, Geert Müller-Gerbes, Dr. Frieder Günther, Prof. Dr. Gunther Hirschfelder, Prof. Dr. Michael Hüther, Dr. Christoph John, Regina Lochner, Karin Martin, Wolfgang P. Menge, Melanie Mohr, Hilke Nagel, Mainhardt Graf Nayhauß, Kerstin Oldenhage, Prof. Dr. Christine Ott, Edith Raible, Bernd Raths, Dr. Bernd Rother, Dr. Jürgen Peter Schmied, Dr. Fritz Schumann, David Schwake, Dr. Heinrich Seemann, Dr. Rupert Graf Strachwitz und Klaus Winkler zum Gelingen bei. Für Stoff zum Nachdenken wie im Glas sorgten wiederholt Dr. Wolf Albin, Mark Bürgin und Roland Kretschmer.

Zu guter Letzt geht viel mehr als nur ein Dank an meine Frau, Dr. Jacqueline Boysen: für ihre Begeisterung für das Thema, die Erstlektüre des Manuskripts, wegen ungezählter gemeinsam geleerter Flaschen aus aller Winzer Ländern und alles andere sonst.

ANMERKUNGEN

1 Michaela Wiegel: Wie ein König in Versailles. Außenminister Laurent Fabius wirbt für die französische Küche, in: Frankfurter Allgemeine Zeitung vom 21. März 2015; Roland Barthes: Wein und Milch, in: Mythen des Alltags, Berlin 2012, Seite 95-99, Seite 95.

2 Peter Danner: Wein und Macht. Antike Quellen zum Alkoholgenuss der Herrscher, in: Diomedes vol. 3 (2004), Seite 17-36, Seite 23; Anton Burger: Zum Wein in der Bibel. Im Rebstock ist Leben, Berlin 2013, Seite 100; Murray Edelman: The Symbolic Uses of Politics, Urbana 1964, deutsche, erweiterte Ausgabe: Politik als Ritual. Zur symbolischen Funktion staatlicher Institutionen und politischen Handelns, Frankfurt am Main/New York 1976, Seite 60. Fundiert und unterhaltsam zugleich zum Thema Brot und Wein im Christentum ist das Buch von Anselm Schubert: Gott essen. Eine kulinarische Geschichte des Abendmahls, München 2018.

3 Nico Fried/Robert Roßmann: Heimat, Interview mit Joschka Fischer, in: Süddeutsche Zeitung vom 31. März 2018; [tifr.]: Gänsestopfleber, in: Frankfurter Allgemeine Zeitung vom 22. April 2017; Alexander Hagelüken/Alexander Mühlauer: »Ich gestehe: Ich habe schon öfter mal Hummer gegessen«, Interview mit Sahra Wagenknecht, in: Süddeutsche Zeitung vom 25. April 2008.

4 Jürgen Hartmann: Staatszeremoniell, 4. Auflage, Köln/Berlin/München 2007; Helmut Quaritsch (Hg.): Die Selbstdarstellung des Staates, Berlin 1977 sowie Jörg-Dieter Gauger/Justin Stagl (Hg.): Staatsrepräsentation, Berlin 1992. Die anderen genannten Werke sind: Simone Derix: Bebilderte Politik: Staatsbesuche in der Bundesrepublik Deutschland 1949-1990, Göttingen 2009; Frieder Günther: Heuss auf Reisen, Stuttgart 2006; Michael Meyer: Symbolarme Republik?: Das politische Zeremoniell der Weimarer Republik in den Staatsbesuchen zwischen 1920 und 1933, Frankfurt am Main 2014; Frank Uwe Mäuer:

Zu Gast in Deutschland. Staatsbesuche in der Weimarer Republik und im Dritten Reich, Hamburg 2016; Johannes Paulmann: Pomp und Politik. Monarchenbegegnungen in Europa zwischen Ancien Régime und Erstem Weltkrieg, Paderborn 2000; Walter Henkels: Der rote Teppich. Große Gala in Bonn, Bergisch-Gladbach 1989.

5   Siehe beispielsweise Regina F. Bendix/Michaela Fenske (Hg.): Politische Mahlzeiten. Political Meals, Münster 2014. Eine lesenswerte Ausnahme bildet der kurze Aufsatz von Gudrun Harrer: Staatsbankett, in: Vincent Klink/Wiglaf Droste: Häuptling eigener Herd, Heft 21, Stuttgart 2004, Seite 100-108.

6   Hilfreich waren insbesondere ältere Exemplare diverser Weinführer, zuvorderst Michael Broadbent: Das große Buch der Weinjahrgänge, Luzern 1983 sowie ders.: Broadbent's Weinnotizen, Bern 1994. Herangezogen wurden zudem diverse Auflagen des weltweit meistverkauften Weinführers, des »Kleinen Johnson« (Hugh Johnson: Der kleine Johnson, erste deutschsprachige Ausgabe Bern 1978), sowie verschiedene Jahrgänge der deutschen Weinführer Eichelmann (Gerhard Eichelmann: Deutschlands Weine. Das unabhängige Standardwerk, zuerst München 2000) und Gault Millau (Armin Diel/Joel Payne: WeinGuide Deutschland, zuerst München 1994). Die Bücher von dem auf deutsche Gewächse spezialisierten Briten Stuart Pigott (Die führenden Winzer und Spitzenweine Deutschlands, Düsseldorf/München 1997; Wein spricht deutsch, Frankfurt 2007; Weinwunder Deutschland, Wiesbaden 2010) und Robert Parker: Bordeaux. The definitive Guide to the Wines of Bordeaux since 1961, London 1986, rundeten das Bild ab.

7   Manfred Günther: Der blaue Günther. Interner Leitfaden für Referat 700 im AA, 3., völlig neu bearbeitete Auflage, Berlin 2009, Seite 53 f. In aller Regel wurde die – teilweise nicht nur der neuen Rechtschreibung nach fehlerhafte – Schreibweise, mit der die Speisen und Getränke auf den Menükarten verzeichnet sind, übernommen.

8   Theodor Heuss: Der Bundespräsident. Briefe 1954-1959, Berlin 2013, Seite 118.

9   Hartmann, Seite 65.

10 Otto Kimminich: Das Staatsoberhaupt im Völkerrecht, in: Archiv des Völkerrechts 26 (1988), Seite 129-168, Seite 145.

11 Der Begriff Gastrosophie umfasst die über das Gastronomische hinausgehende philosophische Dimension des Essens und Trinkens.

Er wurde erstmals 1820 von dem französischen Philosophen Charles Fourier erwähnt (Harald Lemke: Über das Essen. Philosophische Erkundungen, München 2014, Seite 10 ff., wo sich eine knappe Übersicht über die frühe gastrosophische Literatur findet). Das reichhaltigste aller gastrosophischen Bücher verfasste Abbott Joseph (A. J.) Liebling mit Between meals. An appetite for Paris, New York 1959, in dem der Journalist des »New Yorker« seine Erfahrungen insbesondere seiner beiden längeren Paris-Aufenthalte Mitte der 1920er Ende der 1930er Jahre verewigte. Die Schilderungen, wie der Autor sich die französische Kultur eraß und ertrank, sind selbst für Menschen, die über wenig Geschmacksnerven verfügen, mit Genuss zu lesen. Das Buch erschien 2007 unter dem Titel »Zwischen den Gängen. Ein Amerikaner in den Restaurants von Paris« in einer hervorragenden Übersetzung auf Deutsch, ist mittlerweile aber leider nur noch antiquarisch erhältlich.

12 Josef Isensee: Staatsrepräsentation und Verfassungspatriotismus: ist die Republik der Deutschen zu Verbalismus verurteilt?, in: Gauger/Stagl, Seite 223-241, Seite 225; Jörg-Dieter Gauger: Staatsrepräsentation – Überlegungen zur Einführung, in: ders./Stagl, Seite 9-18, Seite 12; Herbert Krüger: Allgemeine Staatslehre, 2. Auflage, Stuttgart 1966, Seite 255.

13 Hartmann, Seite 226.

14 Eine vielzitierte – nicht ganz unumstrittene – Auswertung von Akten israelischer Bewährungsausschüsse ergab, dass Essenspausen Auswirkungen auf die Entscheidungsfindung haben können: Je länger eine Pause zurücklag, desto geringer war die Wahrscheinlichkeit, Bewährung gewährt zu bekommen – sie nahm von 65 Prozent auf nahe null Prozent ab, um nach einer Essenspause wieder nach oben zu schnellen (Shai Danziger/Jonathan Levav/Liora Avnaim-Pesso: Extraneous factors in judicial decisions, in: Proceedings of the National Academy of Sciences of the USA 108 (2011), Seite 6889-6892). Einen Überblick zu dem Thema bietet Charles Spence: Gastrodiplomacy: Assessing the role of food in decision-making, in: Flavour 5 no. 4 (2016), Seite 1-16. In Sachen Wein und Identität siehe beispielsweise F. Xavier Medina: ›Social Wine‹: Ethnic Identity and Wine Consumption in the Basque Diaspora in Barcelona, in: European Studies 22 (2006), Seite 111-127, für das Thema Essen und nationale Identität Christine Ott:

Identität geht durch den Magen. Mythen der Esskultur, Frankfurt am Main 2017, insbesondere Seite 191-290. Eine knappe Zusammenfassung der kulinarischen Diplomatie bietet Sam Chapple-Sokol: Culinary Diplomacy: Breaking Bread to Win Hearts and Minds, in: The Hague Journal of Diplomacy 8 (2013), Seite 161-183, und zur empirisch-friedensstiftenden Wirkung siehe Ingeborg Heggheim Tappel: Sharing Meals – Building Peace. A theoretical and empirical study of how the act of eating together can serve as a place for ritual to promote reconciliation in peacebuilding, Master's Thesis der Norwegian School of Theology, Oslo 2016.

15 Georg Simmel: Soziologie der Mahlzeit, in: Der Zeitgeist, Beiblatt zum Berliner Tageblatt Nr. 41 vom 10. Oktober 1910, Seite 1-2, Seite 1; Immanuel Kant: Anthropologie in pragmatischer Hinsicht abgefasst, Frankfurt/Leipzig 1799, Seite 261; Frank Pergande: Tagungskekse sind gefürchtet, Interview mit Ole von Beust, in: Frankfurter Allgemeine Sonntagszeitung vom 11. Februar 2018; Friedrich Nietzsche: Werke in drei Bänden. Band 1, Morgenröte, München 1954, Seite 1194.

16 Charles Baudelaire: Sämtliche Werke/Briefe. In acht Bänden, Darmstadt 1977, Band 2, Seite 141.

17 Franz Blankart: Der Bundesrat und seine Europa-Politik. Fortgesetzter Dilettantismus, in: Schweizerzeit Nr. 28/1998 vom 27. November 1998.

18 Felix Klos: Churchill's Last Stand: The Struggle to Unite Europe, London 2018.

19 Herbert Trebesch: »Unsere Umgangsformen« – Ein Ratgeber für den jungen Auslandsbeamten, Buenos Aires 20. Februar 1955, Seite 18.

20 Katrin Hummel: »Madame Chirac wollte keine Frauen in der Küche«, Interview mit Bernard Vaussion, in: Frankfurter Allgemeine Sonntagszeitung vom 6. März 2016.

21 [o. V.]: Deutscher Gipfel: »Hier und da ein Akzent«, in: Der Spiegel Nr. 32/1975 vom 4. August 1975.

22 Barthes, Seite 97.

23 Selbst ein im Ergebnis allen Klassifizierungen – in diesem Falle der des VDP – gegenüber kritisches Discussion Paper des Kölner Max-Planck-Instituts für Gesellschaftsforschung, in dem untersucht wird, welche Faktoren bei der Preisbildung auf dem deutschen Weinmarkt eine Rolle spielen, kann als Argument für klassifizierte Gewächse im staatsrepräsentativen Kontext gezählt werden. Ausgangspunkt war die An-

nahme, dass wahrgenommene Qualitätsunterschiede nicht durch die sensorischen Qualitäten des Weins erklärt werden können, sondern durch soziale Prozesse, in denen Qualität konstruiert wird. Den Autoren zufolge sei die VDP-Klassifizierung schwammig, sie habe eher als symbolische Qualität zu gelten, die moralische oder soziale Werte verkörpere; der Preis werde eben auch als Qualitätssignal verstanden (Jens Beckert/Jörg Rössel/Patrick Schenk: Wine as a Cultural Product. Symbolic Capital and Price Formation in the Wine Field. MPIfG Discussion Paper 14/2, Köln 2014). Selbst wenn man wie die Autoren der Meinung ist, dass die amtlichen Messwerte gemäß dem Deutschen Weingesetz Anhaltspunkte für die Qualität von Weinen liefern, so spräche dies nicht gegen den Einsatz von höherwertigen VDP-Prädikatsweinen, denn schließlich geht es im repräsentativen Kontext zuvorderst um symbolische Handlungen. Zudem deutet das VDP-Siegel auf eine auch für Laien verständliche Weise auf eine besondere Güte des Weines.

24 Hartmann, Seite 221. Keinem anderen Land der Welt hat Elizabeth II. häufiger Staatsbesuche abgestattet als der Bundesrepublik. Zudem dürfte der Aufenthalt in Deutschland 2015 mit größter Wahrscheinlichkeit ihr allerletzter Staatsbesuch insgesamt gewesen sein.

25 Thomas Kielinger: Holzboot, Pferdebild, billiger Wein – oh my God!, in: Welt online vom 26. Juni 2015.

26 Gergely Szolnoki/Dieter Hoffmann: Neue Weinkundensegmentierung, Geisenheim 2014; Deutsches Weininstitut (Hg.): Deutscher Wein. Statistik 2017/2018, Bodenheim 2018 sowie Marcus Rohwetter/Ricarda Richter: Warum ist dieser Wein so billig?, in: Die Zeit Nr. 42/2017 vom 12. Oktober 2017.

27 Andreas Hoidn-Borchers/Jens König: »Ich habe keine Angst vor Krisen«, Interview mit Frank-Walter Steinmeier, in: Stern Nr. 12/2009 vom 12. März 2009; Christina Holtz-Bacha: Bundestagswahlkampf 2013: Der Kandidat, der sich nicht inszenieren lassen wollte, in: dies. (Hg.): Die Massenmedien im Wahlkampf. Die Bundestagswahl 2013, Wiesbaden 2015, Seite 1-12, Seite 1ff., sowie Tim Spier/Ulrich von Alemann: In ruhigerem Fahrwasser, aber ohne Land in Sicht? Die SPD nach der Bundestagswahl 2013, in: Oskar Niedermayer (Hg.): Die Parteien nach der Bundestagswahl 2013, Wiesbaden 2015, Seite 49-69, Seite 59.

28 Hagen Strauß: Steinmeier und Gauck – Bier ersetzt Weißwein, in:

Westdeutsche Zeitung vom 10. Februar 2017; Rolf Seydewitz: »Ehren-
amtliche sind das Rückgrat unserer Gesellschaft«, Interview mit Joachim Gauck, in: Trierischer Volksfreund vom 3. September 2014.

29 Mareike Kürschner: Eloquenter Streiter, in: Die Welt vom 9. Juni 2016.

30 Kant, Seite 76. Dass Kants gastrosophische Ader wenig bekannt ist,
obwohl er regelmäßig als Gastgeber ansehnlicher Mittagstischgesell-
schaften fungierte, dürfte der eher vergnügungsfeindlichen Rezeption
seines Werks geschuldet sein, insbesondere der des »Kategorischen
Imperativs«.

31 [cb]: Scheel ließ für Präsident Eanes Schuhplattler aus Bayern zur Redoute kommen, in: General-Anzeiger vom 13. Dezember 1977.

32 Christoph Maria Merki: Zwischen Luxus und Notwendigkeit: Genußmittel, in: Reinhold Reith/Torsten Meyer: Luxus und Konsum – eine
historische Annäherung, Münster 2003, Seite 83-95, Seite 85.

33 Rudolf Smend: Verfassung und Verfassungsrecht, München 1928.

34 Tom Stevenson: Sekt und Champagner, Köln 1999, Seite 181; Barbara
Kaufhold: Deutsche Sektreklame von 1879-1918, Dissertation Ruhr-
Universität Bochum, Bochum 2002.

35 Helmut Arntz: Sekt und Champagner, München 1962, Seite 185; Friedrich A. Cornelssen: Die fröhliche Weinprobe, Stuttgart 1976, Seite 37;
Hans Rothfels (Hg.): Bismarck-Briefe, Göttingen 1955, Seite 47; Fürst
Bismarcks Briefe an seine Braut und Gattin. Nachdruck des Originals
von 1900, Nikosia 2016, Seite 489 ff.

36 [Rudolf] Holzhausen: Zeremoniell und Massnahmen bei dem offiziellen Besuch eines fremden Staatsoberhauptes in Deutschland, Berlin
30. Mai 1928, Vorbemerkung.

37 Hans von Herwarth: Von Adenauer zu Brandt. Erinnerungen, Berlin
1990, Seite 101 ff.

38 Heinrich Tappe: Alkoholkonsum in Deutschland im 19. und 20. Jahrhundert. Entwicklung und Determinanten des Trinkverhaltens, in:
Hans Jürgen Teuteberg (Hg.): Die Revolution am Esstisch. Neue Studien zur Nahrungskultur im 19./20. Jahrhundert, Stuttgart 2004, Seite 282-294.

39 Daniel Deckers: Wein. Geschichte und Genuss, München 2017, Seite 102.

40 Robert Payne: The Life and Death of Adolf Hitler, London 1973, Seite 346; deutsche Übersetzung in: Don Kladstrup/Petie Kladstrup:

Wein & Krieg. Bordeaux, Champagner und die Schlacht um Frankreichs größten Reichtum, Stuttgart 2002, Seite 84.

41 Immanuel Gonser: »Die Bedeutung und Lösung der Alkoholfrage im Dritten Reich«, Vortrag, in: Umbruch des Gesundheitswesens, Nürnberg 1936, Seite 28-43, Seite 39.

42 Der Prozess gegen die Hauptkriegsverbrecher vor dem Internationalen Militärgerichtshof Nürnberg, 14. November 1945-1. Oktober 1946. Band XII. Amtlicher Text in deutscher Sprache. Verhandlungsniederschriften 18. April 1946-2. Mai 1946. Nürnberg 1947, Seite 486.

43 Daniel Deckers: Im Zeichen des Traubenadlers. Eine Geschichte des deutschen Weins, Mainz 2010, Seite 107.

44 Henriette von Schirach: Der Preis der Herrlichkeit, erweiterte Neuauflage, München 2016, Seite 285ff. Die Rechnung ist abgedruckt in Deckers, Traubenadler, Seite 141. Valide Aussagen zu kaufkraftbereinigten Preisen lassen sich für die Zeitspanne von 1938 bis zur Währungsunion wegen statistischer Unsicherheiten kaum treffen, die genannten Summen müssten aber etwa vervierfacht werden, wobei zusätzlich die deutlich niedrigeren Einkommen zu berücksichtigen sind.

45 Albert Speer: Erinnerungen, Berlin 1969, Seite 105.

46 Ralf Frenzel (Hg.): Kloster Eberbach: Geschichte und Wein, Wiesbaden 2015, Seite 124.

47 Fritz Wiedemann: Der Mann, der Feldherr werden wollte, Velbert/ Kettwig 1964, Seite 142.

48 Theodor Heuss: Privatier und Elder Statesman, Berlin 2014, Seite 339, 356; ders.: Der Bundespräsident. Briefe 1949-1954, Berlin 2012, Seit 239.

49 Heuss, Privatier, Seite 241. Der Titel der Dissertation lautet: Weinbau und Weingärtnerstand in Heilbronn am Neckar, Erstveröffentlichung Heilbronn 1906.

50 Ernst Hornickel: »Naturrein« sagt gar nichts mehr, in: Die Zeit Nr. 22/ 1970 vom 29. Mai 1970; Günther Scholz: Die Bundespräsidenten. Biographien eines Amtes, 3. Auflage, Bonn 1997, Seite 271.

51 Heuss, Briefe 1954-1959, Seite 322.

52 Gottfried Benn: Sämtliche Werke. Band II, Gedichte 2, Stuttgart 1986, Seite 151.

53 Heuss, Briefe 1954-1959, Seite 245ff.

54 Heuss, Briefe 1954-1959, Seite 322.

55 Isensee, Seite 226.

56 Peter Merseburger: Theodor Heuss. Der Bürger als Präsident, München 2014, Seite 541.

57 Theodor Heuss: Hochverehrter Herr Bundespräsident! Der Briefwechsel mit der Bevölkerung 1949-1959, Berlin 2010, Seite 416f.; Schreiben vom 12. Dezember 1954 und vom 15. Dezember 1952, Archiv der Stiftung Bundespräsident-Theodor-Heuss-Haus.

58 Rudolf Morsey/Hans-Peter Schwarz (Hg.): Adenauer: Teegespräche Band 1 (1950-1954), Berlin 1984, Seite 93.

59 Rudolf Morsey/Hans-Peter Schwarz (Hg.): Unter vier Augen: Gespräche aus den Gründerjahren – Konrad Adenauer und Theodor Heuss, Berlin 1997, Seite 183.

60 Hans-Peter Schwarz: Adenauer. Band 2: Der Staatsmann 1952-1967, München 1994, Seite 314.

61 Herwarth, Seite 231. Der Vorgang zeigt, dass Wein als Anknüpfungspunkt für Tischgespräche taugt – insbesondere als unverfängliches Thema bei heiklen Begegnungen. Einen weiteren Beleg dafür lieferte eine Korrespondenz Adenauers mit dem bundesdeutschen Botschafter in Moskau, Hans Kroll. Der hatte im Mai 1961 an den Bundeskanzler geschrieben, dass in einer Unterredung mit Nikita Chruschtschow kurz zuvor der georgische Wein, über den Adenauer sich 1955 während seines Aufenthalts in Moskau der Erinnerung des stellvertretenden sowjetischen Ministerpräsidenten Anastas Mikojan nach positiv geäußert hatte, Thema war. Jedenfalls ließ Chruschtschow anschließend eine Kiste davon über die Botschaft Adenauer zukommen, was diesen wiederum veranlasste, ihm und Mikojan auf demselben Weg je zwölf Flaschen bester Rieslinge zurückzuschicken (Rudolf Morsey/Hans-Peter Schwarz (Hg.): Adenauer: Briefe 1959-1961, Paderborn 2004, Seite 284f., 527).

62 [o. V.]: Druck ist nicht nötig, in: der Spiegel Nr. 7/1953 vom 11. Februar 1953.

63 Frieder Günther, Seite 65.

64 Horst von Rom: Richtlinien für die Vorbereitung und Durchführung Staatsbesuche und Veranstaltungen. Nur für den Dienstgebrauch, Protokoll des Auswärtigen Amtes, Bonn 1. August 1957, Seite 53.

65 Manfred Günther, Seite 55.

66 Werner Kilian: Adenauers Reise nach Moskau. Verlag Herder, Freiburg 2005, Seite 153.

67 Henkels, Seite 82; Josef Müller-Marein: Das Gebet von Reims, in: Die Zeit Nr. 28/1962 vom 13. Juli 1962.

68 Hermann Kusterer: Der Kanzler und der General, Stuttgart 1995, Seite 239.

69 Charles de Gaulle: Memoiren der Hoffnung. Die Wiedergeburt 1958-1962, Wien/München/Zürich 1971, Seite 218; Konrad Adenauer: Erinnerungen 1955-1959, Stuttgart 1978, Seite 424.

70 [ma]: »Großer Bahnhof auf dem Bonner Bahnhof«: Blumenschmuck im Salonwagen der Königin, in: General-Anzeiger vom 24. Mai 1978.

71 [o. V.]: Überall ist Sauerland, in: Der Spiegel Nr. 11/1968 vom 11. März 1968.

72 Heinrich Gewandt: Aufzeichnungen und Erinnerungen, in: Deutscher Bundestag (Hg.): Abgeordnete des Deutschen Bundestages: Aufzeichnungen und Erinnerungen, Band 5, Boppard 1988, Seite 150.

73 Zitiert nach Rolf Lahr: Zeuge von Fall und Aufstieg. Private Briefe 1934-1974, Hamburg 1981, Seite 383 ff.

74 Hanns Jürgen Küsters (Hg.): Konrad Adenauer – Der Vater, die Macht und das Erbe. Das Tagebuch des Monsignore Paul Adenauer 1961-1966, Paderborn 2017, Seite 460.

75 Manfred Rauchensteiner: Das kleine ABC des Staatsbesuchs, Wien 2011, Seite 87.

76 Thomas Hürlimann: Der große Kater, Zürich 1998.

77 Manfred Günther, Seite 40.

78 [o. V.]: Geschichten hinter den großen Geschichten, in: Berliner Zeitung vom 14. Juli 2000.

79 Hartmann, Seite 228.

80 Von Rom, Seite 75, 77.

81 Daniel Friedrich Sturm: Empfang von Joachim Gauck: Plötzlich zückt Queen Elizabeth ihren Lippenstift, in: Welt online vom 25. Juni 2015.

82 Christine Richter/Matthias Wulff: Wie Wolfgang Schäuble zum gefürchteten Geiger wurde, Interview mit Wolfgang Schäuble, in: Berliner Morgenpost vom 4. August 2013.

83 Pigott: Spitzenweine, Seite 51.

84 Derix, Seite 124 ff., 11, 362 sowie Eckard Michels: Schahbesuch 1967. Fanal für die Studentenbewegung, Berlin 2017; Carl-Christian Kaiser: Im stillen Auge eines Sturms, in: Die Zeit Nr. 29/1978 vom 14. Juli 1978.

85 Derix, Seite 20.

86   Sabine Deckwerth: Im Keller des Schlosses Bellevue lagert für jedes Essen der passende Tropfen, in: Berliner Zeitung vom 31. August 1996.

87   Jürgen Dollase: Für die Gäste nicht das Beste, in: Frankfurter Allgemeine Sonntagszeitung vom 23. Juni 2002.

88   Ingelore M. Winter: Bonn in Frack und Schärpe. Anatomie einer Gesellschaft, Stuttgart 1969, Seite 40.

89   Ruth Bahn-Flessburg: Leidenschaft mit Augenmaß. Fünf Jahre mit Hilda und Gustav Heinemann, München 1984, Seite 28.

90   [o. V.]: Zweifelhaftes Gewächs, in: Der Spiegel Nr. 4/1986 vom 20. Januar 1986.

91   UNESCO-Welterbestätte Schlösser Augustusburg und Falkenlust in Brühl (Hg.): Eine Republik rollt den Teppich aus: Staatsempfänge auf Schloss Augustusburg 1949-1996, München/Berlin 2008, Seite 203.

92   Herwarth, Seite 102; Frieder Günther, Seite 77f.

93   Auswärtiges Amt: Protokollarische Ratschläge. Nur für den Dienstgebrauch, Bonn Dezember 1969, Seite 25, beziehungsweise März 1980, Seite 23.

94   Manfred Günther, Seite 44.

95   Enrico Brandt: Nur nichts dem Zufall überlassen: Das Protokoll, in: ders./Christian F. Buck (Hg.): Auswärtiges Amt: Diplomatie als Beruf, Opladen 2002, Seite 36-48, Seite 39.

96   Georg Löwisch: »Sendungsbewusstsein hatte ich nie«, Interview mit Daniela Schadt, in: Cicero online vom 6. März 2015.

97   [rtr]: Magenproblem: Bush meldete sich krank, in: Berliner Morgenpost vom 9. Juni 2007.

98   Ohne Verfasser: Der geheimnisvolle Gast, in: Süddeutsche Zeitung vom 10. Februar 1996; [dpa/AFP]: Immer ganz vorn mit dabei, in: Frankfurter Allgemeine Zeitung, 26. September 1995. Einen Eindruck von der Güte des 50-jährigen 45er Mouton vermittelt die in der Fußnote auf Seite 26 f. zitierte Verkostungsnotiz. Im Gegensatz zu »Monsieur Claude« sollte die Popularität des Bornheimer KFZ-Mechanikers Theo Brenig, der sich als Gipfel seines Wirkens 1992 bis in das Defilee beim Besuch von Königin Elizabeth II. einschlich, regional beschränkt bleiben.

99   Henkels, Seite 73.

100 Bei den als »Mini-Eklats« bezeichneten Vorfällen handelte es sich zum einen um eine Falun-Gong-Anhängerin, die sich als Gast im

Hotel Adlon eingemietet hatte und dort lautstark protestierend an den chinesischen Präsidenten herangetreten war. Zudem entpuppte sich bei einem Fototermin ein Journalist als Demonstrant. Bundespräsident Rau, der mit seinem Gast die Menschenrechtslage in China thematisiert hatte, ging auf den Protest bei dem Staatsbankett sein, indem er sagte: »Sie selber haben gezeigt, dass Sie kontroverse Debatten nicht scheuen. Vom Geist der Offenheit soll auch unser Dialog gekennzeichnet sein.« (Robert von Rimscha: Man spricht deutsch miteinander, in: Der Tagesspiegel vom 11. April 2002).

101 Von Rom, Seite 60.

102 Georg Löwisch: »Sendungsbewusstsein hatte ich nie«, Interview mit Daniela Schadt, in: Cicero online vom 6. März 2015.

103 Rauchensteiner, Seite 122.

104 Carl-Christian Kaiser: Im stillen Auge eines Sturms, in: Die Zeit Nr. 29/1978 vom 14. Juli 1978.

105 Manfred Günther, Seite 18.

106 Karlheinz Graudenz unter Mitarbeit von Erica Pappritz: Das Buch der Etikette, Marbach am Neckar 1956.

107 Henkels, Seite 180.

108 Quaritsch, Seite 4.

109 Hermann Schreiber: Nichts anstelle vom lieben Gott, in: Der Spiegel Nr. 3/1969 vom 13. Januar 1969.

110 Hermann Schreiber: Das ist ein Faktum, in: Der Spiegel Nr. 28/1969 vom 7. Juli 1969.

111 Siegfried Lenz, Vorwort, in: Joachim Braun: Der unbequeme Präsident, Karlsruhe 1972, Seite 1, 5.

112 Bahn-Flessburg, Seite 207.

113 Stiftung Warentest: Sekt und Champagner. Es ist nicht alles gut, was perlt, in: test 2/1967, Seite 19-34.

114 Arntz, Seite 173.

115 Joachim Braun: Der unbequeme Präsident, Karlsruhe 1972, Seite 116.

116 Holzhausen, Seite 79.

117 Heuss, Briefe 1954-1959, Seite 323; Derix, Seite 46.

118 Urteil des Oberlandesgerichts Köln vom 20. Dezember 1983, in: Neue Juristische Wochenschrift Heft 40 (1984), Seite 2299f.

119 [o. V.]: Tito bei den Deutschen, in: Der Spiegel Nr. 26/1974 vom 24. Juni 1974.

120 Peter Brandt: Mit anderen Augen: Versuch über den Politiker und Privatmann Willy Brandt, Bonn 2013; Arnulf Baring in Zusammenarbeit mit Manfred Görtemaker: Machtwechsel. Die Ära Brandt-Scheel, Stuttgart 1982, Seite 509 f., Horst Ehmke: Mittendrin. Von der Großen Koalition zur Deutschen Einheit, Berlin 1994, Seite 203.

121 Paul Lersch: »Zufall, daß er das Amt nicht ruiniert hat«, in: Der Spiegel Nr. 22/1979 vom 28. Mai 1979.

122 Rolf Zundel: Die Häutungen des Walter Scheel, in: Die Zeit Nr. 21/1977 vom 20. Mai 1977; [o. V.]: Zweifelhaftes Gewächs, in: Der Spiegel Nr. 4/1986 vom 20. Januar 1986.

123 Friedrich Thelen: Bonn intern, in: Wirtschaftswoche Nr. 35/1988 vom 26. August 1988.

124 Lothar-Günther Buchheim: Staatsgala, München 1977; das andere Zitat zum Thema Orden findet sich bei Winter, Seite 63 ff. Dass Scheel die Dokumentation seines Wirkens unterstützte, belegt der Umstand, dass Arnulf Baring seinen »Machtwechsel«, die Geschichte der ersten sozialliberalen Koalition, im Bundespräsidialamt schreiben durfte. Die »Vorbemerkungen« in diesem Werk geben einen so persönlichen wie intimen Einblick in die Funktionsweise des Bundespräsidialamtes (insbesondere Seite 21 ff.). Das nüchterne Gegenstück dazu ist das mehrfach aufgelegte Buch von Franz Spath: Das Bundespräsidialamt. Ämter und Organisationen der Bundesrepublik Deutschland, Düsseldorf 1982.

125 [o. V.]: »Wir haben auch Champagner«, in: Der Spiegel Nr. 19/1975 vom 19. Mai 1975; [o. V.]: Freudige Pflicht, in: Der Spiegel Nr. 44/1978 vom 30. Oktober 1978.

126 Walter Scheel: Theodor Heuss und sein Amt, in: Frankfurter Rundschau vom 31. Januar 1974.

127 Henkels, Seite 195; Hans Jörg Nagel: Prominente Jäger – Walter Scheel, Interview, in: Deutsche Jagdzeitung vom 2. April 2012; Horst Stern: Jagd vorbei – Halali. Offener Brief an den Jäger Walter Scheel, in: Zeit-Magazin Nr. 9/1975 vom 21. Februar 1975.

128 Peter Koch: Willy Brandt. Eine politische Biographie, Berlin 1988, Seite 389; Rolf Zundel: Die Häutungen des Walter Scheel, in: Die Zeit Nr. 21/1977 vom 20. Mai 1977.

129 Giovanni di Lorenzo: Fragen an den Altkanzler, in: Zeit-Magazin Nr. 45/2010 vom 4. November 2010.

130 Giovanni di Lorenzo: Auf eine Zigarette mit Helmut Schmidt, in: Zeit-Magazin Nr. 38/2007 vom 13. September 2007.

131 [cb]: Scheel ließ für Präsident Eanes Schuhplattler aus Bayern zur Redoute kommen, in: General-Anzeiger vom 13. Dezember 1977.

132 Ben Witter: Spaziergänge mit Prominenten, in: Die Zeit Nr. 32/1981 vom 31. Juli 1981.

133 Bernd Freytag: Liebfrauenmilch 2.0, in: Frankfurter Allgemeine Zeitung vom 18. April 2017. 1982 erweiterte der VDP seinen Namen um den Begriff »Qualität«, während der Verband nunmehr modernistisch als »VDP. Die Prädikatsweingüter« firmiert.

134 [o. V.]: Am untersten Niveau, in: Der Spiegel Nr. 40/1971 vom 27. September 1971. Das Magazin Der Spiegel schrieb von einer »ultramontanen Panscherei«, für die »ehedem Winzer eingesperrt« worden wären, und kommentierte die Verordnung als »Sozialhilfegesetz für von der Sonne verpönte Moselwinzer«.

135 Rolf Zundel: Wir sind jetzt wieder wer! Aber wer?, in: Die Zeit Nr. 34/1975 vom 15. August 1975.

136 [o. V.]: Ab nach Kassel, in: Der Spiegel Nr. 13/1970 vom 23. März 1970; Karl Seidel: Berlin-Bonner Balance: 20 Jahre deutsch-deutsche Beziehungen, Berlin 2002, Seite 83; Jan Schönfelder/Rainer Erices: Willy Brandt in Erfurt: das erste deutsch-deutsche Gipfeltreffen 1970, Berlin 2010, Seite 221.

137 Margit Roth: Innerdeutsche Bestandsaufnahme der Bundesrepublik 1969-1989, Wiesbaden 2014, Seite 600.

138 Franz Josef Strauß: Die Erinnerungen, München 2015, Seite 597.

139 Karl-Diether Gussek (Hg.): Der Wein. Bibliographisches Institut Leipzig Lexikon, Leipzig 1990, Seite 374. Erhellend hinsichtlich der Konsumgewohnheiten in der DDR sind zum einen die Dissertation von Thomas Kochan, der einen Spirituosenladen auf dem Prenzlauer Berg betreibt (Blauer Würger. So trank die DDR, Berlin 2011), und zum anderen Jutta Voigt: Der Geschmack des Ostens. Vom Essen, Trinken und Leben in der DDR, Berlin 2005. In beiden Büchern spielt Wein – angesichts der Alkoholkultur der DDR wenig verwunderlich – keine Rolle. Eine ganze Reihe von Menükarten findet sich in Klaus Steffen: Essen wie Erich, Berlin 1996.

140 David Dreimann: Das diplomatische Protokoll. Aufgaben, Mittel, Methoden und Arbeitsweise, Leipzig 1981.

141 Lothar Herzog: Honecker privat. Ein Personenschützer berichtet, Berlin 2012, Seite 48.

142 Bernd Wulffen: Eiszeit in den Tropen: Botschafter bei Fidel Castro, Berlin 2006, Seite 80, 124 ff.; Fernando Henrique Cardoso: A Arte da Politica a Historia Que Vivi, Rio de Janeiro 2006, Seite 642.

143 Daniel Deckers: Wein ist mein ganzes Herz, in: Frankfurter Allgemeine Zeitung vom 11. November 2017; Gussek, Seite 84, 375.

144 Ralf Georg Reuth/Andreas Bönte: Das Komplott. Wie es wirklich zur deutschen Einheit kam, München 1993, S. 109.

145 [o. V.]: »Ganz besonders zwiespältige Gefühle«, in: Der Spiegel Nr. 36/1987 vom 31. August 1987; Roth, Seite 646 ff.

146 [o. V.]: Breschnew: »Fangen wir mit der Wirtschaft an«, in: Der Spiegel Nr. 21/1973 vom 21. Mai 1973.

147 Jürgen Wenzel: Sterneköche verabschieden sich von »ihrem« Walter Scheel, in: gourmino express vom 10. September 2016.

148 Paul Lersch: »Zufall, daß er das Amt nicht ruiniert hat«, in: Der Spiegel Nr. 22/1979 vom 28. Mai 1979.

149 Wang Shu: Maos Mann in Bonn. Vom Journalisten zum Botschafter, Frankfurt 2002, Seite 23.

150 [ma]: Gala-Diner mit Reden und barocker Musik. Breschnew kam im Einreiher vom Vormittag, in: General-Anzeiger vom 6. Mai 1978; UNESCO-Welterbestätte, Seite 204.

151 Jürgen Leinemann: Wie schafft man Vertrauen?, in: Der Spiegel Nr. 19/1978 vom 8. Mai 1978.

152 Helmut Schmidt: Menschen und Mächte, München 1991, Seite 94 f.; Giovanni di Lorenzo: Auf eine Zigarette mit Helmut Schmidt, in: Die Zeit Nr. 32/2008 vom 6. August 2008.

153 Roman Herzog: Jahre der Politik. Die Erinnerungen, München 2007, Seite 335 ff.

154 Danner, Seite 29.

155 Joschka Fischer: Mein langer Lauf zu mir selbst, Köln 1999, Seite 69.

156 Svenja Schwieger: Der Deutsche Wein im politischen Umfeld der Berliner Republik. Eine empirische Analyse der Weinauswahl auf parlamentarischen Veranstaltungen, Seite 60 ff. sowie Katharina Hänel: Die Rolle des deutschen Weins im politischen Umfeld – dargestellt am Beispiel der Weinauswahl der Bundesregierung. Beide unveröffentlichte Bachelor-Thesis der Hochschule Rhein-Main, Fachbereich Gei-

senheim, Studiengang Internationale Weinwirtschaft, Geisenheim 2012.

157 Helmut Rehn: Frankenwein bei Bewirtungen durch die bayerische Staatsregierung, ohne Ortsangabe, 1. Juli 2013.

158 http://www.verkostungsnotizen.net/vkn_details.php?ID=29071

159 Gunter Hofmann: Die Zicken und Zacken des Oskar Lafontaine, in: Die Zeit Nr. 45/1988 vom 4. November 1988.

160 F. Paul Schwakenberg: 50 Jahre Staatstheater Bonn. Randnotizen zu Küche und Keller, in: Cotta's kulinarischem Almanach 2001/2002, Stuttgart 2000, Seite 217-226, Seite 219.

161 Werner P. D'hein; »Bitte 300mal das Menü«, in: essen & trinken vom 6. Dezember 1979; Anne-Lydia Edingshaus: Nachdenken über Gestern und Morgen, Interview mit Karl Carstens, München 1986, Seite 56.

162 August F. Winkler: Staatsessen in Bonn. Hauptsache, der Gast wird satt, in: essen & trinken vom 27. Juni 1984.

163 [o. V.]: Heiliger Josef, in: Der Spiegel Nr. 42/1967 vom 9. Oktober 1967.

164 Karl Carstens: Erinnerungen und Erfahrungen, Boppard am Rhein 1993, Seite 56, 190, 668.

165 Joachim Stoltenberg: Der glanzvolle Höhepunkt geriet reichlich feucht, in: Hamburger Abendblatt vom 8. Juli 1980.

166 Theo Sommer: Seine Ohnmacht ist seine Macht, in: Die Zeit Nr. 22/1984 vom 25. Mai 1984.

167 Benjamin Wallace: The Billionaire's Vinegar: The Mystery of the World's Most Expensive Bottle of Wine, New York 2008.

168 Deutscher Bundestag Drucksache 15/3945, Antwort der Bundesregierung vom 19. Oktober 2004.

169 [o. V.]: Zweifelhaftes Gewächs, in: Der Spiegel Nr. 4/1986 vom 20. Januar 1986. Dass sich die Botschafter keinesfalls sklavisch an die Vorgaben der Zentrale und die Wünsche der deutschen Winzer hielten, belegt der folgende Auszug aus einer Reportage über die bundesdeutschen Auslandsvertretungen. Für eine 1978 abgedruckte Serie hatte die Journalistin Nina Grunenberg eine dreimonatige Reise über vier Kontinente unternommen, wobei die Szene im Nachbarland Frankreich an der dortigen deutschen Botschaft spielt. Sie vermittelt einen praktischen Eindruck der Sorgen und Nöte des Botschaftspersonals: »Essen muß immer sein, besonders bei den deutsch-französischen

Konsultationen gibt es dafür einen festen Ritus: Am Abend des ersten Tages das Staatsbankett im Elysee-Palast, am nächsten Mittag das Gegenessen von Bundeskanzler Schmidt im Palais Beauharnais. Mindestens vier Wochen vorher konferiert Botschafter Axel Herbst mit seiner Frau, dem Majordomus Peter Schölzgen und Küchenchef Manfred Herold über die Frage: »Was muß das Beauharnais zum Gipfel leisten?« Herr Schölzgen rekapituliert, was es das letzte Mal gegeben hat. Herr Herold hat Frau Herbst zehn Menüfolgen vorgeschlagen, von denen sie vier in die engere Auswahl zog. Der Botschafter findet, daß »junges Wildschwein« mal eine neue Idee ist. Bei Lamm ist die Gefahr zu groß, daß es im Elysee auch Lamm gibt. Wildschwein ist unwahrscheinlich, findet auch Herr Schölzgen. Die Jagd war schlecht, das Angebot knapp. Sie müßten mindestens vierzehn Tage vorher Bescheid wissen, damit sie vorbestellen können, meint der Küchenchef mit sorgenumwölkter Stirn. Als Vorspeise schlägt er eine Hecht-Mousse vor, die portioniert auf die Servierplatten kommt. Der Botschafter sieht den Vorteil sofort ein: »Auf diese Weise vermeiden wir das Schlachtfeld auf der Platte.« Höflichkeitshalber soll die Menüfolge auch dem Bundeskanzler zugeschickt werden, schließlich ist er der Gastgeber. Darauf legt der Botschafter auch deshalb Wert, weil er den Wein, der zum Essen gereicht werden soll, nicht aus seinem eigenen Repräsentationsfonds bezahlen will. Der Kanzler soll berappen. Das einzige Problem: Der richtige Burgunder, der zum Wildschwein gebraucht wird, ist nicht mehr in ausreichendem Maße im Keller. Der Majordomus hat mit dem Direktor der Weinhandlung schon Fühlung aufgenommen. Nach Abzug von 35 Prozent Diplomatenrabatt liegt der Preis für die Flasche bei 95 bis 100 Francs. Im Geiste nimmt der Botschafter schon die Vorwürfe aller jener Leute vorweg, die diesen Aufwand übertrieben finden. »Das Kanzleressen ist ein Spitzenessen«, doziert er, als stünde er schon vor einem Untersuchungsausschuß, »und es gibt unter den Gästen zu viele, die was von der Sache verstehen.« Daß die Bundesrepublik bei einer solchen Gelegenheit ihre Armut vorführt, findet er nicht gottgewollt. Mit dem Wein soll vorher noch eine Probe gemacht werden – zu viert im gleichen Kreise. Alle Beteiligten finden das einen freundlichen Lichtblick vor der Gipfel-Strapaze.« (Nina Grunenberg: Da hatte ich Sehnsucht nach einer Postkutsche. Auf der Reise zu 21 deutschen Botschaften: Gipfelessen

346

in Paris, Kamelrennen in Abu Dhabi, Beethovens Achte in Tokio, in: Die Zeit Nr. 19/1978 vom 5. Mai 1978).

170 Struan Stevenson: The Course of History. Ten Meals that Changed the World, Edinburgh 2017.

171 Rainer Gries: Die Konsumenten und die Werbung. Kulturgeschicht-liche Aspekte einer interaktiven Kommunikation, in: Kai-Uwe Hell-mann/Dominik Schrage (Hg.), Konsum der Werbung. Zur Produk-tion und Rezeption von Sinn in der kommerziellen Kultur, Wiesbaden 2004, Seite 83-101, Seite 97.

172 Derix, Seite 47.

173 Manfred Günther; Seite 28; Winter, Seite 67.

174 [o. V.]: Luthers Land, in: Der Spiegel Nr. 42/1980 vom 13. Oktober 1980.

175 Werner P. D'hein; »Bitte 300mal das Menü«, in: essen & trinken vom 6. Dezember 1979.

176 Ivan Ivanji: Titos Dolmetscher. Als Literat am Pulsschlag der Politik, Wien 2007, Seite 21.

177 Elaine Mahon: ›Ireland on a Plate‹: Curating the 2011 State Banquet for Queen Elizabeth II, in: Journal of Media and Culture Vol. 18, Issue 4, August 2015.

178 Ludwig Siegele: Nicht für jedermann, in: Die Zeit Nr. 35/1994 vom 26. August 1994.

179 À la table des diplomates. L'histoire de France racontée à travers ses grands repas 1520-2015, Paris 2016; Eine Republik rollt den Teppich aus: Staatsempfänge auf Schloss Augustusburg 1949-1996, München/Berlin 2008; Schlösser für den Staatsgast. Schönhausen und Augus-tusburg. Staatsbesuche im geteilten Deutschland, Dresden 2016.

180 Kathrin Hummel: »Madame Chirac wollte keine Frauen in der Kü-che«, Interview mit Bernard Vaussion, in: Frankfurter Allgemeine Sonntagszeitung vom 6. März 2016.

181 Raphaëlle Bacqué: Les caves de la République, in: Le Monde vom 14. Dezember 2012; Robert Hardman: The day Carla Bruni remember-ed to put her clothes on to meet the Queen, in: dailymail online vom 27. März 2008; [dpa]: Sarkozy gibt weniger für Wein aus und arbeitet dafür umso mehr, in: Die Welt vom 12. Juni 2008; [bos/AFP]: Rekord-erlös: Elysée-Palast versteigert Wein für 718 800 Euro, in: Spiegel on-line vom 1. Juni 2013.

182 C. Jason Throop/Alessandro Duranti: Attention, ritual glitches, and

attentional pull: the president and the queen, in: Phenomenology and Cognitive Sciences (2015) Vol. 14 (4), Seite 1055-1082.

183 Anna Berrill: Barack Obama drinks English wine on Buckingham Palace visit, in: Decanter online vom 25. Mai 2011; Cahal Milmo: Uncorked: No 10's wine list revealed, in: The Independent vom 9. Februar 2014; Jancis Robinson: Fit for a queen, in: Financial Times Magazine vom 15. Juli 2011.

184 Ezgi Ustundag: The Geneva cold war summit: 30 years later. Rubenstein Fellow Jack Matlock recalls the Reagan/Gorbachev summit of 1985, in: Duke today vom 4. November 2015.

185 Ben O'Donnell: Red Weine, White House, in: Winespectator online vom 17. Februar 2012; Elin McCoy: White House Wine, in: Bloomberg News online vom 18. September 2008.

186 Wenig verwunderlich wurde die amerikanisch-französische Weinauswahl überlagert von einer anderen Geste; »am Ende des Staatsbesuchs [...] bleibt das Bild Donald Trumps, der seinem Gast vor laufenden Kameras mit paternalistischer Geste Haarschuppen vom Revers pickt« (Stephan Detjen: (Fast) alles scheint möglich, in: Deutschlandfunk, Kommentar vom 27. April 2018). Aus kulturpessimistischer Warte ließe sich fragen, ob Schuppen als Objekt der Beachtung angesichts der Frisur von Trump nicht sowieso naheliegender sind als vinophile Symbolik wegen seines Antialkoholismus. Gänzlich jeder Hoffnung auf diplomatisches Verhalten zuwiderlaufend hatte der Philosoph und Kulturkritiker Slavoj Žižek zur Beschreibung der neuen politischen Sitten, die unter Trump Einzug hielten, auf eine gastrosophische Metapher zurückgegriffen, als er den Präsidenten mit einem Mann verglich, »der bei einem noblen Galadiner geräuschvoll sein Geschäft in der Ecke des Saals verrichtet«. (Slavoj Žižek: Wer zuletzt lacht, hat's verstanden, in: Neue Zürcher Zeitung vom 2. August 2017). Andere Administrationen, andere Sitten: Bei der Gründungsveranstaltung der Initiative »Diplomatic Culinary Partnership«, die im State Department stattfand, ließ die damalige Außenministerin Clinton verlauten: »Food isn't traditionally thought of as a diplomatic tool, but I think it's the oldest diplomatic tool.« Eine Mahlzeit zu teilen, helfe Grenzen überwinden und Brücken bauen »in a way that nothing else can.« Ihre Vor-Vor-Vorgängerin verfügte über ein noch ausgefeilteres Arsenal an diplomatischen Codes, indem sie mittels ihrer Broschen und An-

stecknadeln Botschaften transportierte (Madeleine Albright: Read My Pins: Stories from a Diplomat's Jewel Box, New York 2009).

187 August F. Winkler: Staatsessen in Bonn. Hauptsache, der Gast wird satt, in: essen & trinken vom 27. Juni 1984.

188 Christian Schmidt-Häuer: Doch noch ein wenig Dialog, in: Die Zeit Nr. 43/1984 vom 19. Oktober 1984.

189 Arno Luik: »Ich brauche keinen Hummer«, Interview mit Jan-Göran Barth, in: Stern Nr. 47/2017 vom 16. November 2017.

190 Scholz, Seite 390.

191 Friedbert Pflüger: Richard von Weizsäcker. Ein Portrait aus der Nähe, Stuttgart 1990, Seite 18.

192 Kirsten Küppers: Der Amtsschaden, in: die tageszeitung vom 4. Februar 2012.

193 Margaret Thatcher: The Downing Street Years, New York 1995, Seite 747f.; John Campbell: Margaret Thatcher. Volume Two: The Iron Lady, London 2008, Seite 304.

194 Von Rom, Seite 62.

195 Auswärtiges Amt: Protokollarische Ratschläge, Ausgabe 1969, Seite 25.

196 Gudrun Harrer: Ein schwieriger Gast. Erklärungsbedarf und Rücksichtnahme beim Besuch von Irans Präsident Khatami, in: Der Standard vom 14. März 2002.

197 Niko Rechenberg: Der Präsident trinkt deutsch. Kulturrevolution im Weinkeller von Schloss Bellevue, in: Cicero Nr. 10/2007 vom 26. September 2007

198 Helmut Böttiger: Die preußische Suggestion, in: Der Tagesspiegel vom 15. August 2002.

199 [dpa]: Deutschland glänzt mit Bescheidenheit, in: Rhein-Zeitung vom 12. Juli 2003. Siehe auch Bruno Grenouille: Benimm und Berliner Republik, Schwerin 2004.

200 [o.V.]: »Demokratie ist keine Glücksversicherung«, Interview mit Horst Köhler, in: Sonntag Aktuell vom 8. Februar 2009.

201 Edmund Stoiber: Weil die Welt sich ändert: Politik aus Leidenschaft, München 2012, Seite 180. Ansonsten lieferte der äußerst knapp gescheiterte Unionskanzlerkandidat Stoiber am Abend der Bundestagswahl 2002 mit seinem Satz, nunmehr »ein Glas Champagner aufmachen« zu wollen, ein Feierlaune versprühendes Beispiel einerseits

für den Politikertypus, der übermäßigem Genuss und Trinken generell entsagt, und schließlich für die Konnotation von Champagner als dem festlichen Getränk schlechthin.

202 Dietmar Seher: Die teuerste Party der schwarz-gelben Koalition, in: der westen online vom 23. Dezember 2010.

203 Nico Fried: Brisante Spargellieferung, in: Süddeutsche Zeitung vom 27. Juli 2012.

204 Jürgen Dollase: Für die Gäste nicht das Beste, in: Frankfurter Allgemeine Sonntagszeitung vom 23. Juni 2002; ders.: Wie gut isst man im Schloss Bellevue?, in: Frankfurter Allgemeine Zeitung vom 17. Juni 2008.

BILDNACHWEIS

Agentur Focus, Hamburg: Abb. 73 (A. Abbas/Magnum Photos)

Archiv der Stiftung Bundeskanzler-Adenauer-Haus, Bad Honnef-Rhöndorf: 13

Privatarchiv Klaus Böhle: 46

Buchheim Museum der Phantasie, Bernried am Starnberger See, © Buchheim Stiftung, Feldafing: 44

Bundesarchiv, Koblenz: 10, 14; 19, 32 (Marie-Josefine Jirka); 49 (Rainer Mittelstädt); 7, 8 (Georg Pahl)

Bundesbildstelle im Presse- und Informationsamt der Bundesregierung, Berlin: 18, 36, 51, 55; 12 (Brodde); 5 (Jesco Denzel); 75 (Julia Fassbender); 24, 53 (Detlef Gräfingholt); 57 (Alfred Henning); 77 (Thomas Köhler); 33, 35, 40, 74 (Bernd Kühler); 25 (Simon Müller); 11 (Georg Munker); 3, 16, 29, 52, 54, 70 (Engelbert Reineke); 39, 41 (Lothar Schaack); 21, 34 (Egon Steiner); 15 (Rolf Unterberg); 22 (Ludwig Wegmann); 47, 58, 64 (Ulrich Wienke)

Deidesheimer Hof: 72

Frankfurter Allgemeine Zeitung: 78 (Frank Röth)

Getty Images, München: 4; 1, 60 (AFP); 48 (Pascal George/AFP); 31 (Pascal Pavani); 28 (Andreas Rentz)

Simone M. Neumann, Berlin: 56

picture-alliance, Frankfurt am Main: 17, 42, 45; 43, 50 (AP); 71 (Udo Weitz/AP); 30 (Jesco Denzel); 2 (Reuters); 20 (Christian Volbracht); 67 (Lewis Whyld); 66, 68 (Jan Woitas)

Sammlung Claus-Ullrich Simon: 38

Der Spiegel, Hamburg: 37 (12/1957)

Stadtarchiv und Stadthistorische Bibliothek Bonn: 76 (Camillo Fischer)

Stiftung Haus der Geschichte, Bonn: 23 (Axel Thünker)

UNESCO-Welterbestätte Schlösser Augustusburg und Falkenlust, Brühl: 26, 27 (Wolfgang Dieter Wehr)

Alle weiteren Abbildungen stammen aus dem Archiv des Autors oder des Insel Verlags.

PERSONENREGISTER

WEINGÜTER, GEBIETS- UND LAGENBEZEICHNUNGEN

Die Begriffe entsprechen der im zeithistorischen Kontext korrekten
Bezeichnung, während die Schreibweise im Text zumeist mit der in der
Quelle übereinstimmt.